D0883836

Impressum

© Copyright 2009, **garant** Verlag GmbH, Renningen
Alle Rechte vorbehalten.

Trotz gründlicher Recherche der Texte kann keine Garantie für
ihre originalgetreue Wiedergabe übernommen werden.

Die Schreibweise entspricht den Regeln der neuen deutschen
Rechtschreibung.

www.garant-verlag.de

Redaktion: Redaktionsbüro Verena Asbeck
Gestaltung und Satz: Simone Halfar

ISBN 978-3-86766-212-3

Wunderschöne Weihnachtszeit

Bräuche, Gedichte, Geschichten, Leckereien, Lieder
ausgewählt von Verena Asbeck

WEIHNACHTSWUNSCH

Ob's draußen stürmt, ob's draußen schneit,
das soll mich nicht betrüben;
ist's doch die frohe Weihnachtszeit,
die alle Kinder lieben.
Da geht ein Engel durch die Welt,
der alle Wünsche höret,
und was ein gutes Kind bestellt,
das wird ihm auch gewähret.
Ich denke still der Eltern mein,
die mich so herzlich lieben.
Lass, Gott, mich ihre Freude sein,
sie nimmermehr betrüben.
Volksgut aus dem 19. Jahrhundert

garant

INHALT

6

WEIHNACHTSLIEDER

WEIHNACHTSPLÄTZCHEN

WEIHNACHTSGRÜSSE IN EUROPA

ZIMTSTERNE

3 Eiweiß, 250 g Puderzucker,
abgeriebene Zitronenschale,
275–300 g geriebene Mandeln,
1 Teelöffel Zimt, etwas Rum

Eiweiße steif schlagen, nach und nach
den gesiebten Puderzucker hinzufügen.
4 Esslöffel Eischnee zum Bestreichen
abnehmen. Zitronenschale, Mandeln
und Zimt vorsichtig mit dem Eischnee
vermengen, den Teig auf einem mit
Puderzucker bestreuten Backbrett ca.
6–7 mm dick ausrollen, Sterne ausstechen, auf ein mit gefettetem Backpapier ausgelegtes Blech legen. Den
zurückbehaltenen Eischnee mit Rum zu
einer streichfähigen Glasur verrühren,
die Sterne damit überziehen und bei
140–160 °C 30–40 Minuten backen.

LIED DES NUSSKNACKERS

König Nussknacker, so heiß ich.
Harte Nüsse, die zerbeiß ich.
Süße Kerne schluck ich fleißig;
doch die Schalen, ei, die schmeiß ich
lieber andern hin,
weil ich König bin.
Aber seid nicht bang!
Zwar mein Bart ist lang
und mein Kopf ist dick
und gar wild mein Blick;
doch was tut denn das?
Tu kein'm Menschen was,
bin im Herzensgrund
trotz dem großen Mund,
ganz ein guter Jung',
lieb Veränderung,
amüsier mich gern
wie die großen Herrn.
Arbeit wird mir schwer
und dann mag ich sehr
frommen Kindersinn,
weil ich König bin.
Heinrich Hoffmann

VERSE ZUM ADVENT

Noch ist Herbst nicht ganz entfloh'n,
aber als Knecht Ruprecht schon
kommt der Winter hergeschritten
und alsbald aus Schnees Mitten
klingt des Schlittenglöckleins Ton.
Und was jüngst noch, fern und nah,
bunt auf uns herniedersah,
wie sind Türme, Dächer, Zweige
und das Jahr geht auf die Neige,
und das schönste Fest ist da.
Tag, du, der Geburt des Herrn,
heute bist du uns noch fern,
aber Tannen, Engel, Fahnen
lassen uns den Tag schon ahnen,
und wir sehen schon den Stern.
Theodor Fontane

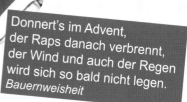

Donnert's im Advent,
der Raps danach verbrennt,
der Wind und auch der Regen
wird sich so bald nicht legen.
Bauernweisheit

AUF DIE GROSSE, DUNKLE STADT

Auf die große, dunkle Stadt
fiel zur Nacht ein tiefer Schnee.
Märchenhell auf allen Gassen
lag das Kleid der Weihnachtsfee.
Heinrich Hoffmann

Alle Jahre wieder

Al - le Jah - re wie - der kommt das — Chris - tus - kind

auf die Er - de nie - der, — wo wir — Men - schen sind.

2. Kehrt mit seinem Segen
ein in jedes Haus,
geht auf allen Wegen
mit uns ein und aus.

3. Ist auch mir zur Seite
still und unerkannt,
dass es treu mich leite
an der lieben Hand.

Melodie: Ernst Anschütz; Text: Wilhelm Hey

IMMER EIN LICHTLEIN MEHR

Immer ein Lichtlein mehr
im Kranz, den wir gewunden,
dass er leuchte uns so sehr
durch die dunklen Stunden.

Zwei und drei und dann vier!
Rund um den Kranz,
welch ein Schimmer
und so leuchten auch wir
und so leuchtet das Zimmer.

Und so leuchtet die Welt
langsam der Weihnacht entgegen.
Und der in Händen sie hält,
weiß um den Segen!
Matthias Claudius

NUN WANDELT AUF VERSCHNEITEN WEGEN

Nun wandelt auf verschneiten Wegen
die Friedensbotschaft durch die Welt;
aus Ewigkeit ein lichter Segen
in das Gewühl des Tages fällt.
Schon blinkt die Nacht, die Glocken schwingen
und willig macht die Menschheit halt;
das wilde Drängen, Hasten, Ringen
entschläft; der wüste Lärm verschallt.

Ein Opferduft aus Tannenzweigen,
ein Wunderbaum mit Sternenpracht
und um den Baum ein Jubelreigen –
das ist das Fest, von Gott gemacht.
O holder Traum, lass dich genießen:
dass alles glücklich, gut und fromm!
Dann mag die Seligkeit zerfließen,
der alte Kampfplatz winken: Komm!
Victor Blüthgen

Vor Advent den Donnerschlag
das Korn gar gut vertragen mag.
Bauernweisheit

DAS KLEINE MÄDCHEN MIT DEN SCHWEFELHÖLZERN

Von Hans Christian Andersen

Es war entsetzlich kalt; es schneite und der Abend dunkelte bereits; es war der letzte Abend im Jahr, der Silvesterabend. In dieser Kälte und in dieser Finsternis ging auf der Straße ein kleines armes Mädchen mit bloßem Kopfe und nackten Füssen. Es hatte wohl freilich Pantoffeln angehabt, als es von zu Hause fortging, aber was konnte das helfen! Es waren sehr große Pantoffeln, sie waren früher von seiner Mutter getragen worden, so groß waren sie, und diese hatte die Kleine verloren, als sie über die Straße eilte, während zwei Wagen in rasender Eile vorüberjagten; der eine Pantoffel war nicht mehr zu finden gewesen und mit dem anderen hatte sich ein Junge aus dem Staub gemacht. Er meinte, den großen Pantoffel könne er gut als Wiege gebrauchen, wenn er selbst einmal Kinder bekomme.

Da ging nun das kleine Mädchen auf den nackten, zierlichen Füßchen, die vor Kälte ganz rot und blau waren. In ihrer alten Schürze trug sie eine Menge Schwefelhölzer und einen Bund hielt sie in der Hand. Während des ganzen Tages hatte ihr niemand etwas abgekauft, niemand ein Almosen gereicht. Hungrig und frierend schleppte sich die arme Kleine weiter und war schon ganz verzagt. Die Schneeflocken fielen auf ihr langes, blondes Haar, das schön gelockt über ihren Nacken hinabfloss, aber sie dachte keinen Augenblick daran, wie hübsch das aussah.

Aus allen Fenstern strahlte heller Lichterglanz und über alle Straßen verbreitete sich der Geruch von köstlichem Gänsebraten. Es war ja Silvesterabend und dieser Gedanke erfüllte alle Sinne des kleinen Mädchens. In einem Winkel zwischen zwei Häusern, von denen das eine etwas weiter in die Straße vorstand als das andere, kauerte es sich nieder. Seine kleinen Beinchen hatte es unter sich gezogen, aber es fror nur noch mehr und wagte es trotzdem nicht, nach Hause zu gehen, da es noch kein Schächtelchen mit Streichhölzern verkauft und auch nicht einmal einen einzigen Heller als Almosen bekommen hatte. Es hätte gewiss vom Vater Schläge bekommen und kalt war es zu Hause ja auch; sie hatten das bloße Dach gerade über sich und der Wind pfiff schneidend hinein, obgleich Stroh und Lumpen in die schlimmsten Ritzen und Spalten gestopft waren. Ach, wie gut musste ein Schwefelhölzchen tun! Wenn es es nur wagen dürfte, eins aus dem Schächtelchen herauszunehmen, es gegen die Wand zu streichen und die Finger daran zu wärmen! Endlich zog das Kind eins heraus – ritsch! – wie es sprühte, wie es brannte! Das Schwefelholz strahlte eine warme helle Flamme aus, wie ein kleines Licht, als es das Händchen um dasselbe hielt.

Es war ein merkwürdiges Licht; es kam dem kleinen Mädchen vor, als säße es vor einem großen eisernen Ofen mit Messingbeschlägen und Messingverzierungen; das Feuer brannte so schön und wärmte so wohltuend! Die Kleine streckte schon die Füße aus, um auch diese zu wärmen – da erlosch die Flamme. Der Ofen verschwand – sie saß mit einem Stümpchen des abgebrannten Schwefelholzes in der Hand da. Ein neues Streichhölzchen wurde angestrichen, es brannte, es leuchtete und an der

Stelle der Mauer, auf welche der Schein fiel, wurde sie durchsichtig wie ein Schleier. Die Kleine konnte in die Stube hineinsehen, wo der Tisch mit einem blendend weißen Tischtuch und feinem Porzellan gedeckt stand und köstlich dampfte die mit Pflaumen und Äpfeln gefüllte, gebratene Gans darauf. Und was noch herrlicher war, die Gans sprang aus der Schüssel und watschelte mit Gabel und Messer im Rücken über den Fußboden hin; geradewegs auf die arme, hungrige Kleine zu. Da erlosch das Schwefelholz und nur die dicke kalte Mauer war zu sehen.

Sie zündete ein Neues an. Da saß die Kleine unter dem herrlichsten Weihnachtsbaum; er war noch größer und weit reicher ausgeputzt als der, den sie am Heiligabend bei dem reichen Kaufmann durch die Glastür gesehen hatte. Tausende von Lichtern brannten auf den grünen Zweigen und bunte Bilder, wie die, welche in den Ladenfenstern ausgestellt werden, schauten auf sie hernieder. Beide Hände streckte die Kleine nach all den Herrlichkeiten aus – da erlosch das Schwefelholz. Die vielen Christbaumlichter schwebten in die Höhe, stiegen höher und höher und sie sah jetzt erst, dass es die hellen Sterne waren. Einer von ihnen fiel herab und zog einen langen, feurigen Streifen über den Himmel. „In diesem Augenblick ist jemand gestorben", sagte die Kleine, denn die alte Großmutter, die allein auf der Welt gut zu ihr gewesen war und vor einiger Zeit gestorben war, hatte gesagt: „Wenn ein Stern fällt, steigt eine Seele zu Gott in den Himmel empor!"

Sie strich wieder ein Schwefelholz gegen die Mauer; es warf einen weiten Lichtschein ringsumher und im Glanze desselben stand die alte Großmutter hell erleuchtet, klar und deutlich, mild und freundlich lächelnd da. „Großmutter!", rief die Kleine laut. „O, nimm mich mit dir! Ich weiß, du bist verschwunden, sobald das Schwefelhölzchen erlischt, bist verschwunden wie der warme Kachelofen, der köstliche Gänsebraten und der große, herrliche Weihnachtsbaum!" Hastig strich sie den ganzen Rest der Schwefelhölzer an, die sich noch im Schächtelchen befanden – sie wollte die Großmutter festhalten – und die Schwefelhölzer verbreiteten einen solchen Glanz, dass es heller war als am lichten Tag. Niemals war die Großmutter so schön und so groß gewesen! Sie nahm das kleine Mädchen auf ihre Arme und sie schwebten in Glanz und Freude zusammen hoch empor – hoch und immer höher. Das kleine Mädchen verspürte keine Kälte mehr, Hunger und Angst wichen von ihm – es war bei Gott.

Aber im Winkel zwischen den beiden Häusern saß in der kalten Morgenstunde das kleine Mädchen mit roten Wangen und einem seligen Lächeln auf den Lippen – tot, erfroren am letzten Tage des alten Jahres. Der Morgen des neuen Jahres ging auf über der kleinen Leiche, die da saß mit Schwefelhölzern in der Schürze, wovon fast ein Schächtelchen verbrannt war. „Sie hat sich wärmen wollen!", sagten die Leute. Niemand wusste, was sie Schönes gesehen hatte und in welchem hellen Glanze sie mit der alten Großmutter zur Neujahrsfreude bei Gott eingegangen war.

VORFREUDE

Ein Kind – von einem
Schiefertafelschwämmchen umhüpft –
rennt froh durch mein Gemüt.

Bald ist es Weihnacht! –
Wenn der Christbaum blüht,
dann blüht er Flämmchen.
Und Flämmchen heizen.
Und die Wärme stimmt uns mild! –
Es werden Lieder, Düfte fächeln. –
Wer nicht mehr Flämmchen hat,
wem nur noch Fünkchen glimmt,
wird dann noch gütig lächeln.

Wenn wir im Träumen eines
ewigen Traumes
alle unfeindlich sind –
einmal im Jahr! –
uns alle Kinder fühlen eines Baumes.

Wie es sein soll, wie's allen
einmal war.
Joachim Ringelnatz

DIE KÖNIGE

Drei Kön'ge wandern aus Morgenland;
ein Sternlein führt sie zum Jordanstrand;
in Juda fragen und forschen die drei,
wo der neugeborene König sei.
Sie wollen Weihrauch, Myrrhen und Gold
dem Kinde senden zum Opfersold.

Und hell erglänzet des Sternes Schein,
zum Stalle gehen die Kön'ge ein.
Das Knäblein schauen sie wonniglich,
anbetend neigen die Kön'ge sich,
sie bringen Weihrauch, Myrrhen und Gold
zum Opfer dar dem Kindlein hold.
Peter Cornelius

ANISPLÄTZCHEN

*4 Eier, 280 g Puderzucker,
1 Päckchen Vanillezucker,
200 g Mehl, 100 g Speisestärke,
1 Teelöffel gemahlener Anis*

*Eier mit Puder- und Vanillezucker in
etwa 20 Minuten zu einer cremigen
Masse schlagen. Mehl, Speisestärke
und Anis mischen und sieben, mit der
Creme verrühren. Mit dem Teelöffel
Häufchen auf ein gefettetes, mit Mehl
bestäubtes Blech setzen, über Nacht
in einem warmen Raum stehen lassen,
damit sich ein Häutchen bildet. Am
nächsten Tag bei 160–180 °C in
30–40 Minuten hell backen.*

IDYLLE

Maria unterm Lindenbaum
lullt ihren Sohn in Schlaf und Traum.
Herr Joseph auch, der wackre Greis,
ist eingenickt und schnarcht ganz leis.
Vier Englein aber hocken dicht
auf einem Ast und schlafen nicht.
Sie schlafen nicht und singen sacht,
kein' Nachtigall es besser macht!
Groß überm Wald her, Himmelsruh,
hebt sich der Mond und guckt herzu.
Maria reißt die Augen auf,
ihr fiel ein Schlummerkörnlein drauf.
Und ist erst in der halben Nacht,
dass sie bei ihrem Kind gewacht.
Sie sieht in all den Silberschein
mit großen Augen still hinein.
Hört kaum das Lied von oben her,
ihr Herz ist bang, ihr Herz ist schwer,
ein Tränlein fällt ihr auf die Hand
und blitzt im Mond wie ein Diamant.
Gustav Falke

12

WEIHNACHTSMARKT

Welch lustiger Wald um das hohe Schloss
hat sich zusammengefunden,
ein grünes, bewegliches Nadelgehölz,
von keiner Wurzel gebunden!

Anstatt der warmen Sonne scheint
das Rauschgold durch die Wipfel;
hier backt man Kuchen,
dort brät man Wurst,
das Räuchlein zieht um die Gipfel.

Es ist ein fröhliches Leben im Wald,
das Volk erfüllet die Räume;
die nie mit Tränen ein Reis gepflanzt,
die fällen am frohsten die Bäume.

Der eine kauft ein bescheidnes Gewächs
zu überreichen Geschenken,
der andre einen gewaltigen Strauch,
drei Nüsse dran zu henken.

Dort feilscht um ein winziges Kieferlein
ein Weib mit scharfen Waffen;
der dünne Silberling soll zugleich
den Baum und die Früchte verschaffen.

Mit rosiger Nase schleppt der Lakai
die schwere Tanne von hinnen;
das Zöpfchen trägt ein Leiterchen nach,
zu ersteigen die grünen Zinnen.

Und kommt die Nacht, so singt der Wald
und wiegt sich im Gaslichtscheine;
bang führt die ärmste Mutter ihr Kind
vorüber dem Zauberhaine.
Gottfried Keller

HONIGKUCHENHERZEN

450 g Honig, 250 g Zucker, 100 g weiche Butter, 2 Eier,
1 Prise Salz, 30 g Zitronat, 30 g Orangeat,
1 Teelöffel Zimt, ½ Teelöffel Gewürznelkenpulver, 1100 g Mehl,
2 Päckchen Backpulver, ½ Tasse Johannisbeergelee, 200 g Zartbitter-Schokolade

Honig, Zucker und Butter unter Rühren erhitzen, bis das Ganze zu einer glatten Masse verschmolzen ist. Vom Herd nehmen und weiterrühren, bis die Masse nur noch lauwarm ist. Die Eier mit dem Salz verquirlen. Zitronat und Orangeat fein würfeln, mit den Eiern, den Gewürzen und dem mit dem Backpulver gesiebten Mehl unter die Honigmasse ziehen und zu einem Teig verarbeiten. Den Teig gut verkneten und auf einer bemehlten Arbeitsfläche ca. 1 cm dick ausrollen. Herzen ausstechen, auf mit Backpapier ausgelegte Bleche legen und im auf 220 °C vorgeheizten Backofen auf der mittleren Schiene 15 Minuten backen. Die Herzen noch warm auf der Unterseite mit Gelee bestreichen, jeweils zwei Herzen zusammensetzen und erkalten lassen. Die Schokolade im Wasserbad auflösen und die Herzen zur Hälfte in die Schokolade tauchen.

Wenn Winde wehen im Advent,
so wird uns viel Obst gesend't.
Bauernweisheit

Am Weihnachtsbaum

Am Weih-nachts-baum die Lich-ter bren-nen, wie glänzt er

fest-lich, lieb und mild, als spräch' er: „Wollt in mir er-

ken-nen ge-treu-er Hoff-nung stil-les Bild!"

2. Die Kinder stehn mit hellen Blicken,
das Auge lacht, es lacht das Herz;
o fröhlich seliges Entzücken!
Die Alten schauen himmelwärts.

3. Zwei Engel sind hereingetreten,
kein Auge hat sie kommen sehn;
sie gehn zum Weihnachtstisch und beten
und wenden wieder sich und gehn.

4. „Gesegnet seid, ihr alten Leute,
gesegnet sei, du kleine Schar!
Wir bringen Gottes Segen heute
dem braunen wie dem weißen Haar.

5. Zu guten Menschen, die sich lieben,
schickt uns der Herr als Boten aus,
und seid ihr treu und fromm geblieben,
wir treten wieder in dies Haus."

6. Kein Ohr hat ihren Spruch
vernommen;
unsichtbar jedes Menschen Blick
sind sie gegangen wie gekommen;
doch Gottes Segen blieb zurück.

Melodie: Volksgut;
Text: Hermann Kletke

SCHLAFENDES JESUSKIND

Sohn der Jungfrau, Himmelskind! Am Boden
auf dem Holz der Schmerzen eingeschlafen,
das der fromme Meister, sinnvoll spielend,
deinen leichten Träumen unterlegte;
Blume du, noch in der Knospe dämmernd
eingehüllt die Herrlichkeit des Vaters!
O wer sehen konnte, welche Bilder
hinter dieser Stirne, diesen schwarzen
Wimpern sich in sanftem Wechsel malen!
Eduard Mörike

ICH BITTE DICH

Ich bitte dich, Sankt Nikolaus, sehr,
in meinem Hause auch einkehr.
Bring Bücher, Kleider und auch Schuh
und noch viel schöne Sachen dazu.
So will ich lernen wohl
und fromm sein, wie ich soll.
Des Knaben Wunderhorn

14

ERWARTUNG

Die Kindlein sitzen im Zimmer,
Weihnachten ist nicht mehr weit,
bei traulichem Lampenschimmer
und jubeln: „Es schneit! Es schneit!"

Das leichte Flockengewimmel,
es schwebt durch die dämmernde Nacht,
herunter vom hohen Himmel,
vorüber am Fenster sacht.

Und wo ein Flöckchen im Tanze
den Scheiben vorüberschweift,
da flimmert's in silbernem Glanze
vom Lichte der Lampe bestreift.

Die Kindlein sehn's mit Frohlocken.
Sie drängen ans Fenster sich dicht.
Sie verfolgen die silbernen Flocken,
die Mutter lächelt und spricht:

„Wisst, Kinder, die Englein schneidern
im Himmel jetzt früh und spät.
An Puppendecken und Kleidern
wird auf Weihnachten genäht.

Da fällt von Säckchen und Röckchen
manch silberner Flitter beiseit',
vom Bettchen manch Federflöckchen.
Auf Erden sagt man: Es schneit.

Und seid ihr recht lieb und vernünftig,
ist manches für euch auch bestellt.
Wer weiß, was Schönes euch künftig
vom Tische der Englein fällt."

Die Mutter spricht's. Vor Entzücken
den Kleinen das Herze da lacht.
Sie träumen mit seligen Blicken
hinaus in die zaub'rische Nacht.
Karl von Gerok

SPRITZGEBÄCK
250 g Butter, 250 g Zucker,
1 Ei, 375 g Mehl,
125 g geriebene Haselnüsse,
1 Päckchen Vanillezucker, Glasur oder
Kuvertüre

Butter schaumig rühren, mit den übrigen
Zutaten zu einem nicht zu lockeren Teig
verarbeiten, einige Stunden ruhen lassen.
Ringe, Stangen, Kringel oder Fragezei-
chen auf ein bemehltes Blech spritzen,
einige Stunden kalt stellen.
Bei 170–200 °C in ca. 15–20 Minuten
hellgelb backen, mit Glasur oder
Kuvertüre überziehen.

MORGEN KOMMT DER WEIHNACHTSMANN

Morgen kommt der Weihnachtsmann,
kommt mit seinen Gaben,
Trommel, Pfeife und Gewehr,
Fahn' und Säbel und noch mehr,
ja, ein ganzes Kriegesheer,
möcht ich gerne haben.

Bring uns, lieber Weihnachtsmann,
bring auch morgen, bringe
Musketier und Grenadier,
Zottelbär und Pantertier,
Ross und Esel, Schaf und Stier,
lauter schöne Dinge.

Doch du weißt ja unsern Wunsch,
kennest unsere Herzen.
Kinder, Vater und Mama,
auch sogar der Großpapa,
alle, alle sind wir da,
warten dein mit Schmerzen.
Hoffmann von Fallersleben

DER TANNENBAUM
Von Hans Christian Andersen

Draußen im Walde stand ein niedlicher, kleiner Tannenbaum; er hatte einen guten Platz, Sonne konnte er bekommen, Luft war genug da, und ringsumher wuchsen viel größere Kameraden, sowohl Tannen als auch Fichten. Aber dem kleinen Tannenbaum schien nichts so wichtig wie das Wachsen; er achtete nicht der warmen Sonne und der frischen Luft, er kümmerte sich nicht um die Bauernkinder, die da gingen und plauderten, wenn sie herausgekommen waren, um Erdbeeren und Himbeeren zu sammeln. Oft kamen sie mit einem ganzen Topf voll oder hatten Erdbeeren auf einen Strohhalm gezogen, dann setzten sie sich neben den kleinen Tannenbaum und sagten: „Wie niedlich klein ist der!" Das mochte der Baum gar nicht hören.

Im folgenden Jahre war er ein langes Glied größer und das Jahr darauf war er um noch eins länger, denn bei den Tannenbäumen kann man immer an den vielen Gliedern, die sie haben, sehen, wie viele Jahre sie gewachsen sind. „Oh, wäre ich doch so ein großer Baum wie die andern!", seufzte das kleine Bäumchen. „Dann könnte ich meine Zweige so weit umher ausbreiten und mit der Krone in die Welt hinausblicken! Die Vögel würden dann Nester zwischen meinen Zweigen bauen und wenn der Wind weht, könnte ich so vornehm nicken, gerade wie die andern dort!" Er hatte gar keine Freude am Sonnenschein, an den Vögeln und den roten Wolken, die morgens und abends über ihn hinsegelten.

War es nun Winter und der Schnee lag ringsumher funkelnd weiß, so kam häufig ein Hase angesprungen und setzte gerade über den kleinen Baum weg. Oh, das war ärgerlich! Aber zwei Winter vergingen und im dritten war das Bäumchen so groß, dass der Hase um es herumlaufen musste. „Oh, wachsen, wachsen, groß und alt werden, das ist doch das einzige Schöne in dieser Welt!", dachte der Baum.

Im Herbst kamen immer Holzhauer und fällten einige der größten Bäume; das geschah jedes Jahr und dem jungen Tannenbaum, der nun ganz gut gewachsen war, schauderte dabei; denn die großen, prächtigen Bäume fielen mit Knacken und Krachen zur Erde, die Zweige wurden abgehauen, die Bäume sahen ganz nackt, lang und schmal aus; sie waren fast nicht mehr zu erkennen. Aber dann wurden sie auf Wagen gelegt und Pferde zogen sie davon, aus dem Walde hinaus. Wohin sollten sie? Was stand ihnen bevor? Im Frühjahr, als die Schwalben und Störche kamen, fragte sie der Baum: „Wisst ihr nicht, wohin sie geführt wurden? Seid ihr ihnen begegnet?" Die Schwalben wussten nichts, aber der Storch sah nachdenkend aus, nickte mit dem Kopfe und sagte: „Ja, ich glaube wohl; mir begegneten viele neue Schiffe, als ich aus Ägypten flog; auf den Schiffen waren prächtige Mastbäume; ich darf annehmen, dass sie es waren, sie hatten Tannengeruch; ich kann vielmals von ihnen grüßen, sie sind schön und stolz!" „Oh, wäre ich doch auch groß genug, um über das Meer hinfahren zu können! Was ist das eigentlich, dieses Meer, und wie sieht es aus?" „Ja, das ist viel zu weitläufig zu erklären!", sagte der Storch und damit ging er. „Freue dich deiner Jugend!", sagten die

Sonnenstrahlen. „Freue dich deines frischen Wachstums, des jungen Lebens, das in dir ist!" Und der Wind küsste den Baum und der Tau weinte Tränen über ihn, aber das verstand der Tannenbaum nicht.

Wenn es gegen die Weihnachtzeit war, wurden ganz junge Bäume gefällt, Bäume, die oft nicht einmal so groß oder gleichen Alters mit diesem Tannenbaum waren, der weder Rast noch Ruhe hatte, sondern immer davon wollte; diese jungen Bäume, und es waren gerade die Allerschönsten, behielten immer alle ihre Zweige; sie wurden auf Wagen gelegt und Pferde zogen sie zum Walde hinaus. „Wohin sollen diese?", fragte der Tannenbaum. „Sie sind nicht größer als ich, einer ist sogar viel kleiner; weswegen behalten sie alle ihre Zweige? Wohin fahren sie?" „Das wissen wir! Das wissen wir!", zwitscherten die Meisen. „Unten in der Stadt haben wir in die Fenster gesehen! Wir wissen, wohin sie fahren! Oh, sie gelangen zur größten Pracht und Herrlichkeit, die man sich denken kann! Wir haben in die Fenster gesehen und erblickt, dass sie mitten in der warmen Stube aufgestellt und mit den schönsten Sachen, vergoldeten Äpfeln, Honigkuchen, Spielzeug und vielen hundert Lichtern geschmückt werden." „Und dann?", fragte der Tannenbaum und bebte in allen Zweigen. „Und dann? Was geschieht dann?" „Ja, mehr haben wir nicht gesehen! Das, was wir aber gesehen haben, war unvergleichlich schön!" „Ob ich wohl bestimmt bin, diesen strahlenden Weg zu betreten?", jubelte der Tannenbaum. „Das ist noch besser, als über das Meer zu ziehen! Wie leide ich an Sehnsucht! Wäre es doch Weihnachten! Nun bin ich hoch und entfaltet wie die anderen, die im vorigen Jahre davongeführt wurden! Oh, wäre ich erst auf dem Wagen, wäre ich doch in der warmen Stube mit all der Pracht und Herrlichkeit! Und dann? Ja, dann kommt noch etwas Besseres, noch Schöneres, warum würden sie mich sonst so schmücken? Es muss noch etwas Größeres, Herrlicheres kommen! Aber was? Oh, ich leide, ich sehne mich, ich weiß selbst nicht, wie mir ist!" „Freue dich unser!", sagten die Luft und das Sonnenlicht. „Freue dich deiner frischen Jugend im Freien!"

Aber er freute sich durchaus nicht; er wuchs und wuchs, Winter und Sommer stand er grün; dunkelgrün stand er da, die Leute, die ihn sahen, sagten: „Das ist ein schöner Baum!" und zur Weihnachtzeit wurde er von allen zuerst gefällt. Die Axt hieb tief durch das Mark; der Baum fiel mit einem Seufzer zu Boden, er fühlte einen Schmerz, eine Ohnmacht, er konnte gar nicht an irgendein Glück denken, er war betrübt, von der Heimat scheiden zu müssen, von dem Flecke, auf dem er emporgeschossen war; er wusste ja, dass er die lieben, alten Kameraden, die kleinen Büsche und Blumen ringsumher nie mehr sehen werde, ja vielleicht nicht einmal die Vögel. Die Abreise hatte durchaus nichts Behagliches. Der Baum kam erst wieder zu sich selbst, als er im Hofe mit andern Bäumen abgeladen wurde und einen Mann sagen hörte: „Dieser hier ist prächtig! Wir wollen nur den!" Nun kamen zwei Diener im vollen Staat und trugen den Tannenbaum in einen großen, schönen Saal. Ringsherum an den Wänden hingen Bilder und bei dem großen Kachelofen standen große chinesische Vasen mit Löwen auf den Deckeln; da waren Wiegestühle, seidene Sofas, große Tische voll von Bilderbüchern und Spielzeug für hundertmal hundert Taler; wenigstens sagten das die Kinder.

Der Tannenbaum wurde in ein großes, mit Sand gefülltes Fass gestellt, aber niemand konnte sehen, dass es ein Fass war, denn es wurde rundherum mit grünem Zeug behängt und stand auf einem großen, bunten Teppich. Oh, wie der Baum bebte! Was würde da wohl vorgehen? Sowohl die Diener als auch die Fräulein gingen hin und her und schmückten ihn. An einen Zweig hängten sie kleine, aus farbigem Papier ausgeschnittene Netze und jedes Netz war mit Zuckerwerk gefüllt. Vergoldete Äpfel und Walnüsse hingen herab, als wären sie festgewachsen, und über hundert rote, blaue und weiße kleine Lichter wurden in den Zweigen festgesteckt. Puppen, die leibhaft wie die Menschen aussahen – der Baum hatte früher nie solche gesehen –, schwebten im Grünen und hoch oben in der Spitze wurde ein Stern von Flittergold befestigt. Das war prächtig, ganz außerordentlich prächtig! „Heute Abend", sagten alle, „heute Abend wird er strahlen!", und sie waren außer sich vor Freude.

„Oh", dachte der Baum, „wäre es doch Abend! Würden nur die Lichter bald angezündet! Und was dann wohl geschieht? Ob da wohl Bäume aus dem Walde kommen, mich zu sehen? Ob die Meisen gegen die Fensterscheiben fliegen? Ob ich hier festwachse und Winter und Sommer geschmückt stehen werde?" Ja, er wusste gut Bescheid; aber er hatte ordentlich Borkenschmerzen vor lauter Sehnsucht und Borkenschmerzen sind für einen Baum ebenso schlimm wie Kopfschmerzen für uns andere. Nun wurden die Lichter angezündet. Welcher Glanz, welche Pracht! Der Baum bebte in allen Zweigen dabei, sodass eins der Lichter das Grüne anbrannte; es qualmte ordentlich. „Gott bewahre uns!", schrien die Fräulein und löschten das Lichtlein hastig aus. Nun durfte der Baum nicht einmal beben. Oh, das war ein Grauen! Ihm war bange, etwas von seinem Staate zu verlieren; er war ganz betäubt von all dem Glanze. Da gingen beide Flügeltüren auf und eine Menge Kinder stürzte herein, als wollten sie den ganzen Baum umwerfen, die älteren Leute kamen bedächtig nach; die Kleinen standen ganz stumm, aber nur einen Augenblick, dann jubelten sie wieder, dass es laut schallte; sie tanzten um den Baum herum und ein Geschenk nach dem andern wurde abgepflückt und verteilt.

„Was machen sie?", dachte der Baum. „Was soll geschehen?" Die Lichter brannten gerade bis auf die Zweige herunter und je nachdem sie niederbrannten, wurden sie ausgelöscht und dann erhielten die Kinder die Erlaubnis, den Baum zu plündern. Sie stürzten auf ihn zu, dass es in allen Zweigen knackte; wäre er nicht mit der Spitze und mit dem Goldstern an der Decke festgemacht gewesen, so wäre er umgefallen. Die Kinder tanzten mit ihrem prächtigen Spielzeug herum, niemand sah nach dem Baume, ausgenommen das alte Kindermädchen, das zwischen die Zweige blickte; aber es geschah nur, um zu sehen, ob nicht noch eine Feige oder ein Apfel vergessen sei. „Eine Geschichte, eine Geschichte!", riefen die Kinder und zogen einen kleinen, dicken Mann gegen den Baum hin. Er setzte sich gerade unter den Baum. – „Damit wir im Grünen sind", sagte er, „und der Baum kann auch gleich zuhören! Aber ich erzähle nur eine Geschichte. Wollt ihr die von Ivede-Avede oder die von Klumpe-Dumpe hören, der die Treppe hinunterfiel und dennoch auf den Thron kam und die Prinzessin heiratete?" „Ivede-Avede!", schrien einige, „Klumpe-Dumpe!", schrien andere. Das war ein Rufen! Nur der Tannenbaum schwieg ganz still und dachte: „Komme ich gar nicht mit, werde ich nichts dabei zu tun haben?" Aber er hatte ja seine Rolle ausgespielt; er hatte getan, was er konnte. Der Mann erzählte von Klumpe-Dumpe, der die Treppe hinunterfiel und dennoch auf den Thron kam und die Prinzessin heiratete. Und die Kinder klatschten in die Hände und riefen: „Erzähle, erzähle!" Sie wollten auch die Geschichte von Ivede-Avede hören, aber sie bekamen nur die von Klumpe-Dumpe.

Der Tannenbaum stand ganz stumm und gedankenvoll, nie hatten die Vögel im Walde dergleichen erzählt. Klumpe-Dumpe fiel die Treppe hinunter und bekam doch die Prinzessin! „Ja, ja, so geht es in der Welt zu!", dachte der Tannenbaum und glaubte, dass es wahr sei, weil ein so netter Mann es erzählt hatte. „Ja, ja! Vielleicht falle ich auch die Treppe hinunter und bekomme eine Prinzessin!" Und er freute sich, den nächsten Tag wieder mit Lichtern und Spielzeug, Gold und Früchten und dem Stern von Flittergold aufgeputzt zu werden. „Morgen werde ich nicht zittern!", dachte er. „Ich will mich recht aller meiner Herrlichkeit freuen. Morgen werde ich wieder die Geschichte von Klumpe-Dumpe und vielleicht auch die von Ivede-Avede hören." Und der Baum stand die ganze Nacht still und gedankenvoll.

Am Morgen kamen die Diener und das Mädchen herein. „Nun beginnt der Staat aufs Neue!", dachte der Baum; aber sie schleppten ihn zum Zimmer hinaus, die Treppe hinauf, auf den Boden und stellten ihn in einen dunklen Winkel, wohin kein Tageslicht schien.

„Was soll das bedeuten?", dachte der Baum. „Was soll ich hier wohl machen? Was mag ich hier wohl hören sollen?" Er lehnte sich gegen die Mauer und dachte und dachte. Und er hatte Zeit genug, denn es vergingen Tage und Nächte; niemand kam herauf und als endlich jemand kam, so geschah es, um einige große Kästen in den Winkel zu stellen; der Baum stand ganz versteckt, man musste glauben, dass er ganz vergessen war. „Nun ist es Winter draußen!", dachte der Baum. „Die Erde ist hart und mit Schnee bedeckt, die Menschen können mich nicht pflanzen; deshalb soll ich wohl bis zum Frühjahr hier im Schutz stehen! Wie wohl bedacht ist das! Wie die Menschen doch so gut sind! Wäre es hier nur nicht so dunkel und schrecklich einsam! Nicht einmal ein kleiner Hase! Das war doch niedlich da draußen im Walde, wenn der Schnee lag und der Hase vorbeisprang, ja selbst als er über mich hinwegsprang; aber damals mochte ich es nicht leiden. Hier oben ist es doch schrecklich einsam!"

„Piep, piep!", sagte da eine kleine Maus und huschte hervor und dann kam noch eine kleine. Sie beschnüffelten den Tannenbaum und dann schlüpften sie zwischen seine Zweige. „Es ist eine grässliche Kälte!", sagten die kleinen Mäuse. „Sonst ist hier gut sein; nicht wahr, du alter Tannenbaum?" „Ich bin gar nicht alt!", sagte der Tannenbaum, „es gibt viele, die weit älter sind als ich!" „Woher kommst du?", fragten die Mäuse, „und was weißt du?" Sie waren gewaltig neugierig. „Erzähle uns doch von den schönsten Orten auf Erden! Bist du dort gewesen? Bist du in der Speisekammer gewesen, wo Käse auf den Brettern liegen und Schinken unter der Decke hängen, wo man auf Talglicht tanzt, mager hineingeht und fett herauskommt?" „Das kenne ich nicht", sagte der Baum, „aber den Wald kenne ich, wo die Sonne scheint und die Vögel singen!" Und dann erzählte er alles aus seiner Jugend. Die kleinen Mäuse hatten früher nie dergleichen gehört, sie horchten auf und sagten: „Wie viel du gesehen hast! Wie glücklich du gewesen bist!" „Ich?", sagte der Tannenbaum und dachte über das, was er selbst erzählte, nach. „Ja, es waren im Grunde ganz fröhliche Zeiten!" Aber dann erzählte er vom Weihnachtsabend, wo er mit Zuckerwerk und Lichtern geschmückt war. „Oh", sagten die kleinen Mäuse, „wie glücklich du gewesen bist, du alter Tannenbaum!" „Ich bin gar nicht alt!", sagte der Baum, „erst in diesem Winter bin ich aus dem Walde gekommen! Ich bin in meinem allerbesten Alter, ich bin nur so aufgeschossen."

„Wie schön du erzählst!", sagten die kleinen Mäuse und in der nächsten Nacht kamen sie mit vier anderen kleinen Mäusen, die den Baum erzählen hören sollten, und je mehr er erzählte, desto deutlicher erinnerte er sich selbst an alles und dachte: „Es waren doch ganz fröhliche Zeiten! Aber sie können wiederkommen, können wiederkommen! Klumpe-Dumpe fiel die Treppe hinunter und bekam doch die Prinzessin; vielleicht kann ich auch eine Prinzessin bekommen." Und dann dachte der Tannenbaum an eine kleine, niedliche Birke, die draußen im Walde wuchs; das war für den Tannenbaum eine wirkliche, schöne Prinzessin. „Wer ist Klumpe-Dumpe?", fragten die kleinen Mäuse. Da erzählte der Tannenbaum das ganze Märchen, er konnte sich jedes einzelnen Wortes entsinnen; die kleinen Mäuse sprangen aus reiner Freude bis an die Spitze des Baumes. In der folgenden Nacht kamen weit mehr Mäuse und am Sonntag sogar zwei Ratten, aber die meinten, die Geschichte sei nicht hübsch und das betrübte die kleinen Mäuse, denn nun hielten sie auch weniger davon.

„Wissen Sie nur diese eine Geschichte?", fragten die Ratten. „Nur die eine", antwortete der Baum, „die hörte ich an meinem glücklichsten Abend, aber damals dachte ich nicht daran, wie glücklich ich war." „Das ist eine höchst jämmerliche Geschichte! Kennen Sie keine von Speck und Talglicht? Keine Speisekammergeschichte?" „Nein!", sagte der Baum. „Ja, dann danken wir dafür!", erwiderten die Ratten und gingen zu den Ihrigen zurück. Die kleinen Mäuse blieben zuletzt auch weg und da seufzte der Baum: „Es war doch ganz hübsch, als sie um mich herumsaßen, die beweglichen kleinen Mäuse, und zuhörten, wie ich erzählte! Nun ist auch das vorbei! Aber ich werde gerne daran denken, wenn ich wieder hervorgenommen werde."

Aber wann geschah das? Ja, es war eines Morgens, da kamen Leute und wirtschafteten auf dem Boden; die Kästen wurden weggesetzt, der Baum wurde hervorgezogen; sie warfen ihn freilich ziemlich hart gegen den Fußboden, aber ein Diener schleppte ihn gleich nach der Treppe hin, wo der Tag leuchtete.

„Nun beginnt das Leben wieder!", dachte der Baum; er fühlte die frische Luft, die ersten Sonnenstrahlen und nun war er draußen im Hofe. Alles ging geschwind, der Baum vergaß völlig, sich selbst zu betrachten, da war so vieles ringsumher zu sehen. Der Hof stieß an einen Garten und alles blühte darin; die Rosen hingen frisch und duftend über das kleine Gitter hinaus, die Lindenbäume blühten und die Schwalben flogen umher und sagten: „Quirrevirrevit, mein Mann ist kommen!" Aber es war nicht der Tannenbaum, den sie meinten. „Nun werde ich leben!", jubelte der und breitete seine Zweige weit aus; aber ach, die waren alle vertrocknet und gelb und er lag da zwischen Unkraut und Nesseln. Der Stern von Goldpapier saß noch oben in der Spitze und glänzte im hellen Sonnenschein.

Im Hofe selbst spielten ein paar der munteren Kinder, die zur Weihnachtszeit den Baum umtanzt hatten und so froh über ihn gewesen waren. Eins der kleinsten lief hin und riss den Goldstern ab. „Sieh, was da noch an dem hässlichen, alten Tannenbaum sitzt!", sagte es und trat auf die Zweige, sodass sie unter seinen Stiefeln knackten.

Der Baum sah auf all die Blumenpracht und Frische im Garten, er betrachtete sich selbst und wünschte, dass er in seinem dunklen Winkel auf dem Boden geblieben wäre; er gedachte seiner frischen Jugend im Walde, des lustigen Weihnachtsabends und der kleinen Mäuse, die so munter die Geschichte von Klumpe-Dumpe angehört hatten. „Vorbei, vorbei!", sagte der arme Baum. „Hätte ich mich doch gefreut, als ich es noch konnte! Vorbei, vorbei!"

Der Diener kam und hieb den Baum in kleine Stücke, ein ganzes Bund lag da; hell flackerte es auf unter dem großen Braukessel. Der Baum seufzte tief und jeder Seufzer war einem kleinen Schusse gleich; deshalb liefen die Kinder, die da spielten, herbei und setzten sich vor das Feuer, blickten hinein und riefen: „Piff, paff!" Aber bei jedem Knalle, der ein tiefer Seufzer war, dachte der Baum an einen Sommerabend im Walde oder an eine Winternacht da draußen, wenn die Sterne funkelten; er dachte an den Weihnachtsabend und an Klumpe-Dumpe, das einzige Märchen, das er je gehört hatte und zu erzählen wusste – und dann war der Baum verbrannt.

Auf dem Hofe spielten die Kinder und der kleinste Junge hatte sich den Goldstern, den der Baum an seinem glücklichsten Abend seines Lebens getragen hatte, an die Brust geheftet.

Jetzt war dieser Abend längst vorbei und mit dem Baum war es vorbei und mit der Geschichte auch; vorbei, vorbei. Und so geht es mit allen Geschichten!

Wenn unsere Adventszeit beim Tannenbaum und nicht an der Krippe endet, dann sind wir nicht auf dem Weihnachtsweg, dann sind wir auf dem Holzweg.

21

AN DER KRIPPE

Kleiner Knabe, großer Gott,
schönste Blume, weiß und rot,
von Maria neugeboren,
unter tausend auserkoren,
allerliebstes Jesulein,
lasse mich dein Diener sein!

Nimm mich an, geliebtes Kind,
und befiel mir nur geschwind,
rege deine süßen Lippen,
rufe mich zu deiner Krippen:
tu mir durch deinen holden Mund
deinen liebsten Willen kund.

Dir soll meine Seel' allzeit
samt den Kräften sein bereit
und mein Leib mit allen Sinnen
soll nichts ohne dich beginnen;
mein Gemüte soll an dich
denken jetzt und ewiglich.

Nimm mich an, o Jesu mein,
denn ich wünsche dein zu sein!
Dein verbleib' ich, weil ich lebe,
dein, wenn ich den Geist aufgebe.
Wer dir dient, du starker Held,
der beherrscht die ganze Welt.

Angelus Silesius

FROHE BOTSCHAFT

Früh, eh ich's konnt' begreifen,
hört' ich schon etwas pfeifen,
hört' ich schon etwas brummen,
wie tausend Bienen summen.
Was ist denn los? Ach ja:
Der Weihnachtsmann ist da!

Die Raben und die Spatzen,
sie müssen's weiterschwatzen;
in alle Häuser dringt es,
von allen Glocken klingt es.
Was läuten sie? O ja:
Der Weihnachtsmann ist da!

Mit seinem braven Esel
zieht er von Thorn bis Wesel;
wo Mädels sind und Buben,
tritt er in ihre Stuben
und langt aus Sack und Taschen
zum Spielen was und Naschen.
Wo habt ihr's her? Na ja:
Der Weihnachtsmann war da!

Paula Dehmel

Noch einmal ein Weihnachtsfest,
immer kleiner wird der Rest,
aber nehm ich so die Summe,
alles Grade, alles Krumme,
alles Falsche, alles Rechte,
alles Gute, alles Schlechte –
rechnet sich aus all dem Braus
doch ein richtig Leben raus.
Und dies können ist das Beste
wohl bei diesem Weihnachtsfeste.

Theodor Fontane

BAISERFLÖCKCHEN

2 Eiweiß, 1 Prise Salz, 170 g Zucker,
einige Tropfen Bittermandelaroma,
50 g Sauerkirschkonfitüre

Die Eiweiße mit dem Salz steif schlagen, den Zucker
nach und nach einrieseln lassen und das Ganze so
lange schlagen, bis die Masse fest ist und glänzt.
Mit Bittermandelaroma abschmecken und in einen
Spritzbeutel mit großer Lochtülle füllen. Ein Blech
mit Backpapier auslegen und kleine Tupfen auf-
spritzen. Im auf 120 °C vorgeheizten Backofen
ca. eine Stunde hell backen. Auf einem Kuchengitter
abkühlen lassen. Die Konfitüre glatt pürieren und
je zwei Baiserflöckchen damit zusammensetzen.

Die Heil'gen Drei König'

Die Heil'-gen— Drei Kö-nig' mit— ih-ri-gem Stern, die
kom-men ge-gan-gen, ihr— Frau-en und Herrn! Der Stern gab
ih-nen den Schein. Ein neu-es Reich geht uns he-rein.

2. Die Heil'gen Drei König' mit ihrigem Stern,
sie bringen dem Kindlein das Opfer so gern.
Sie reisen in schneller Eil',
in dreizehn Tag' vierhundert Meil'.

3. Die Heil'gen Drei König' mit ihrigem Stern
knien nieder und ehren das Kindlein, den Herrn.
Ein selige, fröhliche Zeit
verleih uns Gott im Himmelreich!
Melodie und Text: Volksgut aus Oberbayern

DER LIEBE WEIHNACHTSMANN
Der Esel, der Esel,
wo kommt der Esel her?
Von Wesel, von Wesel,
er will ans Schwarze Meer.

Wer hat denn, wer hat denn
den Esel so bepackt?
Knecht Ruprecht, Knecht Ruprecht
mit seinem Klappersack.

Mit Nüssen, mit Äpfeln,
mit Spielzeug allerlei
und Kuchen, ja Kuchen
aus feiner Bäckerei.

Wo bäckt denn, wo bäckt denn
Knecht Ruprecht seine Speis?
In Island, in Island,
drum ist sein Bart so weiß.

Die Rute, die Rute
hat er dabei verbrannt;
heut sind die Kinder artig
im ganzen deutschen Land.

Ach Ruprecht, ach Ruprecht,
du lieber Weihnachtsmann:
komm auch zu mir mit deinem
Sack heran!
Paula und Richard Dehmel

23

DER KLEINE NIMMERSATT

„Ich wünsche mir ein Schaukelpferd,
'ne Festung und Soldaten
und eine Rüstung und ein Schwert,
wie sie die Ritter hatten.

Drei Märchenbücher wünsch ich mir
und Farben auch zum Malen
und Bilderbogen und Papier
und Gold- und Silberschalen.

Ein Domino, ein Lottospiel,
ein Kasperletheater;
auch einen neuen Pinselstiel,
vergiss nicht, lieber Vater!

Ein Zelt und sechs Kanonen dann
und einen neuen Wagen
und ein Geschirr mit Schellen dran,
beim Pferdespiel zu tragen.

Ein Perspektiv, ein Zootrop,
'ne magische Laterne,
ein Brennglas, ein Kaleidoskop –
dies alles hätt' ich gerne.

Mir fehlt – ihr wisst es sicherlich –
gar sehr ein neuer Schlitten,
und auch um Schlittschuh' möchte ich
noch ganz besonders bitten.

Um weiße Tiere auch von Holz
und farbige von Pappe
und einen Helm mit Federn stolz
und eine Flechtemappe.

Auch einen großen Tannenbaum,
dran hundert Lichter glänzen,
mit Marzipan und Zuckerschaum
und Schokoladenkränzen.

Doch dünkt dies alles euch zu viel
und wollt ihr daraus wählen,
so könnte wohl der Pinselstiel
und auch die Mappe fehlen."

Als Hänschen so gesprochen hat,
sieht man die Eltern lachen:
„Was willst du, kleiner Nimmersatt,
mit all den vielen Sachen?"

„Wer so viel wünscht" –
der Vater spricht's –
„bekommt auch nicht ein Achtel.
Der kriegt ein ganz klein wenig Nichts
in einer Dreierschachtel."
Heinrich Seidel

SCHOKOMAKRONEN
*250 g ungeschälte Mandeln, 100 g Zartbitter-Schokolade,
4 Eiweiß, 200 g Zucker,
30–40 kleine Backoblaten*

*Die Mandeln in der Mandelmühle reiben. Die Schokolade ebenfalls fein
reiben. Eiweiße steif schlagen. Den Zucker einrieseln lassen, den Schnee
10 Minuten weiterschlagen. Mandeln und Schokolade unterheben. Zwei
Backbleche kalt abspülen, die Oblaten auf den Blechen verteilen, mit zwei
Teelöffeln kleine Teighäufchen daraufsetzen. Im auf 180 °C vorgeheizten
Backofen auf der mittleren Schiene 15–20 Minuten nicht zu dunkel backen.*

KNECHT RUPRECHT

Von drauß' vom Walde komm ich her;
ich muss euch sagen,
es weihnachtet sehr!
Allüberall auf den Tannenspitzen
sah ich goldene Lichtlein sitzen;
und droben aus dem Himmelstor
sah mit großen Augen
das Christkind hervor,
und wie ich so strolcht' durch den finstern Tann,
da rief's mich mit heller Stimme an:
„Knecht Ruprecht", rief es, „alter Gesell',
hebe die Beine und spute dich schnell!
Die Kerzen fangen zu brennen an,
das Himmelstor ist aufgetan,
Alt' und Junge sollen nun
von der Jagd des Lebens einmal ruhn;
und morgen flieg ich hinab zur Erden,
denn es soll wieder Weihnachten werden!"
Ich sprach: „O lieber Herre Christ,
meine Reise fast zu Ende ist;
ich soll nur noch in diese Stadt,
wo's eitel gute Kinder hat."
„Hast denn das Säcklein auch bei dir?"
Ich sprach: „Das Säcklein, das ist hier;
denn Apfel, Nuss und Mandelkern
essen fromme Kinder gern." –
„Hast denn die Rute auch bei dir?"
Ich sprach: „Die Rute, die ist hier;
doch für die Kinder nur, die schlechten,
die trifft sie auf den Teil, den rechten."
Christkindlein sprach: „So ist es recht;
so geh mit Gott, mein treuer Knecht!"
Von drauß' vom Walde komm' ich her;
ich muss euch sagen, es weihnachtet sehr!
Nun sprecht, wie ich's hierinnen find!
Sind's gute Kind', sind's böse Kind'?
Theodor Storm

MANDELSPLITTER

150 g Puderzucker, 25 g Kakao,
2–3 Esslöffel heißes Wasser,
20 g Kokosfett, 125 g süße,
gestiftelte Mandeln

Puderzucker mit Kakao, heißem
Wasser und Kokosfett nicht zu
flüssig anrühren, die Mandeln
damit vermengen. Mit zwei
Teelöffeln längliche Häufchen
auf Pergamentpapier setzen und
trocknen lassen.

Das ist das Vertrackte an Weihnachten:
Über den Weihnachtsmarkt zu laufen
macht so glücklich, dass es am Ende
sogar Spaß macht, Geld auszugeben.
Janine Weger

EIN WEIHNACHTSABEND
Von Ottilie Wildermuth

In einer großen Stadt, da war eine kleine enge Gasse und darin stand ein schmales, hohes Haus. Unten in dem Haus war ein kleiner Kaufladen, fast wie ein Keller so trüb und feucht, und ein Glöcklein an der Tür schellte besonders abends fast in einem fort. In dem kleinen Laden war alles Mögliche zu haben: Zucker und Kaffee, Rauchtabak und Schnupftabak, Essig und Öl, Käse und Heringe, auch Knöpfe, Nägel, Seife und Lichter, Butter und Eier und noch eine ganze Menge anderer Sachen; die Krämerfrau wusste selbst nicht, was sie alles in ihrem Laden hatte. Viel Schönes aber war es gerade nicht; es kamen auch nur die armen Leute, die in der engen Gasse wohnten, und holten das Allernötigste, was sie brauchten; in den Spalt an dem Ladentisch fielen fast bloß Kupferkreuzer.

Der kleinen Margret, die immer bei der Mutter im Laden war und ihr schon ein wenig helfen durfte, der kam das doch recht viel Geld vor und sie wusste nicht, warum die Mutter oft so betrübt war, wenn sie am Abend die kleine Schublade herauszog und das Geld darin zählte. Margret war noch klein, sie konnte kaum mit dem Kopf recht über den Ladentisch heraussehen; aber sie freute sich sehr, wenn sie etwas herbringen durfte für die Leute, die kauften, und sie trippelte gar geschäftig hin und her, der Mutter zu helfen.

Neben dem Laden war noch ein Stübchen, klein und trübselig wie der Laden selbst, darin standen das kleine Bettchen, in dem Margret schlief, und hinter einem grünen Vorhang die Betten der Eltern. In einem davon lag schon viele Monate lang der kranke Vater und es sah aus, als werde er wohl nicht mehr aufstehen. Der Vater war einmal Diener und Gehilfe bei einem reichen Kaufmann gewesen, dort war ihm beim Abladen von einem Wagen ein Fässchen auf die Brust gefallen und seither war er nicht wieder gesund geworden. Da er keine Dienste mehr leisten konnte, so hatte ihm der Kaufmann geholfen, dass er den kleinen Laden mieten konnte; er war nicht lange imstande gewesen, selbst darin zu verkaufen, seit zwei Jahren schon musste die Mutter alles darin allein tun.

Die kleine Margret trippelte dann wohl oft zu ihm hinein und bracht ihm Wasser oder etwas Zucker, wenn sein Husten so schlimm wurde, sie saß auch manchmal an seinem Bett und er erzählte ihr mit seiner schwachen Stimme; aber es wurde ihr etwas bang in der dunklen Stube und sie wollte lieber wieder heraus in den Laden. „Weißt du, Vater", versicherte sie ganz ernsthaft, „die Mutter hat so arg viel zu schaffen; da muss ich ihr helfen, sie wird sonst gar nicht fertig." „Armes Kind!", seufzte der Vater für sich. „Wir sind nicht arm, wir haben viel, viel Kreuzer", tröstete ihn Margretchen, „in dem Loch im Tisch draußen."

Heute war ein gar geschäftiger Tag im Laden, die Mutter hatte noch wenig Zeit gehabt, nach dem kranken Vater zu sehen oder nach der kleinen Margret, die trippelte heute besonders emsig hin und her, und sooft jemand aus dem Laden ging, lief sie nach bis unter die Tür und schaute hinaus, draußen aber wehte ein scharfer, kalter Wind und Margretchen kam ganz erfroren mit einer roten Nasenspitze wieder herein.

„Aber, Kind, so bleib doch im Laden!", rief die Mutter, „du erfrierst ja draußen." „O Mutterchen", sagte die Kleine, „heut ist's Christabend und Nachbars Röschen hat mir gesagt, dass jetzt das Christkind durch die Straßen geht in einem silbernen Kleidchen mit goldenen Flügelein und neben ihm geht das Palmeselein, das hat silberne Körbchen anhängen, darin sind schöne Sachen für liebe Kinder. Und, Mutterchen, alle Fenster werden goldig hell von vielen Lichtern, o lass mich nur hinaus und ein bisschen sehen! Draußen ist's noch nicht so dunkel wie im Laden."

Die Mutter zündete die dünne Lampe an und legte freundlich ihre Hand auf Margrets Köpfchen. „Bleib nur bei mir, Kind!", sagte sie, „draußen ist's so kalt und du würdest verloren gehen auf der dunklen Straße. Wenn du fein artig bist, so kommt das Christkind vielleicht auch zu dir, jetzt hilf mir nur, da sitz auf deinem Schemel! Sieh, da hast du ein Körbchen mit lauter Büschelein von kleinen Lichtern: Das sind Christtagslichtchen, die verkauft man nicht. Jedem Kind, das etwas kauft, darfst du so ein Büschelein schenken."

Das war nun eine Freude für Margretchen. Es kamen viele Kinder, fast lauter elend und ärmlich gekleidete, die alle wenig vom Christabend wussten. Eins holte um einen Kreuzer Schnupftabak für seinen Vater oder ein wenig Öl in die Lampe, ein anderes ein Lot Kaffee und Zucker, für ein paar Kreuzer Butter oder Schmalz; wie sprang da die Kleine, um jedem sein Päckchen Lichtchen zu geben, und lachte vor lauter Vergnügen, wenn die Kinder sich so freuten über die schönen Lichtlein! Margretchen war auch dürftig gekleidet, doch reinlich und sorgfältig, die Mutter hatte ihr Schürzchen noch zierlich mit alten Bändern aufgeputzt, so kam sie den ärmlichen, zerlumpten Kindern wie ein kleines Fräulein vor.

So lang Margret Lichter verteilte und die Mutter emsig Kunden bediente, war der kranke Vater in dem kleinen Ladenstübchen auch geschäftig gewesen. Die Mutter hatte ihm ein Tischchen vors Bett gerückt, da hatte er allerlei zu rüsten, was Margretchen nicht sehen durfte, man hatte deshalb die grünen Vorhänge an dem Fensterlein zugezogen, das in den Laden ging. Die Kleine hatte im lauteren Eifer mit ihren Christtagslichtern vergessen, dass sie hatte hinaus wollen und das Christkind sehen und die hellen Fenster; es war ihr nur bang, ob ihre Lichtlein reichen würden für alle Kinder; sie hatte jetzt nur noch ein Päckchen schöne rote im Körbchen, das Ladenglöcklein schellte aber immer seltener. Noch ein zerlumpter Knabe kam mit einem kleineren Mädchen und holte etwas Brennöl. „Kriegst du auch einen Christtag daheim?", fragte Margretchen. „I net", sagte der und schüttelte traurig den Kopf, „meine Mutter hat nichts und mein Vater trinkt Branntwein." „Komm, ich will dir die Lichtlein schenken", sagte Margretchen wichtig. „Was tut man damit?", fragte der Knabe, noch trotzig.

„Sieh, da hast du ein wenig weichen Lehm", sagte die Mutter, „da kannst du sie aufkleben und anzünden, musst nur hübsch Achtung geben damit", und sie zündete ihm eins der dünnen Lichtchen an. „Und ich hab eigne Lichtlein und kann selber hell machen in unserer Stube!", rief jetzt der Bube auf einmal im höchsten Jubel, „heidideldum!" und er machte einen Satz fast bis an die Decke, dass Margretchen hell auflachte vor Freude. Dem kleinen Mädchen schenkte die Mutter noch ein Stückchen Zuckerkandis, der Bub hätte fast in der Freude sein Öl vergessen. „Komm nur, Kätterle", rief er eilig und nahm das Schwesterchen auf den Arm, „jetzt wird's schön daheim! Lichtlein haben wir!", und Margretchen sah ihnen vergnügt nach.

Im Laden war's nun still, drinnen aber rief der Vater: „Komm herein, Margret!" Da schaute die Kleine hoch auf, wie die Tür aufging; da drinnen war es so hell, so schön und auf dem Tisch stand ein Bäumchen mit viel Lichtern und darunter eine Puppe in einem roten Kleidchen, die hatte die Mutter gemacht, tief in der Nacht, wenn Margret fest schlief und der Mutter fast die Augen zugefallen waren vor Schlaf. Es waren auch ein paar kleine Schüsselchen und Töpfchen dabei, darin waren Zucker und Rosinen, dass sie kochen konnte, und ein Schäfchen, das der Vater selbst aus Lehm und Baumwolle gemacht und mit Stückchen von Goldpapier verziert hatte; es sperrte freilich seine geraden Füße, die aus Schwefelhölzern bestanden, seltsam auseinander, aber der Kleinen gefiel es doch gar zu wohl. Voriges Jahr, da war der Vater so schwer krank gelegen, dass man keinen Baum hatte anzünden können, so war's, als ob Margretchen zum ersten Mal im Leben einen Christbaum sähe, und sie schlug in die Händchen und hüpfte vor Freude und wagte noch gar nicht, die schöne Puppe, die so vornehm aussah, als ihr Eigen zu betrachten, sie hatte seither nur eine hölzerne gehabt, die früher an einem Butterfass gerührt hatte und jetzt nur noch die leeren Arme ausstreckte und nicht nur ihr Butterfass, sondern später auch den Kopf verloren hatte.

Als der erste Jubel der Kleinen vorüber war und die Lichtlein so allmählich herunterbrannten, da setzte sie die Mutter auf den Stuhl neben des Vaters Bett und der Vater erzählte ihr die alte, schöne Geschichte vom lieben Heiland, wie er in der ersten Weihnacht zur Welt gekommen und als ein armes, kleines Kindlein in einem Stalle gelegen sei und wie er nun in aller Herrlichkeit und Seligkeit des Himmels noch an alle Kinder denke auf der weiten Welt; wie man ihnen den Christbaum anzünde als ein Zeichen, dass ihnen droben im Himmel einmal noch viel, viel größere Herrlichkeit und Lieblichkeit bereitet sei beim lieben Gott, wenn sie ein fromm und folgsam Herzlein bewahren.

Als die Lichtlein erloschen waren und die Mutter Margret in ihr Bettlein gelegt, da betete sie noch mit ihr das schöne Lied: „Halleluja, denn uns ist heut ein göttlich Kind geboren", das Kind war müde vor lauter Freude, kaum konnte sie noch den Schluss sagen:

> „Liebster Heiland Jesus Christ,
> der du unser Bruder bist,
> dir sei Lob, Preis und Ehre!"

so schlief sie schon ein. Auch die arme Mutter war gar schwach und müde, sie konnte kaum noch dem Kranken sein Tränklein bereiten für die Nacht und ins Bett kommen; sie schlief schwer und unruhig. Der Vater konnte nicht schlafen, sein Husten plagte ihn so, er faltete seine mageren Hände und betete leise, der liebe Gott wolle sich seines Kindes annehmen, wenn es vielleicht bald allein sein sollte auf dieser Welt.

Nicht lange mehr hatte Margretchen der Mutter helfen können im Laden und es war das letzte Mal, dass sie Lichtlein verteilen durfte am Christabend. Bald nach Neujahr war der Vater immer schwächer geworden und an dem Tage, wo man ihn begrub, konnte die Mutter nicht mehr vom Bett aufstehen, die Leute sagten, es sei ein Zehrfieber, das habe sie von ihrem kranken Manne geerbt. Der Laden hatte ihnen nicht eigen gehört, da zogen fremde Leute herein und die kranke Frau mit dem Kind wurde in ein Kämmerchen oben im Hause untergebracht. Da saß dann das kleine Mädchen bei der kranken Mutter viele Wochen lang; die armen Leute, die im Haus und in der Nachbarschaft wohnten, brachten ihr eine Suppe, etwas Milch oder Kaffee und am Ende bekam die Kranke noch heftigeres Fieber und erkannte nicht einmal ihr eignes Kind mehr. An einem Morgen, es war im Herbst gewesen, lag sie bleich und still, so wie der Vater an dem Tag gelegen, als sie ihn in den Sarg gelegt hatten.

Der Armenarzt, der hier und da die kranke Frau besucht hatte, kam am Morgen, ein ganz schmales Streifchen Sonnenlicht fiel oben durch das kleine Fenster auf das blasse Mägdlein, das auf dem Schemel neben dem Bette saß. „Was ist Kind? Deine Mutter ist ja tot!", sagte der Doktor. „Die Englein werden sie heute Nacht geholt haben", sagte Margretchen ruhig, „zum lieben Vater; aber ich weiß nicht, warum mich der liebe Gott nicht auch hat holen lassen, ich bin ja so allein." Und jetzt erst fing das Kind bitterlich zu weinen an. Die Wäscherin im Nebenhaus wollte sie mitnehmen, das Kind aber wollte nicht fort von der toten Mutter; es blieb auf dem Schemel sitzen, bis man die Leiche in den Sarg legte und hinaustrug. Frau Bendel, die Wäscherin, zog der Kleinen ein schwarzes Tüchlein und eine schwarze Schürze an, die ihr mitleidige Leute geschenkt hatten, und nahm sie an der Hand, dass sie mit ihr den Sarg auf den Friedhof begleiten durfte.

Es war dem Kind gewesen wie ein Traum, als man nun auch ihre liebe Mutter hintergesenkt hatte unter die schwarze Erde. Sie konnte es nicht recht fassen, aber sie war jetzt nicht so traurig wie vorher am Bett der toten Mutter; denn es war noch so schön grün, die Sonne schien hell und warm und ein spätes Vöglein zwitscherte auf einem Apfelbaum; Margretchen war lange nicht mehr draußen gewesen. Es fiel ihr ein, wie die Mutter ihr einmal gesagt hatte, als sie schon krank lag: „Wenn ich auch von dir fort muss, so will ich den lieben Gott recht bitten, dass er für dich sorgt" und sie konnte nicht so weinen wie die wenigen armen Weiber, die mitgegangen waren und die mitleidig auf das arme Kind blickten. Sie dachte: „Die Mutter ist jetzt beim lieben Gott, die wird's ihm schon sagen, vielleicht holt er mich auch bald." Margretchen wusste noch nicht, was Sterben ist.

Margretchens Eltern waren sehr arm gestorben, was noch da war, hatte nicht gereicht, um den schuldigen Pachtzins für den Laden zu zahlen. Sie hatten gar keine Verwandten und auch der Kaufmann, bei dem früher der Vater gedient, lebte nicht mehr. Man wollte das Kind ins Armenhaus bringen, Frau Bendel, die Wäscherin, sagte aber, es wäre doch schade; dort seien die Kinder gar roh und ungezogen, sie wolle das Kind behalten gegen ein kleines Kostgeld. Man ließ es gerne bei ihr, weil sie für eine brave Frau galt. Die Wäscherin plagte auch Margret nicht. Wenn sie daheim war, so wusch sie das Kind sauber und kämmte sein Härchen, sie schnitt es ihm immer kurz ab, weil sie nicht Zeit hatte, ihm Zöpfchen zu flechten, und zog es ordentlich an. Aber sie war gar selten daheim, fast jeden Tag musste sie fort zum Waschen; sie ging dann schon früh vor Tag, wenn Margret noch lange schlief; dann musste das Kind sehen, wie es allein aus dem Bett und in seine Kleider kam. Auf den Herd im Hausflur hatte die Wäscherin ein Töpfchen Milch gestellt und ein Stück Brot dazugelegt, davon konnte sie essen und trinken; aber oft wurde sie doch nicht satt und konnte abends nicht schlafen vor Hunger, bis Frau Bendel heimkam. Sie brachte dann fast immer noch Essen mit, das sie der Kleinen wärmte, ehe sie einschlief, und sagte: „Wart nur, wenn du groß bist, dann darfst du mit fort zum Waschen, da kriegst du dann gutes warmes Essen." So gar erstaunlich freute sich die Kleine aber nicht auf die Zeit, wo sie selbst mit waschen dürfe. Sie hatte einmal Frau Bendel in einer Waschküche besucht, da war's dunkel und feucht gewesen vom Waschdampf, ihre kleinen Füße waren nass geworden von der Brühe, die auf dem Boden lief; die Körbe mit schmutziger Wäsche und der große Zuber mit Seifenschaum hatten ihr nicht besonders gefallen; sie hatte sich verwundert, dass die Waschweiber so vergnügt zusammen plauderten, und war froh gewesen, als sie wieder herauskam.

Solang das Wetter im Herbst noch nicht kalt war, durfte Margret, wenn sie allein war, auf die Straße heraus, auch wenn Frau Bendel fort war. Die armen Leute in der Nachbarschaft hatten Mitleid mit dem verwaisten Kind, sie bekam da und dort einen Apfel oder ein Stück Brot und spielte oft mit den anderen Kindern; doch waren die meist sehr zerlumpt, sodass sie nicht gern zu viel mit ihnen sein mochte, die selige Mutter hatte sie immer so säuberlich gehalten.

Margretchen war fast noch gar nie über die enge Gasse hinausgekommen, in der die Eltern gelebt und wo jetzt auch Frau Bendel wohnte. Nur ein klein wenig konnte sie sich's noch denken, wie sie einmal mit Vater und Mutter einen Spaziergang gemacht hatte, weit hinaus, wo grüne Wiesen waren und gelbe Blümchen darauf, von denen sie einen ganzen Strauß hatte selbst pflücken dürfen. „Gehen wir nicht auch ein einziges Mal auf eine so schöne Wiese?", hatte sie ein paar Mal Frau Bendel gefragt. „O Mädel, da ist's grausig weit!", hatte sie gesagt, „auf den Sommer einmal, am Sonntag, jetzt hab ich keine Zeit, hab zu viel zu flicken, wenn ich daheim bin."

Nun schien einmal nachmittags die Sonne so gar schön warm und die Kleine saß allein auf der Bank vor dem Hause. Da gelüstete sie's, sie möchte doch wohl sehen, wie's draußen sei, so ging sie dann die Gasse hinunter in eine andere Gasse, da war's nicht viel schöner, weiter, immer weiter, es wurde ihr fast bang unter den fremden hohen Häusern. „Wo geht's denn hinaus?", fragte sie endlich einen Mann. „Wo 'naus?", fragte der. „Ach, wo die Wiese ist!", sagte Margretchen. „Schafft deine Mutter vielleicht draußen in den Gärten?", sagte der Mann, der nicht recht wusste, was das Kind wollte, „da, geh nur gerad die Straße hinunter, so kommst du hinaus, finden wirst sie schon." Auf diese Wiese kam nun Margret nicht, aber in die Vorstadt, wo auf einer Seite neue, freundliche Häuser standen, und auf der andern schöne Gärten, es kam dem Kind ganz wunderbarlich vor und wurde ihm fast schwindlig in der Helle, da es nur die trübe Gasse gewöhnt war.

Auf einmal blieb sie ganz verwundert stehen vor einem Haus, das besonders schön und freundlich in einem Garten stand, so schön hatte Margretchen doch in ihrem Leben nichts gesehen! Ein niedriger, schwarzer Zaun schloss den Garten gegen die Straße ab; frische, grüne Rasenplätze waren auf beiden Seiten und Blumenstöcke mit prachtvollen Georginen und schönen brennend roten Geranien dazwischen, ein Springbrunnen stieg mit einem dünnen, silbernen Strahl in die Höhe und nah am Haus, da waren noch die allerschönsten Blumenstöcke. Das Haus war wie ein Schweizerhaus gebaut, mit einem Balkon und zierlich geschnitztem Dach; vor dem Haus zwischen den Blumen stand ein Tischchen und darauf allerlei gute Sachen, auf einem Rohrstuhl saß eine schöne Frau und daneben in einem weichen Lehnsessel, mit rotem Samt gepolstert, ein kleines Mädchen, nicht viel größer als Margret, mit einem schneeweißen, zarten Gesichtchen, das ganz durchsichtig aus einem feinen Spitzenhäubchen mit rosa Schleifen blickte. Margretchen stand und blickte wie im Traum, es kam ihr das alles zusammen so ganz wunderbar und schön vor; so schön, dachte sie, werde es vielleicht im Himmel sein, wo jetzt die selige Mutter sei und der Vater. Das fremde Mädchen selbst, wie es so zart und blass dalag, erschien ihr fast wie ein Engel.

„Liebe Frau, Gabriele soll jetzt ins Haus, es wird kühl!", rief es vom Hause. Gabriele! Ach, was war das ein schöner Name! Margretchen stand noch immer und konnte sich nicht satt sehen, bis eine Magd kam, die das kranke Mädchen sorgfältig in die Arme nahm und ins Haus trug. Weil oft Leute stehen blieben vor dem schönen Haus und Garten, so hatten die Dame und die kleine Kranke nicht auf das Kind geachtet; ein vorübergehender Polizeidiener aber, der vorher schon verdrießlich war, klopfte sie unsanft auf die Achsel und sagte: „Nun, was stehst du da und hast Maulaffen feil? Herr Soden kann's nicht leiden, wenn man so hineinglotzt." „Wir haben gar nichts mehr feil", sagte Margret treuherzig, „die Mutter ist ja tot und Maulaffen haben wir gar nicht im Laden gehabt, nur Maultrommeln, aber sie haben nicht geschnurrt, sie sind rostig geworden." Margretchen hatte schon recht gut Bescheid im Laden gewusst. Der Polizeidiener musste lachen, da sah er, dass es dem Kinde ernst war. „Nun, geh nur heim", sagte er, „da drinnen siehst auch nicht mehr viel, es wird bald dunkel." Da wurde es Margretchen doch ein wenig bang, sie wollte ganz geschwind wieder zurücklaufen, gerad durch die Straße, durch die sie gekommen war. Ja, das ging nicht so leicht! Sie lief durch allerlei Gassen und Gässchen und meinte immer, jetzt müsse sie an die rechte kommen, wo an der Ecke der Bäckerladen war, aber es kamen immer wieder Bäckerläden, nur der rechte nicht; es wurde dunkel, die Lichter brannten, dem Margretchen wurde es immer bänger; sie hatte nicht den Mut, die Leute zu fragen, sie gingen alle so schnell, endlich fing das Kind an, bitterlich zu weinen. Da kam wieder ein Polizeidiener, es war gerade derselbe, der sie von dem schönen Garten weggetrieben hatte. „So, du bist's, kleine Maultrommel! Na, was schreist du denn, willst heim?" „Ja", meinte Margretchen, „aber ich weiß nicht wo." „Wem gehörst denn?" „Ich gehör niemand", schluchzte sie wieder; „die Mutter ist gestorben und der Vater vorher; ich bin nun bei der Bendelin." Nun, das war gut, dass sie doch den Namen wusste, der Polizeidiener brachte bald heraus, dass die Bendelin eine Wäscherin sei, und führte die Kleine zurück.

Es war indes ganz Nacht geworden; Frau Bendel war schon von der Wäsche zurück und hatte das Kind gesucht, sie wurde gewaltig böse. „Na, meinetwegen will ich dir diesmal keine Schläge geben", sagte sie, als Margretchen gar so bitterlich weinte, „aber nun schließ ich dich brav ein, wenn ich fortgehe, dann kannst du mir nicht mehr weglaufen." So wurde denn von nun an Margretchen immer eingeschlossen, wenn Frau Bendel zum Waschen ging, und das war fast alle Tage. Das war nun gar trübselig für das arme Kind; wenn sie auch am Fenster stand, so sah sie nichts; es ging in einen Hof, da kratzten ein paar Hühner, und wenn die Nachbarin ihr großes Schwein herausließ, so war's schon eine Art von Vergnügen. Da dachte sie oft und viel an die lieben Eltern, es kam ihr ein ganz lustiges Leben vor, das sie in dem kleinen Laden geführt hatte, wo so viele Leute gekommen waren. Sie dachte an den Vater, der immer so gut gegen sie gewesen war, an Vater und Mutter im Himmel beim lieben Gott. Oft und oft dachte sie auch an das schöne Haus und den Garten voll Blumen, an das liebliche, bleiche Mädchen in dem hellen Kleide, das dort gesessen; nur einmal, nur ein einziges Mal hätte sie es gern wiedergesehen!

„Darf ich heut Abend nicht ein bisschen hinaus?", hatte Margretchen schüchtern gefragt, als Frau Bendel diesen Morgen fortgegangen war, nicht zu einer großen Wäsche diesmal, es war ja heute Christabend; nur aufwaschen und putzen sollte sie in einem vornehmen Haus. „Warum nicht?", sagte die alte Frau, die selbst Mitleid hatte mit dem verlassenen Kind. „Ich komme heut Abend wohl nicht so spät heim, will dir auch einen Pfefferkuchen mitbringen, mit Bäumen und Lichtern kann ich mich nicht einlassen; wenn d' nur etwas Gut's zu essen hast, so ist's Christtag genug für dich."
So war denn Margretchen wieder allein gewesen den ganzen langen Tag. Leise, leise fielen Schneeflocken, fort und fort, alles war weiß zugedeckt, auch der garstige, schmutzige Hof, in den sie hinuntersah, bis es dunkel wurde. Es war dem armen Kinde gar unbeschreiblich betrübt ums Herz. Sie musste so viel an den Weihnachtsabend denken, wo sie hatte Christtagslichter austeilen dürfen und wo der Vater ihr das schöne Bäumchen angezündet. O, wie hatte sie das Heimweh nach den lieben Eltern! Einmal rief sie laut: „Mutter!", aber dann fürchtete sie sich und war wieder ganz still. Es war schon lange dunkel im Stübchen und Frau Bendel kam noch immer nicht; sie konnte nichts dafür, es gab so gar viel zu tun in dem vornehmen Haus. Seit Margret eingeschlossen wurde, hatte sie sich immer gleich ins Bett gelegt, wenn es dunkelte; es war noch ihr altes Bettchen von daheim, mit guten, weichen Kissen und warmer Decke, wie es die Mutter gemacht, aber heute, da konnte sie nicht zu Bett: es war Christabend. Nur ein klein wenig hätte sie sehen mögen von all der Herrlichkeit draußen! Sie hatte es ja noch gar nie gesehen, nur davon erzählen hören; aber sie dachte sich's gar zu schön, die hellen Fenster und glänzenden Christbäume.

In der armen Straße, wo die Wäscherin wohnte, war gerade nicht viel von Weihnachtsjubel zu hören und zu sehen; doch dachte Margretchen, wenn sie auch nur ein klein wenig vor die Haustür könnte, so müsste sie doch etwas sehen. Sie ging an die Stubentür; sie hatte das lange nicht mehr probiert, sie war ja immer verschlossen; heut aber war sie offen! Hatte das die Wäscherin absichtlich getan, weil's Christabend war?

Die Kleine schlüpfte hinaus, ein kalter Wind und Schneeflocken wehten ihr entgegen; gegen Abend wurde ihre Stube auch kalt, aber da draußen war's doch noch kälter. Margretchen fühlte es nicht; es war gar zu schön, auch wieder einmal frei auf der Gasse laufen zu können. Es war noch nicht so dunkel wie in der Stube, Weihnachtslichter sah sie aber nirgends brennen. Sie wollte nicht wieder so weit weglaufen, ja nicht; nur noch ein bisschen weiter in eine größere Straße: da sah sie wirklich auch ein helles Fenster; aber es war hoch oben, sie konnte es kaum sehen.

Die Straße war fast leer, die Kleine fror in ihrem dünnen Kleidchen, sie lief weiter und weiter; sie wusste nicht mehr recht, ob sie heimwärts gehe oder weiter fort. Es fiel ihr eine Geschichte ein, die ihr der Vater einmal erzählt, von einem armen, verlassenen Kind, das allein, ganz allein durch eine fremde Stadt gegangen und das niemand in ein Haus gerufen habe, bis ein Engel gekommen; der habe dem Kind die vielen, vielen funkelnden Sterne gezeigt droben am Himmel, heller und schöner als der schönste Christbaum; der Engel aber sei das Christkind selbst gewesen und habe das fremde Kind mit hinaufgetragen in den Himmel. „O lieber Heiland, hol mich lieber auch!", weinte Margretchen, aber ganz leise, sie hatte Angst, es könnte sie wieder ein Polizeidiener zurückführen, und jetzt erst fiel ihr ein, dass Frau Bendel ihr gedroht hatte, wenn sie wieder fortlaufe, so bekomme sie Schläge.

Am Himmel war kein Stern zu sehen, nur Schnee rieselte herunter, leise, leise; niemand gab Acht auf das arme, verlaufene Kind, niemand hörte sein stilles Weinen, wie es, ängstlich und bang, weiterlief, fort und fort, in die kalte Nacht hinaus. Niemand? – Der Heiland im Himmel, der selbst einst als ein armes Kindlein auf der Erde gewandelt, der sieht herab, auch wenn der ganze Himmel mit grauen Wolken bedeckt ist, und der hat noch keines verlassen und vergessen.

In dem schönen Hause in der Vorstadt, wo der reiche Kaufmann Soden wohnte, da war's an diesem Abend nicht so dunkel wie in der Stube der Wäscherin. Aber still war's doch auch, man hörte nicht ungeduldige Kinder in fröhlicher Erwartung herumtrippeln, zusammen plaudern und hie und da an die wunderbare Türe kommen, hinter der das Christkind seine Gaben bereitete, nichts von alledem; es war nur ein Kind in dem großen, schönen Hause, die kleine Gabriele, und die war krank und machte nicht viel Lärm.

Das schönste Haus war eigentlich ein Sommerhaus; Herr Soden hatte es wegen der kranken Gabriele gekauft, weil sie da zu ebener Erde wohnten und das Kind keine Treppe steigen durfte, um in den Garten zu kommen. Der Kaufmann hatte noch ein großes Haus in der innern Stadt, wo sein Geschäft war, und sie wollten im Winter wieder dorthin ziehen. Aber Gabriele hatte so herzlich gebeten, man solle doch in dem schönen Haus bleiben, wo an hellen Tagen die Sonne so herrlich hereinschien, dass die Mutter mit ihr dageblieben war, der Vater war den Tag über in der Stadt und kam alle Abende heraus. Es war ein kleiner Saal zu ebener Erde, prächtig erwärmt durch einen großen Porzellanofen, mit weichen bunten Teppichen über den ganzen Fußboden und schönen, dichten Fensterbehängen, da rüstete die Mutter alles, was sie dachte, das ihr krankes Kind erfreuen könnte. Die Puppenstube war neu eingerichtet, ein ganzer Kreis schön geputzter, kleiner Fräulein saß dort um den Teetisch, nur rutschten sie in ihren steifen Kleidern immer wieder von den Sesseln herunter und waren schwer festzuhalten; auch der Puppenpapa, der am Klavier sitzen sollte, streckte etwas steif die Beine von sich und wollte nicht recht gut tun, dafür aber war das Puppenzimmer mit allen kleinen Herrlichkeiten angefüllt, wie sie im Großen nur eine fürstliche Wohnung schmücken können. Da hing auch ein blaues Samtmäntelchen, mit weißem Schwanenpelz garniert, und ein Atlashütchen dazu, mit weißem Schleier, wenn Gabriele einmal Schlitten fahren könnte; schöne Bilderbücher und allerlei Spiele, mit denen ein Kind sich die Zeit vertreiben kann, die Eltern wussten fast nichts Neues mehr: Seit drei Jahren schon war die arme Gabriele krank und man hatte alles Mögliche versucht, um dem leidenden Kinde Freude zu machen.

Bleich und müde saß Gabriele drüben in ihrem Lehnstuhl, der Vater neben ihr, er hatte das matte Köpfchen an seine Brust gelegt und sah recht wehmütig in das blasse Gesichtchen. „Nun", sagte er so heiter, als ihm möglich war, „wir wollen sehen, was Mama drüben mit dem Christkind fertig macht! Wenn's dich nur auch freut, Gabrielchen; warum hast du keinen Wunschzettel geschrieben? Hast du denn gar nichts gewusst, was du dir wünschest?" „Ich wünsche mir nur etwas Einziges und das kann man nicht auf den Wunschzettel schreiben", sagte Gabriele weinerlich. „Nun sag mir's einmal!", bat der Vater; „es wird ja wohl zu bekommen sein; sag, Kind, was ist's?" „Ein Schwesterlein", sagte Gabriele kurz. „Na, Kind", lachte der Vater, „das ist aber ein großer Wunsch; aber Kinder zum Besuch will ich dir holen lassen, so viel du willst, gleich morgen."

„Das will ich nicht", sagte das kranke Mädchen kläglich, „da kommen sie und lärmen und spielen mit meinen Sachen und essen die Rosinen und Mandeln aus meiner Küche und werfen meine Puppen durcheinander und räumen nicht wieder auf und mich lassen sie sitzen! Ich möchte ein Schwesterlein allein für mich, das nett mit mir spielt und meine Puppen anzieht und bei mir bleibt." „Nun, vielleicht schickt uns der liebe Gott noch so ein Schwesterlein zu", vertröstete sie der Vater, der dem kranken Kind nicht widersprechen wollte, „aber hör, die Mutter hat geklingelt, soll ich dich hinübertragen?" „Ich kann selbst gehen, wenn du mich führst", sagte Gabriele und lehnte sich auf den Arm des Vaters, der sie fest umschlang.

Das war ein prächtiger Lichterglanz, der drüben aus dem großen Salon strahlte, als der Papa eintrat mit seinem Töchterlein, hinter ihnen die Köchin, der Gärtner, Johann, der Hausbediente, das Stubenmädchen und das Mädchen, das zu Gabrieles Pflege und Bedienung da war. „Ah, wie schön!", riefen die Leute halblaut beim Anblick der herrlichen Sachen, auch Gabriele lächelte und ließ sich überall hinführen; nur gar still war die Freude des kranken Kindes und der Mutter Augen füllten sich mit Tränen, sooft sie es ansah.

Von den hohen Fenstern des Salons, die sorgfältig verwahrt waren, war aus Versehen nur eines unverhüllt geblieben; durch dies eine Fenster schien der volle, helle Lichtglanz hinaus in das beschneite Gärtchen. Draußen stand ein armes, halb erfrorenes, kleines Mädchen, das sich durch das offene Gartenpförtchen hereingeschlichen hatte, das stand und schaute und fühlte nicht mehr, wie der Schnee dichter und dichter herniederfiel und es fast zu einem Schneefräulein machte, es blickte nur hinein in die helle Herrlichkeit, die strahlenden Kerzen, die glänzenden Puppen und Spielsachen, hätte es das kleine Mädchen nicht so gefroren, es hätte wohl geglaubt, es stehe schon vor der Himmelstür.

Da lehnte sich das schöne, blasse Kind drinnen im himmelblauen Kleid müde ans Fenster; der armen Margret kam es vor wie das Christkind selber und sie streckte die Arme sehnsüchtig nach ihm aus. Gabriele sah das fremde Kind draußen und winkte ihm, Margretchen wollte nähertreten, aber sie war betäubt und müde von dem langen Umherlaufen in der Kälte; sie fiel zu Boden und der Schnee rieselte fort und fort nieder und deckte die arme Kleine zu mit einer weißen, kalten Hülle. Gabriele wusste kaum, ob sie recht gesehen hatte. „Mutter, Mutter!", rief sie, „da draußen liegt ein Kind, ein kleines Mädchen, ganz im Schnee. Mutter, ist das nicht ein Schwesterlein, das das Christkind für mich schickt?" „Was fällt dir ein, Kind?", sagte die Mutter, „wo wird denn jetzt in der Nacht ein Kind herkommen? Setz dich doch nieder!" „O, Mutter, schick doch hinaus! Ich sehe es jetzt auch nicht mehr; es könnte ja sterben!"

So wurde Johann hinausgesandt mit einer Laterne, er sah das Mädchen liegen und rief dem Stubenmädchen, dass sie komme und ihm die Laterne halte, und bald kamen sie herein; Johann trug das ganz erstarrte Kind, das noch halb mit Schnee bedeckt war, auf den Armen. Margrets Augen waren geschlossen, aber ihr Mund lächelte, sie hatte ja geglaubt, sie habe das Christkind gesehen. „O, Vater", rief Gabrielchen viel lebhafter als seit Langem, „Vater, lass es doch wieder lebendig machen! Das ist gewiss das Schwesterlein, das mir das Christkind schickt!" „Das Kind ist noch warm und sein Herz schlägt", sagte der Vater, als er es anrührte, „das ist gewiss leicht zu erwecken. Tragt es nur in die obere Stube und Johann soll zum Doktor. Wenn es der liebe Gott vor unsere Türe gelegt hat, so wollen wir es nicht verstoßen."

Der kleinen Margret war's in Wahrheit, als sei sie gestorben und wache nun auf im Himmel, als sie ihre Augen wieder aufschlug und in einer schönen Stube in einem weichen, warmen Bett lag; neben ihr saß die freundliche Frau Soden und in ihrem Lehnstuhl am Bett Gabriele, die durchaus sehen wollte, wie ihr Schwesterlein aufwache. „Ja, was ist's denn? Wo bin ich denn?", fragte sie fast ängstlich. „Bei mir bist du", lachte Gabrielchen herzlich, wie sie die Mutter schon lange nicht hatte lachen hören. „Jette soll dir Frühstück bringen!" Das Kind war bald wieder gesund und rotbackiger als vorher in der Stube der Wäscherin. Gabriele wollte ihr neues Schwesterlein nicht wieder hergeben und die Eltern waren glücklich, wenn sie nur etwas wussten, das ihr krankes Kind glücklich machte.

Frau Bendel war nun freilich sehr in Sorge gekommen um das kleine Mädchen, als sie die Stube leer gefunden und niemand ihr etwas von dem Kinde sagen konnte. In ihrer Angst ging sie auf die Polizei, dort hatte Herr Soden schon angezeigt, dass er ein verlaufenes Kind einstweilen in seinem Haus aufgenommen habe, und der alte Polizeidiener mit den Maulaffen führte die Wäscherin selbst in des Kaufmanns Haus. Da kam Margretchen in große Angst, sie müsse jetzt mit der Wäscherin zurück in die enge Gasse und in die dunkle Stube und es werde ihr schlecht gehen, weil sie noch einmal fortgelaufen. Inzwischen hatte Herr Soden mit der Wäscherin geredet und gehört, dass

Margret das Kind von dem treuen Diener seines Vaters sei, der in seinem Dienst ver-
unglückt war. Umso lieber nun sagte er der Frau Bendel und dem Polizeidiener, dass
er die Kleine ganz behalten wolle als ein Schwesterlein für sein krankes Kind.
Margretchen war glückselig. Ihr war in ihrem Leben nicht so wohl gewesen als bei
den guten, freundlichen Leuten in den hellen, weiten Räumen und bei all den schönen
Sachen. Das wusste sie, dass man Gott und guten Menschen nicht besser danken kann
als durch Liebe und Gehorsam. So wurde sie eine freundliche, gefällige und geduldige
Schwester für Gabriele. Ach, wie schön konnte sie die Puppen anziehen; was koch-
ten die Mädchen für herrliche Gastmahle in der kleinen Küche! Es wurde dann die
ganze Puppenfamilie dazu geladen, die lehnte steif und kerzengerade auf den Stühlen,
während die kleinen Köchinnen die Mahlzeit selbst verzehrten. Jetzt erst fand Gabriele
Freude an ihren Sachen.

Die Eltern hofften eine Weile, ihr Gabrielchen werde nun wieder ganz gesund, weil sie
so froh und glücklich war mit der neuen Schwester. Aber der liebe Gott hatte ihr noch
ein viel glücklicheres Plätzchen zugedacht. Gabriele wurde zusehends schwächer,
während Margretchen aufblühte wie ein Röslein. Im Frühling trugen sie die Kranke
ein letztes Mal in den Garten; man hatte ihr einen weichen Sitz zwischen den Blumen-
stöcken bereitet. „Margretchen", sagte Gabriele leise, als die Mutter ins Haus gegangen war, um ihr eine Erfrischung zu holen, „Margretchen, ich weiß, dass ich jetzt bald
in den Himmel komme, ich will's nur nicht laut sagen, weil die Mama so weint. Vielleicht sehe ich deine liebe Mama im Himmel, was soll ich ihr sagen?" „O, sag ihr viel
tausend herzliche Grüße und dem Vater auch und es gehe mir so gut und sie sollen nur
recht lieb gegen dich sein, weil du so gut gegen mich gewesen bist. Weißt, im Himmel
ist meine Mama nicht mehr arm", sagte sie beruhigend. An einem schönen Abend war
das Kind sanft eingeschlafen und es hat ihm nun gar, gar nichts mehr wehgetan. Sie
schmückten sein Grab mit den allerschönsten Blumen, recht wie ein schönes Gärtchen. Margret war eine liebe, treue Tochter für die armen Eltern und oft, oft redete sie
mit der neuen Mutter von ihrer lieben Schwester im Himmel.

WEIHNACHTSLIED
Vom Himmel in die tiefsten Klüfte
ein milder Stern herniederlacht;
vom Tannenwalde steigen Düfte
und hauchen durch die Winterlüfte
und kerzenhelle wird die Nacht.

Mir ist das Herz so froh erschrocken,
das ist die liebe Weihnachtszeit!
Ich höre fernher Kirchenglocken
mich lieblich heimatlich verlocken
in märchenstille Herrlichkeit.

Ein frommer Zauber hält mich wieder,
anbetend, staunend muss ich stehn,
es sinkt auf meine Augenlider
ein goldner Kindertraum hernieder,
ich fühl's: Ein Wunder ist geschehn.
Theodor Storm

Regnet es an Nikolaus,
wird der Winter streng
und graus.
Bauernweisheit

Es ist ein' Ros' entsprungen

Es ist ein' Ros' ent - sprun - gen aus ei - ner ___ Wur - zel
wie uns die Al - ten sun - gen, von Jes - se ___ kam die

zart, und hat ein Blüm - lein bracht mit - ten im kal - ten
Art

Win - ter wohl zu der ___ hal - ben Nacht.

2. Das Röslein, das ich meine,
davon Jesaja sagt,
hat uns gebracht alleine
Marie, die reine Magd;
aus Gottes ew'gem Rat
hat sie ein Kind geboren
wohl zu der halben Nacht.

3. Das Blümelein so kleine,
das duftet uns so süß;
mit seinem hellen Scheine
vertreibt's die Finsternis.
Wahr'r Mensch und wahrer Gott,
hilft uns aus allem Leide,
rettet von Sünd' und Tod.

4. O Jesu, bis zum Scheiden
aus diesem Jammertal
lass dein' Hilf' uns geleiten
hin in den Freudensaal,
in deines Vaters Reich,
da wir dich ewig loben;
o Gott, uns das verleih'!
Melodie: Michael Praetorius; Text: Volksgut

DIE HIRTEN

Hirten wachen im Feld,
Nacht ist rings auf der Welt,
wach sind die Hirten alleine
im Haine.

Und ein Engel im Licht
grüßt die Hirten und spricht:
„Christ, das Heil aller Frommen,
ist kommen!"

Engel singen umher:
„Gott im Himmel sei Ehr'
und den Menschen hienieden
sei Frieden!"

Eilen die Hirten fort,
eilen zum heiligen Ort,
beten an in den Windlein
das Kindlein.
Peter Cornelius

DIE LEGENDE VOM TANNENBAUM

In der Bergpredigt, wie bei Matthäus zu lesen,
ist auch von Bäumen die Rede gewesen.
Der Heiland hatte gesagt, dass Feigen
nicht reifen könnten auf Distelzweigen,
dass Trauben nicht wüchsen am Dornenhange
und dass der Baum, der nicht Früchte trage,
zu gar nichts wert erscheine auf Erden,
als abgehau'n und verbrannt zu werden.
Und als er geendet, da ist schon bald
ein Streiten entstanden im nahen Wald.
Die Disteln, welche die Rede gehört,
waren über die Maßen empört
und haben so recht überlegen gesagt:
„Wir haben noch immer den Eseln behagt!"
Die Dornen reckten die scharfen Spitzen
und sagten: „Das lassen wir nicht auf uns sitzen!"
Die gelben, aufgedunsenen Feigen
zeigten ein blasses, blasiertes Schweigen
und die Trauben blähten sich gar nicht schlecht
und knarrten geschwollen: „So ist es recht!"
Nur ein zierlicher Tannenbaum
stand verschüchtert, rührte sich kaum,
horchte nicht auf das Rühmen und Klagen,
hat sich still und bescheiden betragen
und dachte und dachte in einem fort
an des Heilandes richtende Wort.
Er fühlte sich ganz besonders getroffen;
er hatte kein Recht, auf Gnade zu hoffen;
die erste Art musste ihn zerschlagen;
er wusste nur Tannenzapfen zu tragen;
Früchte hatte er nie gebracht,
das hat ihn niedergeschlagen gemacht.
Als sich nun aber die Sonne versteckt'
und tiefes Dunkel die Erde deckt',
und, ermüdet vom Reden und Klagen,
die anderen Bäume im Schlummer lagen,
wollte er nichts von Schlummer wissen,
hat die Wurzeln aus dem Erdreich gerissen,
und unbemerkt in stiller Nacht
hat er sich still auf den Weg gemacht,
um nach dem strengen Heiland zu gehen
und milderes Urteil sich zu erflehen.

Und als er nach mühseligen Stunden
endlich den lang Gesuchten gefunden
und ihm sein Leid recht herzlich geklagt,
da hat der Heiland lächelnd gesagt:
„Wisse, dass seit Beginn der Welt
ein jeglicher Fluch seinen Segen enthält
und dass in jeglichem Segensspruch
verborgen liegt ein heimlicher Fluch!
Den Feigen brachte nur Fluch mein Segen,
weil sie jetzt sündigen Hochmut hegen;
die Trauben haben mir nicht gedankt,
die haben sich nur mit den Dornen gezankt;
die Disteln ließen sich nicht belehren,
die konnten den Fluch nicht zum Segen kehren;
du aber hast dich besser bedacht!
Du hast aus dem Fluch einen Segen gemacht!
Und dein Bittgang sei nicht umsonst gewagt!
Zwar – was gesagt ist, das bleibt gesagt!
Dein Schicksal ist jetzt nicht mehr zu trennen
vom Abhau'n und im-Ofen-verbrennen;
aber: Ich will dich erheben und ehren,
ich will einen rühmlichen Tod dir bescheren!
Dich soll kein Winterschlaf traurig umschließen!
Ein doppeltes Leben sollst du genießen!
Und auf deinen zierlichen Zweigen
sollen die herrlichsten Früchte sich zeigen,
soll man Lichter und Zierrat schau'n!
Freilich – erst wenn du abgehau'n!
Sei wie ein Held, der für andere leidet,
der in blühender Jugend strahlend verscheidet!
Damit dein Leben, das kurze, doch reiche,
meinem irdischen Wandel gleiche!
Du sollst ein Bote des Friedens sein!
Du sollst glänzen wie ein Heiligenschein!
Den Kindern sollst du Freude verkünden!
Den Sünder wecken aus seinen Sünden!
Gesang und Jubel soll dich umtönen!
Mein liebstes Fest sollst du lieblich verschönen!
So bist du von allen Bäumen hienieden
der gesegnetste! – Zieh hin in Frieden!"
Friedrich Güll

WIE SANKT NIKLAS RUNDSCHAU HÄLT

Festglocken tönen überall,
es flammen tausend Kerzen.
Rings Freude nur und Jubelschall
aus frohen Kinderherzen.
In jeder Stadt, in jedem Nest,
wohin den Blick ich trage,
ertönet heut der Ruf zum Fest:
„Vergnügte Feiertage!"

Ich war in manchem Glanzpalast
und sah den Christbaum prangen;
es brachen seine Zweige fast,
so schwer war er behangen.
Die Kinder sprangen um den Tisch
mit Pfeif' und Trommelschlage
und klatschten in die Hände frisch:
„Vergnügte Feiertage!"

Ich war im niedern Bauernhaus,
drauf zum Besuch nicht minder,
die Kinder sahn so lustig aus,
just wie des Königs Kinder.
Sie schwangen kühn
ihr Schwert von Holz,
als wären's edle Männer,
und ritten auf dem Holzpferd stolz,
als wär's des Königs Renner.

Was hab ich alles doch geschaut
an schönen Raritäten!
Prinz Marzipan und seine Braut
und hohe Majestäten,
Marställe, Gärten, Dörfer dann,
kurz – tausend bunte Sachen.
Wer solche Schätze kriegen kann,
dem muss das Herz wohl lachen!

Doch seht! Es lacht just ebenso
des armen Bürgers Käthchen
und drückt an ihre Brust so froh
ihr heugestopftes Mädchen,
sie legt ihr Püppchen in das Bett,
mit dem kattun'en Kleide.
Es scheint der Kleinen just so nett,
als die Mamsell in Seide.

O selig, noch ein Kind zu sein!
Euch ist ja Herzensfrieden,
euch ist noch nichts von Sorg' und Pein,
von Hass und Streit beschieden!
Gott segne, Kinder, eure Freud'!
Denn Weihnacht ist gekommen.
Für jedes ist ein Bäumchen heut,
fürs Ärmste auch entglommen.

Und wo ein Kind verlassen ist,
fern von der Eltern Blicken,
da kommt heut mild der heil'ge Christ,
das Herz ihm zu erquicken.
Der ruft: „Ihr Leut',
nach frommem Brauch
denkt an der Armen Klage
und schaffet den Verlass'nen auch
„Vergnügte Feiertage!"
Rudolf Löwenstein

40

DIE STILLSTE ZEIT IM JAHR
Von Karl Heinrich Waggerl

Immer am zweiten Sonntag im Advent stieg der Vater auf den Dachboden und brachte die große Schachtel mit dem Krippenzeug herunter. Ein paar Abende lang wurde dann fleißig geleimt und gemalt, etliche Schäfchen waren ja lahm geworden, und der Esel musste einen neuen Schwanz bekommen, weil er ihn in jedem Sommer abwarf wie ein Hirsch sein Geweih. Aber endlich stand der Berg wieder wie neu auf der Fensterbank, mit glänzendem Flitter angeschneit, die mächtige Burg mit der Fahne auf den Zinnen und darunter der Stall. Das war eine recht gemütliche Behausung, eine Stube eigentlich, sogar der Herrgottswinkel fehlte nicht und ein winziges ewiges Licht unter dem Kreuz. Unsere Liebe Frau kniete im seidenen Mantel vor der Krippe und auf der Strohschütte lag das rosige Himmelskind, leider auch nicht mehr ganz heil, seit ich versucht hatte, ihm mit der Brennschere neue Locken zu drehen. Hinten standen Ochs und Esel und bestaunten das Wunder. Der Ochs bekam sogar ein Büschel Heu ins Maul gesteckt, aber er fraß es ja nie. Und so ist es mit allen Ochsen, sie schauen nur und schauen und begreifen rein gar nichts.

Weil der Vater selber Zimmermann war, hielt er viel darauf, dass auch sein Patron, der heilige Joseph, nicht nur so herumlehnte. Er dachte sich in jedem Jahr ein anderes Geschäft für ihn aus. Joseph musste Holz hacken oder die Suppe kochen oder mit der Laterne die Hirten einweisen, die von überallher gelaufen kamen und Käse mitbrachten oder Brot oder was sonst arme Leute zu schenken haben.
Es hauste freilich ein recht ungleiches Volk in unserer Krippe, ein Jäger, der zwei Wilddiebe am Strick hinter sich herzog, aber auch etliche Zinnsoldaten und der Fürst Bismarck und überhaupt alle Bresthaften aus der Spielzeugkiste.
Ganz zuletzt kam der Augenblick, auf den ich schon tagelang lauerte. Der Vater klemmte plötzlich meine Schwester zwischen die Knie und ich durfte ihr das längste Haar aus dem Zopf ziehen, ein ganzes Büschel mitunter, damit man genügend Auswahl hatte, wenn dann ein golden gefiederter Engel darangeknüpft und über der Krippe aufgehängt wurde, damit er sich unmerklich drehte und wachsam umherblickte. Das Gloria sangen wir selber dazu. Es klang vielleicht ein bisschen grob in unserer breiten Mundart, aber Gott schaut seinen Kindern ja ins Herz und nicht in den Kopf oder aufs Maul. Und es ist auch gar nicht so, dass er etwa nur Latein verstünde.

Mitunter stimmten wir auch noch das Lieblingslied der Mutter an, das vom Tannenbaum. Sie beklagte es ja oft, dass wir so gar keine musikalische Familie waren. Nur sie selber konnte gut singen, hinreißend schön für meine Begriffe, sie war ja auch in ihrer Jugend Kellnerin gewesen. Wir freilich kamen nie über eine Strophe hinaus. Schon bei den ersten Tönen fing die Schwester aus übergroßer Ergriffenheit zu schluchzen an. Der Vater hielt ein paar Takte länger aus, bis er endlich merkte, dass seine Weise in ein ganz anderes Lied gehörte, etwa in das von dem Kanonier auf der Wacht. Ich selber aber konnte in meinem verbohrten Grübeln, wieso denn ein Tannenbaum zur Winterzeit grüne Blätter hatte, die zweite Stimme nicht halten. Daraufhin brachte die Mutter auch mich mit einem Kopfstück zum Schweigen und sang das Lied als Solo zu Ende, wie sie es gleich hätte tun sollen.

Advent, sagt man, sei die stillste Zeit im Jahr. Aber in meinem Bubenalter war es keineswegs die stillste Zeit. In diesen Wochen lief die Mutter mit hochroten Wangen herum, wie mit Sprengpulver geladen, und die Luft in der Küche war sozusagen geschwängert mit Ohrfeigen. Dabei roch die Mutter so unbeschreiblich gut, überhaupt ist ja der Advent die Zeit der köstlichen Gerüche. Es duftet nach Wachslichtern, nach angesengtem Reisig, nach Weihrauch und Bratäpfeln. Ich sage ja nichts gegen Lavendel und Rosenwasser, aber Vanille riecht doch eigentlich viel besser, oder Zimt und Mandeln.

Mich ereilten dann die qualvollen Stunden des Teigrührens. Vier Vaterunser das Fett, drei die Eier, ein ganzer Rosenkranz für Zucker und Mehl. Die Mutter hatte die Gewohnheit, alles Zeitliche in ihrer Kochkunst nach Vaterunsern zu bemessen, aber die mussten laut und sorgfältig gebetet werden, damit ich keine Gelegenheit fände, den Finger in den köstlichen Teig zu tauchen. Wenn ich nur erst den Bubenstrümpfen entwachsen wäre, schwor ich mir damals, dann wollte ich eine ganze Schüssel voll Kuchenteig aufessen und die Köchin sollte beim beheizten Ofen stehen und mir dabei zuschauen müssen! Aber leider, das ist einer von den Knabenträumen geblieben, die sich nie erfüllt haben.

Am Abend nach dem Essen wurde der Schmuck für den Christbaum erzeugt. Auch das war ein unheilschwangeres Geschäft. Damals konnte man noch ein Buch echten Blattgoldes für ein paar Kreuzer beim Krämer kaufen. Aber nun galt es, Nüsse in Leimwasser zu tauchen und ein hauchdünnes Goldhäutchen herumzublasen. Das Schwierige bei der Sache war, dass man vorher nirgendwo Luft von sich geben durfte. Wir saßen alle in der Runde und liefen blaurot an vor Atemnot und dann geschah es eben doch, dass jemand plötzlich niesen musste. Im gleichen Augenblick segelte eine Wolke von glänzenden Schmetterlingen durch die Stube. Einerlei, wer den Zauber verschuldet hatte, das Kopfstück bekam jedenfalls ich, obwohl es nur bewirkte, dass sich der goldene Unsegen von Neuem in die Lüfte hob. Ich wurde dann in die Schlafkammer verbannt und musste Silberpapier um Lebkuchen wickeln, um ungezählte Lebkuchen.

Kurz vor dem Fest, sinnigerweise am Tag des ungläubigen Thomas, musste der Wunschzettel für das Christkind geschrieben werden, ohne Kleckse und Fehler, versteht sich, und mit Farben sauber ausgemalt. Zuoberst verzeichnete ich anstandshalber, was ja ohnehin von selber eintraf, die Pudelhaube oder jene Art von Wollstrümpfen, die so entsetzlich bissen, als ob sie mit Ameisen gefüllt wären. Darunter aber schrieb ich Jahr für Jahr mit hoffnungsloser Geduld den kühnsten meiner Träume, den Anker-Steinbaukasten, ein Wunderwerk nach allem, was ich davon gehört hatte. Ich glaube ja heute noch, dass sogar die Architekten der Jahrhundertwende ihre Eingebungen von dorther bezogen haben.

Aber ich selber bekam ihn ja nie, wahrscheinlich wegen der ungemein sorgfältigen Buchhaltung im Himmel, die alles genau verzeichnete, gestohlene Zuckerstücke und zerbrochene Fensterscheiben und ähnliche Missetaten, die sich durch ein paar Tage auffälliger Frömmigkeit vor Weihnachten auch nicht mehr abgelten ließen.

Wenn mein Wunschzettel endlich fertig vor dem Fenster lag, musste ich aus brüderlicher Liebe auch noch den für meine Schwester schreiben. Ungemein zungenfertig plapperte sie von einer Schlafpuppe, einem Kramladen, lauter albernes Zeug. Da und dort schrieb ich wohl ein heimliches „Muss nicht sein" dazu, aber vergeblich. Am Heiligen Abend konnte sie doch eine Menge von Früchten ihrer Unverschämtheit ernten. Der Vater, als Haupt und Ernährer unserer Familie, brauchte natürlich keinen Wunschzettel zu liefern. Für ihn machte sich die Mutter in jedem Jahr etwas Besonderes aus. Ich erinnere mich noch an ein Sitzkissen, das sie ihm einmal bescherte, ein Wunderwerk aus bemaltem Samt, mit einer Goldschnur eingefasst. Er bestaunte es auch sehr und lobte es überschwänglich, aber eine Weile später schob er es doch heimlich wieder zur Seite. Offenbar wagte es nicht einmal er, auf einem röhrenden Hirschen zu sitzen, mitten im Hochgebirge.

Für uns Kinder war es hergebracht, dass wir nichts schenken durften, was wir nicht selber gemacht hatten. Meine Schwester konnte sich leicht helfen, sie war ja immerhin ein Frauenzimmer und verstand sich auf die Stickerei oder sonst eine von diesen hexenhaften Weiberkünsten, die mir zeitlebens unheimlich gewesen sind. Einmal nun dachte auch ich, etwas Besonderes zu tun. Ich wollte den Nähkessel der Mutter mit Kufen versehen und einen Schaukelstuhl daraus machen, damit sie ein wenig Kurzweil hätte, wenn sie am Fenster sitzen und meine Hosen flicken musste. Heimlich sägte ich also und hobelte in der Holzhütte und es geriet mir auch alles vortrefflich. Auch der Vater lobte die Arbeit und meinte, es sei eine großartige Sache, wenn es uns nur auch gelänge, die Mutter in diesen Stuhl hineinzulocken.

Aber aufgeräumt, wie sie am Heiligen Abend war, tat sie mir wirklich den Gefallen. Ich wiegte sie, sanft zuerst und allmählich ein bisschen schneller, und es gefiel ihr ausnehmend wohl. Niemand merkte jedenfalls, dass die Mutter immer stiller und blasser wurde, bis sie plötzlich ihre Schürze an den Mund presste – es war durchaus kein Gelächter, was sie damit ersticken musste. Lieber, sagte sie hinterher, weit lieber wollte sie auf einem wilden Kamel durch die Wüste Sahara reiten, als noch einmal in diesem Stuhl sitzen! Und tatsächlich, noch auf dem Weg zur Mette hatte sie einen glasigen Blick, etwas seltsam Wiegendes in ihrem Schritt.

AACHENER PRINTEN

75 g Rosinen, etwas Rum,
75 g Orangeat, 75 g Zitronat,
1 Esslöffel Natron, 500 g Mehl, 1 Esslöffel Lebkuchengewürz, 400 g Sirup,
Sirup und Mandeln zum Verzieren

Die gewaschenen, abgetupften Rosinen in einen Topf geben, mit Rum begießen, dass sie bedeckt sind, erwärmen und die Rosinen quellen lassen. In der Zwischenzeit Orangeat und Zitronat klein hacken. Das Natron in etwas Wasser auflösen. Gesiebtes Mehl und Lebkuchengewürz vermischen, mit dem Sirup gut verrühren. Natron, Rosinen, Orangeat und Zitronat unterrühren. Den Teig drei Stunden im Kühlschrank ruhen lassen, danach zwischen zwei Folien ca. 1 cm dick ausrollen, mit einem scharfen Messer in 3 x 7 cm große Stücke schneiden. Den Sirup mit etwas Wasser verrühren, mit dem Backpinsel auf den Printen verteilen und diesen mit Mandeln verzieren. Im auf 190 °C vorgeheizten Backofen ca. 15 Minuten auf der obersten Schiene backen.

VERKÜNDIGUNG

Es ist schon Feierabend gewest,
der heilige Joseph hobelt noch fest.
Er macht wohl eine Liegerstätt'
für einen Reichen zu Nazareth.

Die Jungfrau Maria hat noch genäht!
Zur Arbeit war es ihr nicht zu spät.
Sie fädelt wieder die Nadel ein,
die Arbeit muss morgen schon fertig sein.

Er hobelt weiter, sie näht das Kleid,
die Stube liegt bald in Dunkelheit.
Da öffnet ein Engel des Herrn die Tür
und sagt: „Maria, der Herr ist mit dir.

Ich trag eine frohe Botschaft bei.
Unter den Weibern du bist benedeit,
ja, deiner wartet das schönste Los.
Du trägst Herrn Jesum in deinem
Schoß."

Jetzt ist der Engel wiederum fort.
Maria hörte das fröhliche Wort
und lacht glücklich in sich hinein,
da würde sie nun bald Mutter sein.

Sie hat sich aber gleich aufgerafft
und hat gar fleißig weitergeschafft.
Der Josef hobelt an seinem Bett
für einen Reichen aus Nazareth.
Ludwig Thoma

Ist die Christnacht hell und klar,
folgt ein höchst gesegnet' Jahr.
Bauernweisheit

Schnee in der Christnacht –
gute Hopfenernte.
Bauernweisheit

DER WEIHNACHTSAUFZUG

Bald kommt die liebe Weihnachtszeit,
worauf die ganze Welt sich freut;
das Land, so weit man sehen kann,
sein Winterkleid hat angetan.
Schlaf überall; es hat die Nacht
die laute Welt zur Ruh gebracht,
kein Sternenlicht, kein grünes Reis,
der Himmel schwarz, die Erde weiß.

Da blinkt von fern ein heller Schein.
Was mag das für ein Schimmer sein?
Weit übers Feld zieht es daher,
als ob's ein Kranz von Lichtern wär',
und näher rückt es hin zur Stadt,
obgleich verschneit ist jeder Pfad.

Ei seht, ei seht! Es kommt heran!
O, schauet doch den Aufzug an!
Zu Ross ein wunderlicher Mann
mit langem Bart und spitzem Hute,
in seinen Händen Sack und Rute.
Sein Gaul hat gar ein bunt Geschirr,
von Schellen dran ein blank Gewirr;
am Kopf des Gauls, statt Federzier,
ein Tannenbaum voll Lichter hier;
der Schnee erglänzt in ihrem Schein,
als wär's ein Meer voll Edelstein.

Wer aber hält den Tannenzweig?
Ein Knabe, schön und wonnereich;
's ist nicht ein Kind von unsrer Art,
hat Flügel an dem Rücken zart.
Das kann fürwahr nichts anders sein,
als wie vom Himmel ein Engelein!
Nun sagt mir, Kinder, was bedeut't
ein solcher Zug in solcher Zeit?

Was das bedeut't? Ei, seht doch an,
da frag ich grad' beim Rechten an!
Ihr schelmischen Gesichterchen,
ich merk's, ihr kennt die Lichterchen,
kennt schon den Mann mit spitzem Hute,
kennt auch den Baum, den Sack, die Rute.

Der alte bärt'ge Ruprecht hier,
er pocht' schon oft an eure Tür;
droht' mit der Rute bösen Buben;
warf Nüss' und Äpfel in die Stuben
für Kinder, die da gut gesinnt.
Doch kennt ihr auch das Himmelskind?
Oft bracht' es ohne euer Wissen,
wenn ihr noch schlieft in weichen Kissen,
den Weihnachtsbaum zu euch nach Haus,
putzt' wunderherrlich ihn heraus;
Geschenke hing es bunt daran
und steckt' die vielen Lichter an;
flog himmelwärts und schaute wieder
von dort auf euren Jubel nieder.

O Weihnachtszeit, du schöne Zeit,
so überreich an Lust und Freud!
Hör doch der Kinder Wünsche an
und komme bald, recht bald heran,
und schick uns doch, wir bitten sehr,
mit vollem Sack den Ruprecht her.
Wir fürchten seine Rute nicht,
wir taten allzeit unsre Pflicht.
Drum schick uns auch den Engel gleich
mit seinem Baum, an Gaben reich.
O Weihnachtszeit, du schöne Zeit,
worauf die ganze Welt sich freut!
Robert Reinick

Fließt an Nikolaus
noch der Birkensaft,
kriegt der Winter keine Kraft.
Bauernweisheit

Im Dezember sollen
Eisblumen blühn,
Weihnachten sei nur
auf dem Tische grün.
Bauernweisheit

DER KRÜPPEL

Von Hans Christian Andersen

Es war einmal ein altes Schloss mit jungen, prächtigen Edelleuten. Reichtum und Segen hatten sie, amüsieren wollten sie sich und Gutes taten sie. Alle Menschen wollten sie froh machen, so wie sie selber es waren. Am Weihnachtsabend stand ein prächtiger, wunderschöner Weihnachtsbaum im alten Rittersaal, wo Feuer in den Kaminen brannte und wo Tannenzweige um die alten Bilder gehängt waren. Hier versammelten sich die Herrschaft und die Gäste, es wurde gesungen und getanzt.

Früher am Abend war schon Weihnachtsfreude in der Gesindestube gewesen. Auch hier stand ein großer Tannenbaum mit brennenden roten und weißen Lichtern, kleinen Danebrogflaggen, ausgeschnittenen Schwänen und Fischernetzen, die mit Bonbons gefüllt waren. Die armen Kinder aus dem Dorfe waren eingeladen; jedes hatte seine Mutter mitgebracht. Die sahen nicht viel nach dem Baume hin, sie sahen nur nach den Weihnachtstischen, wo Wolle und Leinwand, Stoff zu Kleidern und Hosen lag. Ja, dahin sahen die Mütter und die erwachsenen Kinder, nur die ganz kleinen streckten die Hände nach den Lichtern, dem Flittergolde und den Flaggen aus.
Die ganze Versammlung kam früh am Nachmittag, bekam Reisbrei und Gänsebraten mit Rotkohl. Wenn dann der Tannenbaum besehen und die Gaben verteilt waren, bekam jeder ein kleines Glas Punsch und Apfelkuchen mit Apfelmus darin. Sie kamen heim in ihre eigene, arme Stube und es wurde von „der guten Lebensweise" geredet, das heißt, von den Esswaren, und die Gaben wurden noch einmal ordentlich besehen.

Da waren nun Garten-Kirsten und Garten-Ole. Sie waren miteinander verheiratet und hatten ihr Haus und ihr tägliches Brot und dafür mussten sie im Schlossgarten jäten und graben. Jede Weihnachten bekamen sie ihren guten Anteil an den Geschenken; sie hatten auch fünf Kinder, alle fünf wurden von der Herrschaft gekleidet. „Unsere Herrschaft, das sind wohltätige Leute!", sagten sie. „Aber sie können es auch und es macht ihnen Vergnügen!" „Hier sind gute Kleider für die vier Kinder gekommen!", sagte Garten-Ole. „Aber da ist ja nichts für den Krüppel. Den pflegen sie ja doch sonst auch zu bedenken, obwohl er nicht mit zum Tannenbaum kommen kann!"
Es war das älteste von den Kindern, das sie „den Krüppel" nannten, er war sonst auf den Namen Hans getauft. Als kleines Kind war er das munterste und lebhafteste von ihnen allen, aber dann wurde er auf einmal „schlaff in den Beinen", wie sie es nannten, er konnte weder stehen noch gehen und lag nun schon im fünften Jahr zu Bett. „Ja, etwas habe ich auch für ihn mitbekommen!", sagte die Mutter. „Aber es ist ja nichts weiter, es ist nur ein Buch, worin er lesen kann!" „Davon soll er auch wohl fett werden!", sagte der Vater. Aber froh wurde Hans dadurch. Er war ein sehr aufgeweckter Knabe, der gern las, aber er benutzte auch seine Zeit zur Arbeit, soweit er, der immer zu Bett liegen musste, Nutzen schaffen konnte. Er machte sich mit seinen Händen nützlich, er brauchte seine Hände, strickte wollene Strümpfe, ja ganze Bettdecken. Die gnädige Frau auf dem Schlosse hatte sie gelobt und gekauft.

Es war ein Märchenbuch, das Hans bekommen hatte, darin war viel zu lesen, vieles, worüber er nachdenken konnte. „Das schafft gar keinen Nutzen im Hause!", sagten die Eltern. „Aber lasst ihn nur lesen, dann vergeht ihm die Zeit schneller, er kann ja nicht immer Strümpfe stricken!"

Der Frühling kam, Blumen und Kräuter begannen zu sprießen, auch das Unkraut. Es war viel zu tun im Schlossgarten, nicht nur für den Schlossgärtner und seine Lehrlinge, sondern auch für Garten-Kirsten und Garten-Ole. „Das ist eine furchtbare Mühe!", sagten sie. „Und wenn man die Gänge eben geharkt hat und sie so recht hübsch gemacht hat, dann werden sie gleich wieder zertreten. Hier ist ein Ein- und Auswandern von Gästen auf dem Schloss. Was muss das kosten! Aber die Herrschaft ist ja reich!" „Es ist doch sonderbar verteilt!", sagte Ole. „Wir sind ja alle Kinder unseres lieben Gottes, wie der Pfarrer sagt. Warum dann solch ein Unterschied?" „Das kommt vom Sündenfall!", sagte Kirsten.
Darüber sprachen sie am Abend wieder, als der Krüppel-Hans mit seinem Märchenbuch dalag. Bedrängte Verhältnisse, Mühe und Arbeit hatten die Hände der Alten hart gemacht, aber sie waren auch hart in ihrem Urteil und ihren Ansichten geworden, sie begriffen es nicht, konnten es sich nicht erklären und redeten und redeten sich nun immer mehr in Zorn und Missmut hinein. „Einige Menschen bekommen Wohlstand und Glück, andere nur Armut! Warum sollen wir für den Ungehorsam und die Neugier unserer ersten Eltern bestraft werden? Wir hätten uns nicht so betragen wie die beiden!"

„Ja, das hätten wir!", sagte auf einmal Krüppel-Hans. „Es steht alles zusammen hier in diesem Buch!" „Was steht in dem Buch?", fragten die Eltern. Und Hans las ihnen das alte Märchen von dem Holzbauer und seiner Frau vor. Die schalten auch über die Neugier von Adam und Eva, die an ihrem Unglück schuld waren. Da kam der König des Landes vorüber. „Kommt mit mir nach Hause", sagte er, „dann sollt ihr es ebenso gut haben wie ich: sieben Gerichte und ein Schaugericht. Das steht in einer geschlossenen Terrine, die dürft ihr aber nicht anrühren, denn dann ist es mit der Herrlichkeit vorbei!" „Was kann doch in der Terrine sein?", sagte die Frau. „Das geht uns nichts an!", sagte der Mann. „Ja, ich bin nicht neugierig", sagte die Frau, „ich möchte nur wissen, warum wir den Deckel nicht aufheben dürfen, es ist wohl was ganz Delikates!" „Wenn nur nicht eine Mechanik dabei ist!", sagte der Mann. „So ein Pistolenschuss, der knallt und das ganze Haus aufweckt." „Ach was!", sagte die Frau, rührte aber nicht an der Terrine. Aber des Nachts träumte sie, dass der Deckel selbst sich hebe und ein Duft vom feinsten Punsch, wie man ihn auf Hochzeiten und Begräbnissen bekommt, der Terrine entsteige. Es lag eine große silberne Münze da mit der Inschrift: „Wenn ihr von diesem Punsch trinket, so werdet ihr die Reichsten in der Welt und alle andern Menschen werden Bettler!"
Und dann erwachte die Frau und sie erzählte ihrem Mann ihren Traum. „Du denkst zu viel an die Sache!", sagte er. „Wir können ja mit Vorsicht den Deckel aufheben!", sagte die Frau. „Ganz vorsichtig!", sagte der Mann. Und die Frau hob den Deckel ganz vorsichtig auf. Da sprangen zwei kleine lebendige Mäuse heraus und verschwanden in einem Mauseloch. „Gute Nacht!", sagte der König. „Nun könnt ihr nach Hause gehen

und euch in euer eigenes Bett legen. Scheltet nicht mehr auf Adam und Eva, ihr selber seid ebenso neugierig und undankbar gewesen!"

„Wie ist doch die Geschichte da in das Buch gekommen?", sagte Garten-Ole. „Es ist ja ganz, als ob sie uns gelten sollte. Das ist so recht zum Nachdenken!" Am nächsten Tage gingen sie wieder auf Arbeit; sie wurden von der Sonne verbrannt und von dem Regen durchnässt. In ihren Herzen waren zornige Gedanken, an denen sie fortwährend kauten. Es war noch heller Abend daheim, sie hatten eben ihren Milchbrei gegessen. „Lies uns noch einmal die Geschichte von dem Holzbauer vor", sagte Garten-Ole. „Da sind so viele hübsche Geschichten im Buch!", sagte Hans. „So viele, die ihr noch nicht kennt!" „Daraus mache ich mir gar nichts!", sagte Garten-Ole. „Ich will die hören, die ich kenne!" Und er und die Frau hörten wieder dieselbe Geschichte. Und immer wieder kamen sie auf die Geschichte zurück. „So recht erklären kann ich mir das Ganze doch nicht!", sagte Garten-Ole. „Es ist mit den Menschen wie mit der süßen Milch, die gerinnt; ein Teil davon wird feiner Käse, und aus dem andern wird nichts als dünne, wässerige Molke! Einige Leute haben Glück in allem, sitzen alle Tage an der Festtafel und kennen weder Sorge noch Mühe!" Das hörte der Krüppel-Hans. Wohl war er schlaff in den Beinen, aber er war klug. Er las ihnen die Geschichte von „dem Mann ohne Kummer und Sorge" aus dem Märchenbuch vor. Ja, wo war der zu finden und gefunden werden musste er.

Der König lag krank danieder und konnte nur geheilt werden, wenn er das Hemd anbekam, das von einem Menschen getragen und auf dem Körper verschlissen war, der in Wahrheit sagen konnte, dass er niemals Kummer und Sorge gekannt hatte. Boten wurden in alle Länder der Welt entsandt, auf alle Schlösser und Rittergüter, zu allen wohlhabenden und frohen Menschen, aber wenn man sie richtig ausfragte, so hatte doch jeder von ihnen Sorge und Kummer kennen gelernt. „Ich habe sie nicht kennen gelernt!", sagte der Schweinehirt, der am Grabenrand saß, lachte und sang. „Ich bin der glücklichste Mensch!" „Dann gib uns dein Hemd", sagten die Botschafter, „du sollst es mit einem halben Königreich bezahlt bekommen." Aber er hatte kein Hemd, und nannte sich doch den glücklichsten Menschen.
„Das war ein famoser Kerl!", rief Garten-Ole, und er und seine Frau lachten, wie sie seit Jahr und Tag nicht gelacht hatten. Da kam der Schullehrer vorbei. „Wie vergnügt ihr seid!", sagte er. „Das ist etwas Seltenes und Neues hier im Hause. Habt ihr in der Lotterie gewonnen?" „Nein, so was ist es nicht!", sagte Garten-Ole. „Aber Hans hat uns aus dem Märchenbuch vorgelesen, er las von dem ‚Mann ohne Kummer und Sorge‘, und der Kerl hatte gar nicht mal ein Hemd. Einem geht ein helles Talglicht auf, wenn man so was hört, und noch dazu aus einem gedruckten Buch. Jeder hat wohl seine Last zu ziehen; man ist wohl nicht der Einzige. Das ist doch immer ein Trost!" „Wo habt ihr das Buch her?", fragte der Schullehrer. „Das hat Hans vor mehr als einem Jahr zu Weihnachten bekommen. Die Herrschaft hat es ihm geschenkt. Sie wissen, dass er so gern lesen mag und er ist ja ein Krüppel! Wir hätten es damals lieber gesehen, wenn er zwei Hemden aus Wergleinwand bekommen hätte. Aber das Buch ist sonderbar, das kann einem wirklich auf alle Gedanken antworten!" Der Schullehrer nahm das Buch

und öffnete es. „Wir wollen dieselbe Geschichte noch einmal hören!", sagte Garten-Ole. „Ich weiß sie noch nicht richtig. Und dann muss er auch die von dem Holzbauer vorlesen!" Die beiden Geschichten waren und blieben genug für Ole. Sie waren wie zwei Sonnenstrahlen in der armen Stube, in den niederdrückenden Gedanken, die sie verdrießlich und unzufrieden machten.

Hans hatte das ganze Buch gelesen, viele Male gelesen. Die Märchen trugen ihn in die Welt hinaus, wohin ihn die Beine nicht tragen konnten. Der Schullehrer saß an seinem Bett; sie sprachen zusammen und das war ein Vergnügen für die beiden. Seit dem Tage kam der Schullehrer öfter zu Hans, wenn die Eltern auf Arbeit waren. Es war wie ein Fest für den Jungen, jedes Mal, wenn er kam. Wie lauschte er dem, was der alte Mann erzählte, von der Größe der Erde und von den vielen Ländern und dass die Sonne noch fast eine halbe Million mal größer sei als die Erde und so weit entfernt, dass eine Kanonenkugel in voller Eile fünfundzwanzig ganze Jahre von der Sonne bis zur Erde braucht, während die Lichtstrahlen die Erde in acht Minuten erreichen können. Hierüber weiß nun jeder tüchtige Schuljunge Bescheid, aber für Hans war das alles neu und noch viel wunderbarer als alles, was in dem Märchenbuch stand.
Der Schullehrer kam ein paar Mal im Jahr an die Tafel der Herrschaft und bei einer solchen Gelegenheit erzählte er, welche Bedeutung das Märchenbuch in dem armen Haus erlangt habe und wie allein die zwei Geschichten zur Erweckung und zum Segen geworden seien. Der schwächliche, kleine Junge habe durch das Lesen Nachdenken und Freude ins Haus gebracht. Als der Schullehrer sich verabschiedete, drückte ihm die Schlossherrin ein paar blanke Silbertaler in die Hand für den kleinen Hans. „Die müssen Vater und Mutter haben!", sagte der Junge, als der Schullehrer ihm das Geld brachte. Und Garten-Ole und Garten-Kirsten sagten: „Der Krüppel-Hans ist doch zum Nutzen und Segen!"

Ein paar Tage später, die Eltern waren auf Arbeit im Schlossgarten, hielt der herrschaftliche Wagen draußen vor dem Hause; es war die herzensgute Schlossherrin, die kam, erfreut darüber, dass ihr Weihnachtsgeschenk zu einem solchen Trost und so viel Freude für den Knaben und die Eltern geworden war. Sie brachte feines Brot, Obst und eine Flasche süßen Saft mit, aber was noch schöner war, sie brachte ihm in einem vergoldeten Bauer einen kleinen schwarzen Vogel, der ganz allerliebst flöten konnte. Der Bauer mit dem Vogel wurde auf die alte Kommode gesetzt, ein wenig von dem Bett des Knaben entfernt; er konnte den Vogel sehen und seinen Gesang hören. Ja, die Leute, die auf der Landstraße vorüberkamen, konnten den Gesang hören.
Garten-Ole und Garten-Kirsten kamen erst nach Hause, nachdem die gnädige Frau wieder weggefahren war, sie merkten, wie froh Hans war, aber sie fanden doch, dass das Geschenk nur Mühe machte. „Reiche Leute denken nicht recht nach!", sagten sie. „Sollen wir nun auch auf den Vogel aufpassen? Der Krüppel-Hans kann es ja nicht. Das Ende wird noch sein, dass ihn die Katze frisst!" Es vergingen acht Tage und noch acht Tage vergingen, die Katze war während der Zeit manchmal in der Stube gewesen, ohne den Vogel zu erschrecken, geschweige denn, ihm etwas zu Leide zu tun. Dann ereignete sich etwas sehr Großes. Es war am Nachmittag, die Eltern und die andern

Kinder waren auf Arbeit gegangen, Hans war ganz allein, er hatte das Märchenbuch in der Hand und las von der Frau des Fischers, der sämtliche Wünsche erfüllt wurden. Sie wollte König sein, das wurde sie; sie wollte Kaiser sein, das wurde sie; aber dann wollte sie der liebe Gott sein – und dann saß sie wieder in dem Morast, aus dem sie gekommen war.

Die Geschichte stand nun in gar keinem Zusammenhang mit dem Vogel oder der Katze, aber es war gerade die Geschichte, die er las, als das Ereignis eintraf, das er nie wieder vergessen sollte. Der Bauer stand auf der Kommode, die Katze stand auf dem Fußboden und sah starr mit ihren grüngelben Augen zu dem Vogel hinauf. Da war etwas im Gesicht der Katze, als wolle sie zu dem sagen: „Wie bist du reizend, ich möchte dich wohl auffressen!" Das konnte Hans verstehen, er las es ganz deutlich aus dem Gesicht der Katze. „Weg, Katze!", rief er. „Willst du wohl machen, dass du aus der Stube hinauskommst!" Es war, als schickte sie sich an, zu springen.

Hans konnte sie nicht erreichen, hatte nichts anderes, womit er nach ihr werfen konnte, als seinen liebsten Schatz, das Märchenbuch. Das warf er denn auch, aber der Einband löste sich, flog nach der einen Seite und das Buch selber mit allen seinen Blättern flog nach der anderen Seite. Mit langsamen Schritten ging die Katze ein wenig in das Zimmer zurück und sah Hans an, als wollte sie sagen: „Mische du dich nicht in diese Sache, kleiner Hans! Ich kann gehen und ich kann springen, du kannst nichts von beidem!" Hans behielt die Katze im Auge und war in großer Unruhe. Der Vogel wurde auch unruhig. Kein Mensch war da, den er hätte rufen können, es war, als wüsste die Katze das. Sie schickte sich wieder an, zu springen. Hans schlug mit seiner Bettdecke nach ihr, die Hände konnte er gebrauchen, aber die Katze kehrte sich nicht an die Bettdecke, und als auch die nutzlos nach ihr geworfen war, sprang sie in einem Satz auf den Stuhl hinauf und in den Fensterrahmen hinein, hier war sie dem Vogel näher.

Hans konnte sein eigenes warmes Blut in seinem Körper spüren, aber daran dachte er nicht; er dachte nur an die Katze und an den Vogel. Allein konnte er ja nicht aus dem Bett herauskommen, auf den Beinen konnte er nicht stehen, noch weniger konnte er gehen. Es war, als ob sich ihm das Herz im Leibe umdrehe, als er die Katze von dem Fensterbrett gerade auf die Kommode hinüberspringen und an den Bauer stoßen sah, sodass er herunterfiel. Der Vogel flatterte ängstlich darinnen. Hans stieß einen Schrei aus, ein Schrecken durchlief ihn, und ohne daran zu denken, sprang er aus dem Bett, auf die Kommode zu, riss die Katze herunter und hielt den Bauer fest, in dem der Vogel in Todesangst umherflatterte. Er hielt den Bauer in der Hand und lief damit zur Tür hinaus auf die Landstraße.

Da rollten ihm die Tränen über die Wangen; er jubelte und rief ganz laut: „Ich kann gehen! Ich kann gehen!" Er hatte seine Beweglichkeit wieder bekommen, so etwas kann geschehen, und bei ihm geschah es. Der Schullehrer wohnte ganz in der Nähe und zu ihm lief er auf seinen nackten Füßen, nur in Hemd und Jacke und mit dem Vogel in dem Bauer. „Ich kann gehen!", rief er. „Herr, mein Gott!" Und er schluchzte vor lauter Freude. Und Freude ward im Hause bei Garten-Ole und Garten-Kirsten. „Einen froheren Tag könnten wir nicht erleben!", sagten die beiden.

50

Hans wurde auf das Schloss gerufen. Diesen Weg war er seit vielen Jahren nicht gegangen: Es war, als ob die Bäume und Nussbüsche, die er so gut kannte, ihm zunickten und sagten: „Guten Tag, Hans! Willkommen hier draußen!" Die Sonne schien ihm ins Gesicht, bis ins Herz hinein. Die Herrschaft, die jungen, herzensguten Edelleute, ließen ihn bei sich sitzen und sahen so froh aus, als ob er zu ihrer eigenen Familie gehörte. Am glücklichsten aber war die gnädige Frau, die ihm das Märchenbuch geschenkt und den kleinen Singvogel gebracht hatte, der war freilich vor Schrecken gestorben, aber er war gleichsam das Mittel zu seiner Genesung geworden, und das Buch war ihm und den Eltern zur Erweckung geworden; das Buch hatte er noch, das wollte er aufbewahren und darin lesen, wenn er auch schon ganz alt sein würde. Jetzt konnte er auch seinen Eltern von Nutzen sein. Er wollte ein Handwerk lernen, am liebsten Buchbinder werden. „Denn", sagte er, „dann kann ich alle neuen Bücher zu lesen bekommen!"

Am Nachmittag ließ die gnädige Frau die Eltern zu sich rufen. Sie und ihr Mann hatten zusammen von Hans geredet, er war ein frommer und kluger Junge, hatte Lust zum Lernen und es war ihm leicht. Der liebe Gott ist immer für eine gute Sache. An dem Abend kamen die Eltern recht froh vom Schloss nach Hause, besonders Kirsten, aber eine Woche später weinten sie, denn da reiste der kleine Hans. Er hatte gute Kleider bekommen, er war ein guter Junge; aber jetzt sollte er über das salzige Wasser, weit fort, in die Schule geschickt werden, in eine gelehrte Schule, und es würden viele Jahre vergehen, ehe sie ihn wiedersahen.

Das Märchenbuch bekam er nicht mit, das wollten die Eltern zum Andenken behalten. Und der Vater las oft darin, aber immer nur die zwei Geschichten, denn die kannte er. Und sie bekamen Briefe von Hans, einer immer glücklicher als der andere. Er war bei guten Menschen, in guten Verhältnissen, und am allerschönsten war es, zur Schule zu gehen; da war so viel zu lernen und zu wissen; er wünschte nur, dass er hundert Jahre alt werden möchte und dass er einmal Schullehrer werden könnte. „Wenn wir das erleben sollten!", sagten die Eltern und sie drückten einander die Hände wie beim Abendmahl. „Was ist doch nur aus Hans geworden!", sagte Ole. „Der liebe Gott denkt doch auch an die armen Kinder! Gerade bei dem Krüppel sollte sich das zeigen! Ist es nicht, als ob Hans uns das alles aus dem Märchenbuch vorgelesen hätte?"

AM WEIHNACHTSTAG

Still ist die Nacht; in seinem Zelt geborgen,
der Schriftgelehrte späht mit finstren Sorgen,
wann Judas mächtiger Tyrann erscheint;
den Vorhang lüftet er, nachstarrend lange
dem Stern, der gleitet über Äthers Wange,
wie Freudenzähre, die der Himmel weint.

Und fern vom Zelte über einem Stalle,
da ist's, als ob aufs niedre Dach er falle;
in tausend Radien sein Licht er gießt.
Ein Meteor, so dachte der Gelehrte,
als langsam er zu seinen Büchern kehrte.
O weißt du, wen das niedre Dach umschließt?

In einer Krippe ruht ein neugeboren
und schlummernd Kindlein; wie im Traum verloren
die Mutter knieet, schlichter Mann rückt tief erschüttert
das Lager ihnen; seine Rechte zittert
dem Schleier nahe um den Mantel noch.

Und an der Türe stehn geringe Leute,
mühsel'ge Hirten, doch die ersten heute,
und in den Lüften klingt es süß und lind,
verlorne Töne von der Engel Liede:
„Dem Höchsten Ehr' und allen Menschen Friede,
die eines guten Willens sind."
Annette von Droste-Hülshoff

> Der Erde schönster Feiertag,
> das ist die Heilige Nacht.
> *Karl Schaeffer*

KIRSCH-ZIMTSTERNE

*100 g getrocknete Kirschen, 600 g gemahlene Mandeln,
6 Eiweiß, 1 Esslöffel Zitronensaft, 500 g Puderzucker, 1 Esslöffel Zimt,
kandierte Kirschen zum Verzieren*

*Die Kirschen mit den Mandeln und dem Zimt in der elektrischen Messermühle fein
hacken. Die Eiweiße steif schlagen, den Zitronensaft zugeben, den gesiebten Puderzucker einrieseln lassen. ⅓ der Eischneemasse beiseitestellen, unter die übrige
Eischneemasse die Mandel-Kirsch-Mischung heben. Den Teig portionsweise auf
einer mit Zucker bestreuten Arbeitsfläche ausrollen, Sterne ausstechen, auf ein mit
Backpapier ausgelegtes Blech legen. Den übrigen Eischnee in einen Spritzbeutel
mit kleiner Lochtülle füllen und die Sterne damit verzieren. Die kandierten Kirschen
halbieren und je eine Hälfte auf die Sterne setzen. Im auf 160 °C vorgeheizten
Backofen ca. 15–18 Minuten backen.*

WEIHNACHTSSCHNEE

Ihr Kinder, sperrt die Näschen auf,
es riecht nach Weihnachtstorten;
Knecht Ruprecht steht am Himmelsherd
und backt die feinsten Sorten.

Ihr Kinder, sperrt die Augen auf,
sonst nehmt den Operngucker:
die große Himmelsbüchse, seht,
tut Ruprecht ganz voll Zucker.

Er streut – die Kuchen sind schon voll –
er streut – na, das wird munter:
Er schüttelt die Büchse
und streut und streut
den ganzen Zucker runter.

Ihr Kinder, sperrt die Mäulchen auf,
schnell! Zucker schneit es heute!
Fangt auf, holt Schüsseln! –
Ihr glaubt es nicht?
Ihr seid ungläubige Leute!
Paula Dehmel

Ihr Kinderlein, kommet

Ihr   Kin - der-lein, kom - met, o   kom - met doch   all'!   Zur

Krip - pe her - kom - met in   Beth - le - hems Stall.   Und

seht,   was   in   die - ser hoch - hei - li - gen Nacht   der

Va - ter im   Him - mel für   Freu - de uns   macht.

2. Da liegt es, das Kindlein, auf Heu und auf Stroh,
Maria und Joseph betrachten es froh.
Die redlichen Hirten knien betend davor;
hoch oben schwebt jubelnd der Engelein Chor.

3. O beugt wie die Hirten anbetend die Knie,
erhebet die Hände und danket wie sie!
Stimmt freudig, ihr Kinder, wer wollt' sich nicht freun?
Stimmt freudig zum Jubel der Engel mit ein!
Melodie: Johann Abraham Peter Schulz; Text: Christoph von Schmid

BÄRBELS WEIHNACHTEN
Von Ottilie Wildermuth

Es ist der Heilige Weihnachtsabend. Da herrscht in der Stadt eine emsige, stille Geschäftigkeit in den Häusern und auf den Straßen: die Vorbotin der fröhlichen Bescherung. Man sieht Dienstboten eifrig dahertrippeln, die noch etwas Vergessenes oder spät Gefertigtes auf den Weihnachtstisch holen müssen, bunte Wachslichter oder Zuckerwaren an den Christbaum, Schusterjungen tragen ein Paar glänzende nagelneue Stiefel, der Sattler bringt das neu beschlagene Wiegenpferd, die Putzjungfer ein rosenrotes Hütchen – alles noch zur Verherrlichung des Festes. Oben, in der großen Stube, wo das Licht so verheißungsvoll durch die Gardinen schimmert, da waltet die Mutter als die Stellvertreterin des lieben Christkindes, sie ordnet und rüstet und bereitet und die Kinder sitzen mit mühsam bezähmter Ungeduld in der Kinderstube, um auf den glückseligen Augenblick zu warten, wo der Ruf ertönt und ihnen der Lichtglanz entgegenströmt.

Auf dem Dorfe wird, in Schwaben wenigstens, der Christabend nicht so umständlich gefeiert; er gleicht dort mehr jener wunderbaren Nacht, wo in tiefer Stille im armen Stalle der Glanz der Heiligen Weihnacht aufging, wo nur schlichte Hirten sich sammelten um die Krippe und hoch oben vom Himmel her der selige Festchor erklang. Sobald es dunkel wird, werden Kunkeln und Spinnräder, alles Arbeitsgerät beiseitegestellt, „seid still, Kinder, 's ist der Heilige Abend", ermahnt man die Kleinen in jedem ordentlichen Haus, der Vater liest wohl in der Bibel oder man plaudert zusammen von alten Zeiten und geht guter Zeit zur Ruh. Die einfache Bescherung macht den Müttern auf dem Dorfe wenig Sorge und Müh. Ein Weihnachtsbaum wird meist nur den kleinsten Kindern angezündet, man beschert da in der Stille der Nacht, sodass die Kinder frühmorgens ihre kleinen Gaben am Bett finden und glauben, das Christkindlein habe sie gebracht, während sie schliefen, ein paar Äpfel und Nüsse, wenn's hoch kommt, ein Lebkuchenherz, nur wer so glücklich ist, einen wohlhabenden Paten oder eine reiche Patin zu haben, darf am Morgen des Weihnachtsfestes einen Besuch bei ihnen machen mit der Frage: „Guten Morgen, Dote und Göderich, was hat's Christkind gebracht?" Gibt es dann ein Tellerchen mit Backwerk, ein Halstüchlein oder eine neue Weste, so ist das schon ein unerhörter Reichtum.

Es war ein klarer, kalter Winterabend und die Sterne spiegelten sich im Neckarfluss, an dessen Ufer der Fährmann, im Dorfe der Fergenhannes genannt, auf und ab ging, um sich die Kälte zu vertreiben, bis die Stunde schlug, wo er seine Fähre verlassen durfte. Neben ihm trippelte Bärbele, sein sechsjähriges Töchterlein, ihre erstarrten Hände in die Schürze gewickelt. Sie wollte durchaus nicht gelten lassen, dass sie fror, weil sie so gern beim Vater an der Fähre blieb, um mit überzufahren, wenn Leute kamen. Vom Dorfe hörte man noch die Pumpe der Brunnen und das Brüllen des Viehs, von dem nahen Hügel fuhren mit lautem Geschrei die Knaben blitzschnell auf ihren Bergschlitten herab.

Jetzt aber erscholl die Bergglocke vom Turm. „Bet, Bärbele!", sagte der Vater, indem er seine wollene Mütze abnahm und die Hände faltete, auch Bärbele legte die Händchen zusammen und sprach andächtig den Vers, den sie die Mutter zur Betglocke gelehrt hatte:

> „Lieber Mensch, was mag bedeuten
> dieses späte Glockenläuten?
> Das bedeutet abermal
> deines Lebens Ziel und Zahl;
> wie der Tag hat abgenommen,
> so wird auch der Tod bald kommen.
> Lieber Mensch, so schicke dich,
> dass du sterbest seliglich."

Die Knaben drüben waren beim ersten Schall der Betglocke rasch mit ihren Schlitten abgezogen, der Ferge trug seine Ruderstangen in das kleine steinerne Häuschen, das von einem riesigen Wacholder beschattet am Ufer stand, und warf noch einen langen, aufmerksamen Blick über den mondbeschienenen Fluss bis auf den Flusspfad, der vom jenseitigen Ufer ans Wasser führte. Drüben war alles ruhig, nur an den Fenstern des Schlösschens, das nicht fern vom Ufer stand, sah man, seit langer Zeit zum ersten Male wieder, Licht. Der Ferge kettete die Schiffe fest an den Pflock und schickte sich mit Bärbele zum Heimgehen an. „Aber, was ich weiß, Vater!", sagte die Kleine. „So, was weißt?" „Ich darf heut Nacht aufbleiben, bis man's Kindl wiegt!" (Das Kindlein wiegen nennt man die Sitte, die sich in vielen schwäbischen Dörfern erhalten hat, wo die Schulknaben um Mitternacht vor dem Christfest einen Weihnachtschoral vom Kirchturm singen.) „Du?", sagte der Vater, „o, du wirst schläfrig."
„Gewiss nicht", versicherte die Kleine, indem sie fröhlich an seiner Hand hüpfte, „die Mutter hat mir's versprochen, aber der Base ihr Christoph, der hat's gut, der darf selber mitsingen! Ich möchte auch ein Bube sein, dann könnt' ich auch einmal Ferge werden." „Da wärst was Rechts", sagte der Vater, der wie die meisten Väter seinem Kinde einen glücklicheren Beruf wünschte, als ihm der seinige erschien. „Ei, das ist nett, so im Schiff liegen, wenn die warme Sonne scheint, und immer wieder andere Leute herüber und hinüber führen, oder gar das große Wagenschiff, mit ganzen Wagen oder Chaisen!"

Unter dem Geplauder der Kleinen waren sie an dem Wohnhaus des Fergen angekommen, das ganz vorn, noch etwas abseits vom Dorfe lag. Durch den engen, geschwärzten Flur, der zugleich Küche war, trat man in die niedere Stube. Annemarie, des Fergen Weib, und Christine, die Witwe, die in dem Dachkämmerlein des Hauses zur Miete wohnte und der Kürze halber Base genannt wurde, saßen am Ofen beim Scheine des Quelllämpchens beisammen, die Spinnräder waren beiseitegestellt, sie plauderten angelegentlich von all den überstandenen Sorgen und Trübsalen ihres Lebens, während Christoph, der Sohn der Base, ein etwas unmüßiger Junge, sich in der Ecke der Stube damit unterhielt, der Katze den Pelz zu streicheln, bis es Funken gab.
„Guten Abend beisammen", sagte der Ferge, indem er eintrat und seinen dicken, groben Rock mit einem alten, gestrickten Wams vertauschte, denn Schlafrock und

Pantoffel sind auf dem Dorf noch nicht Mode, zumal in der Hütte eines armen Fergen. „Du kommst wieder zuletzt", sagte Annemarie, „der andere Ferge ist schon lange daheim." „Warum sollten wir alle erfrieren?", sagte gutmütig Hannes, „es kommen heut ja wenig Leute, hab ihn heimgehen lassen, ein andermal ist's an mir." „Ja, an dich kommt's nie", murmelte das Weib, „du bist nur zu gut." „Nichts Neues passiert, Hausherr?", fragte die gesprächige Base. „Passiert alleweil nichts", sagte gleichmütig der Ferge, „doch ja, Verwalters von drüben sind ein paar Mal hin und her gefahren mit allerlei Sachen, morgen kommt richtig die neue Herrschaft." „Ein absonderlich Geflüster, dass sie herziehen so mitten im Winter", meinte Annemarie, „und auch nicht recht schicklich, an einem so hohen Fest so ein Getu' anzustellen."

„Drum hat der junge Herr alles neu herrichten lassen", berichtete Bärbele, „Verwalters Liese hat mir's erzählt." „Ja, die weiß alles, der kleine Fürwitz", lachte wohlgefällig der Ferge, „die plappert wie ein Altes." „So schöne Tapeten seien da", erzählte Bärbele weiter, „und goldige Kronleuchter und Teppiche, o, ich möcht's nur sehen! und das alles kriegt die junge Frau zum Christtag. Mich lässt Verwalters Liese vielleicht einmal hineinsehen, wenn sie wieder verreist sind!" Und die Kleine hüpfte wieder bei dem bloßen Gedanken an die Herrlichkeit, die sie möglicherweise noch sehen dürfe.

Annemarie brachte die Kartoffeln und Suppe, von einem Festmahl am Heiligen Abend wusste man nichts, erst am Christfest wurden süße Birnschnitze gespeist. Die Base wurde zu Tisch geladen, was sie nur nach vielen Umständen annahm und sich zu jeder Kartoffel noch besonders nötigen ließ. Christoph war nicht so umständlich, der langte tapfer zu und ließ sich's gehörig schmecken. Bärbele war viel früher fertig und zupfte ihn ungeduldig am Wams: „Singt ihr noch nicht?", fragte sie leis. „Ist noch z' bald", sagte Christoph kurz. „Komm, wir wollen 'nausgehen und ein bisschen horchen, ob die anderen Buben noch nicht kommen!", bat Bärbele und Christoph ließ sich endlich dazu bewegen, obgleich er lieber am warmen Ofen sitzen geblieben wäre, es freute ihn, dass ihn das kleine Mädchen so mit Respekt betrachtete, seit sie wusste, dass er vom Turm singen dürfe.

Als die Kinder fort waren, holte Annemarie aus der Schublade ihrer einzigen Kommode die schönen, roten Äpfel, das große, bunt verzierte Lebkuchenherz und die Nüsse, die zu Bärbeles Bescherung bestimmt waren, und ordnete sie auf dem weißen, blau bemalten Porzellanteller, dem schönsten Stück ihres einfachen Gerätes. „Ist fast zu hoffärtig für uns", meinte Hannes, „so ein Staatslebkuchen wäre ja für den Spezial (Dekan) recht." „Ach was", entschuldigte Annemarie, „das arme Kind hat ja nicht einmal eine Dote wie die Kinder anderer Leute, da müssen die Eltern ein Übriges tun." „Ja, so ein Tröpflein, das die Nottaufe erhalten, dauert mich nachher immer", sagte die Base, „wenn es dann sein Lebtag ohne Döte und Dote herumlaufen muss." (Döte und Dote, die Taufpaten, sind nämlich auf dem Dorf in Schwaben gar eine wichtige Person für ihre Patchen; arme Leute wählen gewöhnlich wohlhabende Paten, und auch dem Ärmsten wird fast nie diese Bitte abgeschlagen. Außer der reichlicheren Weihnachtsgabe erhält das Patchen an der Konfirmation einen Teil des Anzugs, manchmal gar ein silbern beschlagenes Gebetbuch vom Herrn Döte oder der Frau Dote und wird da zu Gast geladen; auch in späteren Jahren nimmt sich manchmal eine gute Dote noch mütterlich eines verwaisten Kindes an.)

„Nun, was das betrifft", entgegnete Annemarie mit einigem Stolz, „so hätte unser Bärbele eigentlich eine fürnehme Dote, nur dass sie nicht da ist." „Ja, das ist eben gerade die Hauptsache, Hausfrau", meinte die Base, „aber wie ist's denn da zugegangen mit Bärbeles Taufe? Ich hab nur die Leute davon sagen hören, ich war ja dazumal noch nicht hier." „Der Hannes weiß's besser als ich", sagte Annemarie, „ich war dazumal so schwach, dass ich kaum aufsehen konnte." Hannes war nicht sehr aufgelegt zum Plaudern, am Ende aber ließ er sich doch von der neugierigen Base bewegen, mit seiner Geschichte herauszurücken.

„Heute sind's gerade sechs Jahr", hub er an, „es war fast eine Nacht wie diese im Vollmond, schier so hell wie am Tag, ich musste draußen am Neckar sein, da der andere Ferge krank lag, und ich tat's bitter ungern, denn das Bärbele war eben geboren worden und mein Weib lag gar schwach und krank daheim; ich wollt' aber doch aushalten bis zum Betglockenläuten und schaute also hinüber auf die andere Seite, wo das Schlösslein steht, in dem die alte gnädige Frau noch gelebt hat, und hab weiter an nichts gedacht als an mein Weib daheim. Da hör ich auf einmal einen hellen Schrei vom andern Ufer drüben und seh ein Weibsbild dem Wasser zuspringen und ein paar Mannspersonen mit Schreien und Johlen ihr nach. Da schrei ich aus aller Macht hinüber: ,Ich komm' und stoß ab, so schnell ich kann; die Kerle drüben springen davon und ich komm noch eben recht, dass ich das arme erschrockene Jungferle, das ganz bis zum Wasser her gesprungen war, ins Schiff tragen und herüberführen kann. Es war ein junges Fräulein und so erschrocken, dass sie lang schier gar nicht schnaufen, geschweige denn reden konnte." „Eine schöne Jungfer?", fragte Christine. „Darauf hab ich nicht geguckt", sagte Hannes trocken; Annemarie aber versicherte: „Bildschön, Base, bildschön! Sie hatte so schöne, rote Bäcklein und ein feines, himmelblaues Kleid und goldiges, helles Haar mit lauter Locken und einen Pelz! Die Königin kann es nicht fürnehmer haben." „So, ich hab geglaubt, du habest vor Schwäche nichts gesehen?", sagte Hannes mit komischer Verwunderung. „Ach was! Erzähl's nur weiter", rief Annemarie.

„Also, wie wir herüberkamen", fuhr Hannes fort, „erzählt sie mir nach und nach, dass sie auf Besuch sei im Schloss drüben und weil der Mond so schön geschienen habe, so habe sie und noch so ein Fräulein drüben ein bisschen lustwandeln wollen. Die vornehmen Leute haben oft gespäßige Gelüste, statt dass sie froh sein sollten in ihrer warmen Stube. Also, wie die zwei da 'rumspazieren, kommen ein paar rauschige Burschen daher, die sie erschrecken und ängstigen mit ihrem wüsten Geschrei. Die verzagten Jungferlein springen auseinander und wissen nicht wohin: die eine dem Schloss zu, die andere gegen den Neckar, wo ich sie dann geholt habe. Wie wir hübsch am Ufer waren und die Burschen drüben fort, wollte sie, ich sollte sie gleich wieder hinüberführen und bis ans Schloss begleiten, sie wollte mir ein gutes Trinkgeld geben. Aber es läutete die Betglocke und eine Nachbarin kam heraus und rief mir, ich solle gleich heimkommen, mein Kindlein sei so schwach und werde sterben. Da wusst' ich nicht, was mit dem Jungferle anfangen, es war niemand um den Weg, der sie hätte hinüberführen können, und jeden lass ich auch nicht an mein Schiff. So sagt' ich ihr, sie soll derweil mit mir in mein Haus kommen; sobald ich daheim wegkönne, wollt' ich sie wieder heimbringen und sie ging gutwillig mit, weil sie wohl musste. Wie ich heimkomm, ist das Tröpfle, das Bärbele, so schwach wie ein Lichtlein am Auslöschen, und mein Weib weinte, dass es ohne die heilige Taufe sterben sollte. Ich lass das Jungferle am Ofen sitzen und spring zum Herrn Pfarrer, der auch gleich mit mir kam, wie er ging und stand. Er konnte nicht mehr die heiligen Gefäße mitnehmen, ich brachte das Wasser in unserm Krug.

Das Jungferle hatte das Kindlein auf dem Arm und weinte. ‚Wollen Sie Taufzeugin sein?', fragte der Herr Pfarrer, der sich wohl auch verwunderte, wie eine so fürnehme Jungfer in unser armseliges Häuslein komme. ‚In Gottes Namen ja', sagte sie und stellt sich mit dem Kindlein vor ihn. ‚Wie soll das Kindlein heißen?', fragt er wieder. ‚Barbara', rief mein Weib, ihre Mutter selig hat so geheißen. ‚Amalie', sagte das Fräulein leise und der Pfarrer tauft es Barbara Amalie; dann hat er so schön andächtig dazu gebetet und das Kindlein, ob es zum Leben oder zum Tode bestimmt sei, dem Herrn so getreulich empfohlen, dass unsere Herzen ganz getröstet wurden.

Kaum war der Herr Pfarrer fort, so rufen mir die Nachbarsleute, am Ufer drüben laufe man mit Fackeln und Laternen herum und schreie herüber, es scheine, dass sie jemand suchen. ‚Ach, da sucht man mich!', rief das Fräulein, legte das Kindlein, das sie seither auf dem Arm gewiegt hatte, in sein Bettlein und sprang dem Neckar zu, so geschwind, dass ich kaum nachkam. Als ich sie hinübergeführt, waren drüben Bediente vom Schloss und Mägde und Frauenzimmer und es war ein Gefrage und Geküss', dass man meinte, sie sei eben von den Toten auferstanden; ich aber fuhr in der Stille wieder herüber, mich trieb's zu meinem Kindlein, ich fürchtete, ich treffe es tot. Aber es war noch am Leben, und der liebe Gott hat es uns erhalten bis auf den heutigen Tag."

„Und die vornehme Dote hat ihm gar nichts gegeben?", fragte Christine. „Ein goldenes Kreuzlein mit blauen Steinen, das sie an einem schwarzen Samtbändlein um den Hals trug, hat sie ihm aufs Kissen gelegt", sagte Annemarie, „und die alte gnädige Frau von drüben hat meinem Mann einen Taler Trinkgeld geschickt und mir eine Flasche alten Wein; die Fräulein Dote aber hat nichts mehr von sich hören lassen." „Das war aber doch nicht schön", meinte Christine, „wenn's auch nur eine Nottaufe war, die Dote ist sie doch immerhin." „Es ist ihr nicht so übel zu nehmen", sagte entschuldigend Annemarie, „wahrscheinlich ist sie bald heimgereist und vielleicht weit fort; die alte Frau ist gleich nachher gestorben, der junge Herr in die Fremde gereist, da ist sie wohl nicht wieder in die Gegend gekommen; für uns war es doch ein guter Abend: das große Trinkgeld! Und auch das Kind hat ja ein schönes Andenken. Und wie das schwächliche Kindlein so gediehen ist, habe ich oft denken müssen, das Fräulein habe ihm doch Glück gebracht, weil sie so gar schön und holdselig war und so andächtig gebetet hat unter der Taufe."

Annemarie hatte unter dem Reden ihre kleine Bescherung versteckt, denn Bärbele und Christoph waren ziemlich erfroren wieder hereingekommen und horchten aufmerksam ihrer Rede zu. Bärbele hörte gar zu gern von der unbekannten Dote erzählen und es war ein Fest für sie, wenn sie das goldene Kreuzchen sehen oder gar einmal umhängen durfte. Sie hatte keine Feenmärchen gehört oder gelesen, aber wunderbar wie eine Fee erschien das holdselige Fräulein im himmelblauen Kleid in ihren Träumen und sie meinte oft, die Dote müsse doch einmal wieder kommen.

Hannes war sehr müde und schläfrig und legte sich bald zu Bette, die Frauen aber hatten den Kindern versprochen aufzubleiben, bis man das Kindlein wiege; so suchten sie sich und die Kinder wach zu erhalten mit allerlei Geschichten und Gesprächen. Bärbele hatte viele schöne Weihnachtsreimlein von der Mutter gelernt und war stolz, dass sie fast noch mehr wusste als der große Christoph; am Ende aber schlummerte sie doch ein auf dem Schemel zu Füßen der Mutter, die wie die Christine auf dem Stuhl eingeschlafen war. Christoph hatte sich hinausgeschlichen, um sich mit den andern Knaben in der Schule zu versammeln, bis es Zeit sein würde, auf den Kirchturm zu steigen.

Bärbele wachte auf, als es still, ganz still in der Stube war; die Mutter und Christine schliefen noch, das Lämplein war erloschen, nur das klare Mondlicht erhellte das Stüblein. Sie schlich leise hinaus und blickte hinauf zum Turm, wo man einige Lichtlein funkeln sah. In dem Augenblick schlug die Glocke zwölf und von oben erklang von all den hellen Kinderstimmen das Wiegenlied des göttlichen Kindes: „Ehre sei Gott in der Höhe, der Herr ist geboren!" Das klang dem Kinde so wunderbar, wahrhaftig wie eine Stimme vom Himmel, sie dachte nicht mehr an die vornehme Pate, nicht an alle Herrlichkeit der Welt, die nicht für sie bestimmt war; es war ihr, als habe sie einen Strahl von dem Glanz des Himmels gesehen und tief, tief drückte sich das heilige Gefühl der Weihnacht in ihre junge Seele.

Der Morgen des heiligen Christfestes war angebrochen, ein klarer, frischer Wintermorgen, wie Tausende von Brillanten schimmerte der Schnee im Sonnenschein. Im Dorf herrschte die feierliche Stille, die auf dem Lande so schön den Sonntag vor den Arbeitstagen auszeichnete. In den Häusern rüstete man sich zum Kirchgang; nur Kinder sah man auf den Straßen, die blau gefrorenen Gesichtchen glänzend von der Freude des Morgens, da und dort biss eins in den köstlichen Lebkuchen; aus Häusern, wo man reichlicher bescherte, kamen kleine Mädchen mit rosenroten Schürzchen und einer neuen Puppe auf dem Arm, dicke Buben, die in eine hölzerne Trompete bliesen, und die andern sammelten sich um die Glücklichen und staunten die neuen Schätze an. Bärbele hatte keine Puppe und kein neues Schürzchen, mit dem verzierten Lebkuchen hatte die Mutter all ihre Mittel erschöpft; aber ihr Winterkleidchen, aus einem alten Rock der Mutter verfertigt, war sauber und warm, ihr blondes Haar war schön glänzend und glatt gekämmt und in Zöpfen geflochten, die zu ihrem großen Stolz hinten gerade wie Wegzeiger hinausstanden; sie war so vergnügt wie die andern und stellte sich mit dem schönen Lebkuchen, den sie gar nicht wagte anzubeißen, stolz unter die kleine Schar.

Aber als die Kinder zusammenstanden und sich erzählten, bis wann sie zu dem Döte oder der Dote bestellt seien, als nach der Kirche da und dort eines mit strahlendem Gesicht reich beladen mit den Geschenken einherzog, die kleinen Geschwister neugierig und jubelnd hinterdrein: Da ward der Bärbele doch das kleine Herzchen schwer und sie schlich sich betrübt zur Mutter, um zum hundertsten Male zu fragen, warum denn sie keine Dote habe. Um sie zu trösten, band ihr die Mutter das schöne goldene Kreuzchen um und versicherte ihr, das sei eigentlich mehr wert als alles, was die anderen Kinder von ihren Paten bekommen; nun war die Kleine wieder vollkommen glücklich, hob ihr Köpflein, so hoch sie vermochte, nur damit jedermann den neuen Schmuck an ihrem Hälschen sehen und bewundern konnte.

Nachmittags war im Dorf große Bewegung und die Straße stand voll Leute; der gnädige Herr vom Schlösslein drüben sollte mit seiner neuen Frau und vielen Gästen auf Schlitten durchs Dorf kommen. Sie hatten geglaubt, der Neckar werde fest genug gefroren sein, um die Fahrt auf Schlitten hinüber wagen zu können; dem war aber nicht so und die Fergen hielten das große Wagenschiff bereit, um sie hinüberzubefördern. Ein großer Schlitten war im Dorf eine seltene Erscheinung, da gewöhnlich hier der Neckar den Schlittenfahrten ein Ziel setzte, drum war Alt und Jung in Bewegung, da man auch neugierig war, den jungen Herrn Baron wieder zu sehen. Die Voreltern des Barons hatten freilich eine größere Bedeutung für die Dorfbewohner gehabt, ihnen hatte das Dorf mit einigen anderen der Gegend zu eigen gehört; jetzt hatte der junge Baron nur noch einige Rechte, den Besitz des Schlösschens und der schönen Güter, die dazugehörten; aber er war doch immer noch eine wichtige Person für die Bauern, die ihn hatten unter sich aufwachsen sehen; die alte gnädige Frau war sehr gut gegen die Armen gewesen, und man freute sich, das lang verschlossene Herrenhaus endlich wieder geöffnet zu sehen.

„Sie kommen, sie kommen!", schrien atemlos ein paar Knaben, die vors Dorf hinaus der Schlittenfahrt entgegengegangen waren und nun mit den Pferden um die Wette sprangen. Unter lustigem Schellengeklingel, mit mutigen Rossen bespannt, fuhren drei elegante Schlitten, mit Tiger- und Bärenfellen bedeckt, durchs Dorf; man erkannte den jungen Herrn an der freundlichen Höflichkeit, mit der er ringsum grüßte; auch die Dame neben ihm in dem weißen Pelz, dem blauen Samthut mit wehenden Federn verneigte sich freundlich; ihr Gesicht aber konnte man nicht recht sehen, da sie es mit einem feinen, blauen Schleier vor dem Wind geschützt hatte.

Am Neckarufer gab es zum großen Vergnügen der Zuschauer einen langen Aufenthalt, ein Teil der Herren und Damen wollten aussteigen und sich im Kahn übersetzen lassen, indes man die Schlitten langsam auf dem Wagenschiff überfuhr.

Während die anderen mühselig und langsam aus ihren Umhüllungen krochen, schlüpfte die junge Baronin gewandt aus dem warmen Fußsack und hüpfte aus dem Wagen. Die Bewunderung der Kinder, die mit aufgesperrten Mäulern zusahen, wurde durch die zierlichen Atlasstiefelchen, mit weißem Pelz besetzt, aufs Höchste gesteigert. Der Fergenhannes hatte seinen besten Sonntagsstaat angelegt, den dreispitzigen Hut statt der Pudelmütze aufgesetzt und stand bereit, seine vornehmen Kunden überzufahren. Der Wind wehte den Schleier zurück von dem schönen blühenden Gesicht der Dame und dem sonst so schweigsamen Fergen entschlüpfte ein Ausruf der Überraschung. Die Dame beachtete es nicht, sie blieb einen Augenblick stehen, eh sie das Schiff betrat, und blickte nachdenklich über den Fluss hinüber. „Da drüben bin ich einmal in großer Angst gestanden", sagte sie lächelnd zu ihrem Gemahl, „ich habe dir's schon einmal erzählt, es war am Weihnachtsabend. Ich war immer ängstlich und leicht zu erschrecken." „Drum brauchst du guten Schutz", sagte zärtlich der Baron und half ihr sorgsam in das Schiff.

Dem Christoph hatte der Ferge erlaubt, dass er rudern helfen durfte; Bärbele hatte sich ihr Vorrecht als des Fährmanns Töchterlein nicht nehmen lassen: Sie saß in ihrem Feststaat am Schnabel des Schiffs und schaute halb in Angst, halb in Freude mit ihren großen, runden Augen nach der schönen Dame, die ihr wie ein leibhafter Engel vom Himmel vorkam. Jetzt blickte auch die Dame auf das Kind und rief verwundert: „Das ist ja mein blaues Kreuzchen, das ich so gern als Kind und als Mädchen getragen! Kind, woher hast du das?" „Von meiner Dote", sagte Bärbele sehr bestimmt, in geheimer Angst, man wolle ihr ihr Kleinod nehmen. „Was ist eine Dote?", fragte die Dame, der diese Benennung fremd war, die aber eine plötzliche Erinnerung überflog. „Eine Dote ist eine, wo einem ein schönes Christkindl (Weihnachtsgeschenk) gibt!", rief Christoph herzhaft herüber, erschrak aber wieder über seine eigene Keckheit. Bärbele hatte die Mutter von frühsten Jahren an so oft und viel gefragt: „Was ist eine Dote?", dass sie die Antwort auswendig wusste und jetzt wie ein Sprüchlein andächtig hersagte: „Meine Dote hat in der heiligen Taufe für mich versprochen, dass ich dem lieben Gott wolle treu sein, sie hat auch versprochen, dass sie sich an Seel' und Leib um mich annehmen wolle." „Hat sie das?", fragte die Dame, der nun wieder die volle Erinnerung an jenen Weihnachtsabend erwachte, während der Ferge, der sie gleich erkannt, vom Ufer stieß, halb verlegen, halb verwundert über sein keckes, kleines Mädchen. „Und wie heißt denn deine Dote, mein Kind?", fragte nun die Baronin wieder, indem sie sich liebevoll zu der Kleinen niederbeugte. „Amalie", erwiderte Bärbele bestimmt, „und sie ist ein vornehmes Fräulein und ich heiße Barbara Amalie."
„Und Ihr habt mich geführt!", rief die Dame, sich rasch zu dem Fergen wendend, „und das ist das schwache Kindlein, das ich in der niederen Stube über die Taufe hielt in jener Nacht, die mir nachher immer wie ein Traum vorkam?" „Wann war denn das?", fragte der junge Baron, der nicht recht begriff, wovon die Rede sei. „O, du warst damals schon auf der Reise und ich war noch bei deiner Mutter", sagte die junge Frau und während der Ferge unter dem Rudern dem gnädigen Herrn die einfache Geschichte jener Nacht erzählte, hatte sie das Kind zu sich auf die Bank gesetzt und streichelte seine frischen, kalten Wangen und sagte ihm, dass sie die Dote Amalie sei, was dem Bärbele nun das Wunderbarste von allem erschien.

Sie waren am Ufer angekommen und Hannes wollte eilig abstoßen, um die anderen herüberzuholen; Bärbele wäre gern wie ein Fischlein geschwind hinübergeschwommen, um der Mutter die merkwürdige Geschichte zu verkünden. Die Baronin sagte nur noch im Aussteigen: „Bärbele, liebes Kind, willst du diesen Nachmittag mit deiner Mutter zu uns herüberkommen? Bitte, komm gewiss, ganz gewiss!" und sie ging mit ihrem Gemahl zu Fuß voraus, da die Schlitten noch nicht übergeschifft waren. Bärbele aber, sobald der Vater am anderen Ufer angefahren war, wollte nichts mehr sehen von Damen und Herren, sie sprang, so schnell ihre Füßchen gehen wollten, zur Mutter und schrie ganz atemlos: „Mutter, Mutter! Die Dote, die Dote Amalie, – und sie ist so arg schön, – und sie ist die neue gnädige Frau, und wir sollen zu ihr kommen!" Annemarie hatte nun zu tun, bis sie das Kind beruhigte und nach und nach die Sache erfuhr; da war's ihr denn freilich auch fast so merkwürdig wie ihrem Bärbele. Ja, es war so. Die neue gnädige Frau war die unbekannte Dote, die damals als ganz junges Fräulein in die arme Fergenhütte gekommen war. Die Zeit und ein rascher Wechsel von Erlebnissen hatten sie ganz das kleine Patchen vergessen lassen, das sie auch schon für sterbend gehalten, als sie es damals auf den Armen hielt; nun aber wollte sie das Versäumnis gutmachen.

Es war beinahe Abend, als endlich Frau Annemarie sich ein Herz gefasst hatte und im allerschönsten Putz mit ihrem Bärbele am Schloss drüben ankam, der Vater hatte sie nur bis ans Ufer begleitet. Mit Herzklopfen stiegen sie die neuen Treppen hinauf und betraten das schöne Vorzimmer, in dem sie die Kammerjungfer warten hieß. Sie durften nicht lange warten, bald kam die junge Frau Baronin selbst, die nun ohne die vielen warmen Hüllen dem Bärbele erst recht wie ein Engel vorkam. Sie bot der schüchternen Annemarie herzlich die Hand, freute sich, dass sie wieder so gesund und rüstig sei, und erzählte ihr die Ursache, warum sie so lange nicht mehr in die Gegend gekommen sei, sodass die gute Frau ganz zutraulich wurde. „Aber ich muss anzünden!", rief plötzlich die Dame und eilte rasch davon, nach einer Weile klang ein silbernes Glöckchen und Bärbele und ihre Mutter wurden von der Kammerfrau in den großen Saal geführt.

Ach, was für eine Herrlichkeit ging da dem armen Kinde auf! Zur anderen Türe waren all die Herren und Damen eingetreten, aber Bärbele scheute sich nicht vor ihnen, sie meinte fast, sie sei geradewegs in den Himmel hineingekommen, da kam es auf ein paar Engel mehr oder weniger nicht mehr an. Der große Saal war ganz neu und prächtig gemalt und von der Mitte der Decke hing ein kristallener Kronleuchter mit vielen hellen Kerzen, auf den Tischen unten brannten wieder viele Lichter in silbernen Leuchtern und grünen Tannenbäumen, die in der Eile noch vom Walde gebracht worden waren. Dazwischen stand prächtiges Zuckerwerk und reiche und zierliche Geschenke und die Lichter und die Geschenke und all das schöne, neue Gerät im Saal flimmerten und funkelten zusammen, dass es Bärbele war wie im Traum und auch Frau Annemarie nichts konnte, als ihre Hände zusammenschlagen.

„Sieh, Kind, das ist deine Bescherung", sagte die Dame vom Schloss und führte Bärbele an einen Tisch, der mit gar herrlichen Dingen besetzt war. „Komm, nimm, das ist alles dein", sagte sie ermutigend, „deine Pate ist dir ja von lange her das Weihnachtsgeschenk schuldig geblieben." Bärbele nahte zögernd mit gefalteten Händchen. Von der Mutter war sie gelehrt worden, eh sie daheim ihre kleine Bescherung in Empfang nahm, vorher ein Weihnachtsverslein zu beten, darum legte sie auch jetzt die Hände zusammen und betete, was ihr eben im Anblick dieser Pracht einfiel:

> „Der Sohn des Vaters Gott von Art,
> ein Gast in der Welt hie ward;
> er führt uns aus dem Jammertal
> und macht uns zu Erben in seinem Saal."

Die Herren und Damen, die auf das Bauernmägdlein wie auf ein ergötzliches Schauspiel gesehen hatten, fühlten ihr Herz seltsam bewegt von des Kindes frommen Worten und die Dote fürchtete fast, ob sie mit ihren reichen Geschenken nicht des Kindes einfachen Sinn verderben könnte. Sie hatte freilich nicht darauf gerechnet, dass sie heute noch einem Patchen bescheren werde, aber sie hatte ein gutes, freundliches Gemüt und wusste, dass sie überall Kinder treffe, denen sie Freude machen könne, darum hatte sie allerlei niedliche Kleinigkeiten mitgenommen, die jetzt lauter Wunder waren für Bärbele, dazu guten warmen Kleiderstoff, und als Königin über allem saß eine prächtige Puppe, Amalies eigene Puppe noch, die sie von den Kinderjahren her aufbewahrt hatte und die nun dem neu entdeckten Patchen geopfert wurde.

Bärbele brauchte eine gute Weile, bis ihre Schüchternheit und Überraschung sie zu Worte kommen ließ, bis sie wagte, so prächtige Dinge als ihr Eigentum anzusehen. Allmählich aber wachte ihre ganze Lebhaftigkeit auf, sie vergaß alles um sich her und brach zum großen Ergötzen ihrer Dote in lauten Jubel aus über jedes kleine Stückchen. „Lueg, Mutter, lueg!", rief sie immer wieder, „aber wie schön! Aber das ist noch schöner! Das ist am allerschönsten!" Freilich verstand sie den Gebrauch all der schönen Dinge nicht so recht, hielt das zierliche Häubchen für einen Halskragen, die gehäkelten Schuhe und das feine weiße Taschentüchlein für ein Halstuch, aber die Puppe, die prächtige Puppe! Die konnte sie gar nicht genug mit ihren verklärten Augen anstaunen. „Und das hat dir alles die gnädige Frau Dote gegeben", ermahnte sie die Mutter. „Ja", sagte ihr Bärbele halblaut ins Ohr, „aber ich weiß noch was, der liebe Gott ist eigentlich schuld dran, ich habe schon oft heimlich gebetet, er soll machen, dass auch meine schöne Dote wieder komme." Gerührt hörte es die Dote und gelobte sich im Stillen, auch durch zu viele Güte nicht den frommen, einfältigen Sinn des Kindes zu verwirren.

Als ein Wunder des Dorfes war Bärbele mit ihren Schätzen vom Schloss zurückgekommen, hatte aber all ihren kleinen Kameraden ausgeteilt und besonders ihren großen Kameraden Christoph nicht vergessen. So wunderbar und herrlich ist es nun freilich nicht immer zugegangen, die vornehme Pate lernte Maß halten in ihrer Güte. Aber sie hat sich getreulich des Kindes angenommen und ohne ihr die bescheidene Heimat und den Stand zu entleiden, in den sie Gott gesetzt hat, hat sie ihr vieles noch mitgeteilt, was ihren Geist aufhellte und ihr das Leben bereicherte, und, was sie geschickt machte, vielen mit ihren Kräften zu dienen. Bärbele wurde die freundliche, geduldige Gespielin der kleinen Barone und Baronessen, die treue befreundete Dienerin ihrer gütigen Pate, auf die sie sich verlassen konnte in allen Dingen.

Viele Jahre sind nun seit jenem Weihnachtsabend vergangen, der Fergenhannes und seine gute Annemarie ruhen im Grabe, die Baronin Amalie auch und ihre Kinder sind in fernen Landen. Das Schloss aber wird schön und sorgfältig im Stande gehalten von der stattlichen Frau Verwalterin, die einmal das kleine Bärbele war. Bärbele ist Witwe und haust mit ihrem Töchterlein Amalie in einem unteren Zimmer des Schlosses, die schönen Zimmer hütet sie und hält sie in Ehren auf die Zeit, wo die Herrschaft wieder einmal einziehen wird. Die Frau Verwalterin ist weit umher geehrt und gesucht wegen ihrer Herzensgüte und wegen des klugen und verständigen Rats, den Arm und Reich bei ihr findet. Am Abend spaziert sie oft hinunter zur Fähre und plaudert da ein halb Stündchen mit dem Fergen; er heißt nicht mehr Fergenhannes, aber Fergenstoffel und ist Bärbeles alter Kamerad Christoph. Wenn Weihnachten kommt, so erzählt sie wohl ihrer Tochter manchmal von jenem wunderbaren Christfest, wo die fremde Dote gekommen und ihr so viel Herrliches beschert, aber sie schüttelt mit wehmütigem Lächeln den Kopf dazu und sagt: „Das ist nun alles längst vorüber."; wenn aber in der Heiligen Weihnacht um die Mitternachtsstunde der Gesang vom Turme tönt: „Ehre sei Gott in der Höhe, der Herr ist geboren!", so schaut sie mit freudig leuchtendem Blick gen Himmel und sagt: „Das geht nicht vorüber und die schönste Weihnacht ist uns noch aufgehoben."

CHRISTABEND

Wie die hellen Lichter scheinen!
Und die Kinder sind gekommen,
all die großen, all die kleinen,
haben ihr Geschenk genommen.

Spielwerk bringt es uns zum Spielen,
das geliebte Wunderkind.
Spielen mögen wir und fühlen,
dass wir wieder Kinder sind.

Süße Früchte, fremder Blüten
trägt es in der zarten Hand,
wie sie Engel ziehn und hüten
in dem sel'gen Himmelsland.

Und so hat es tausend Gaben
allen Menschen mitgebracht,
alle Herzen zu erlaben
in der hoch gelobten Nacht.

Auch Versöhnung, ew'ges Leben,
Trost und Freiheit, Gnadenfüll',
Gottes Wort, umsonst gegeben
jedem, welcher hören will.

Nimmer kann ich euch vergessen,
all ihr schönen Christgeschenke!
Abgrund, reich und unermessen,
drein ich liebend mich versenke.
Max von Schenkendorf

DER STERN VON BETHLEHEM

Es stand ein Stern ob einem Dach,
dem reisten Weise und Könige nach;
und war kein Schloss und kein Palast
dem seligen Sterne Lust und Rast:
War nur ein Hüttlein und ein Stall.
Und ging doch von ihm aus ein Schwall
von Licht und allerhellstem Schein.
Denn in ihm lag ein Kindlein klein,
des Herz war aller Liebe Samen,
darum die Weisen und Könige kamen.
Die Weisen und Könige boten dar,
was ihre Weisheit und Reichtum war.

Die Weisen und Könige knieten hin
und fühlten des Lebens geheiligten Sinn;
die Weisen und Könige hatten das Glück
gesehn und gewonnen und reisten
zurück.
Das ist vor grauer Zeit geschehn.
Kein Stern blieb seither stille stehn
und Weise und Könige sind zumeist
anderen Sternen nachgereist.
Doch immer, wenn das rollende Jahr
zum Tag kommt, da es geschehen war,
dass zu Bethlehem der heilige Christ
der wirren Welt geboren ist,
entzünden wir kleiner Sterne Schein
und kehren in uns selber ein
und fühlen, dass sehr weise gewesen
die Wanderer aus Morgenland,
die sich dem Sterne zugewandt,
von dem wir in den Büchern lesen.
Otto Julius Bierbaum

In dulci jubilo

In dul - ci ju - bi - lo,_____ nun sin - get und seid froh!_____

Un - sers Her - zens Won - ne liegt in prae - se - pi - o,_____ leucht't

hel - ler als die Son - ne, ma - tris in gre - mi - o._____

Al - pha est et O,_____ Al - pha est et O._____

2. O Jesu parvule,
nach dir ist mir so weh.
Tröst mir mein Gemüte,
o puer optime,
durch alle deine Güte,
o princeps gloriae.
Trahe me post te.

3. Ubi sunt gaudia?
Nirgend mehr denn da,
da die Engel singen
nova cantica
und die Schellen klingen
in regis curia.
Eia, wär'n wir da!

Melodie und Text: Volksgut

MANDELSTERNE
250 g Mehl, 100 g Zucker,
1 Eigelb, 200 g Butter,
100 g gemahlene Mandeln,
75 g gehackte Mandeln

Mehl, Zucker, Eigelb, Butter in Flöckchen, gemahlene Mandeln und 50 g gehackte Mandeln verkneten, den Teig eine Stunde in den Kühlschrank geben. Zwischen Klarsichtfolie ca. 3 mm dick ausrollen, ca. 4 cm große Sterne ausstechen, mit den restlichen gehackten Mandeln bestreuen, auf mit Backpapier ausgelegte Bleche legen und bei 200 °C ca. 10 Minuten backen.

ST. NIKLAS' AUSZUG

St. Niklas zieht den Schlafrock aus,
klopft seine lange Pfeife aus
und sagt zur heiligen Kathrein:
„Öl mir die Wasserstiefel ein,
bitte, hol auch den Knotenstock
vom Boden und den Fuchspelzrock;
die Mütze lege obenauf,
und schütt dem Esel tüchtig auf,
halt auch sein Sattelzeug bereit!
Wir reisen, es ist Weihnachtszeit.
Und dass ich's nicht vergess, ein Loch
ist vorn im Sack, das stopfe noch!
Ich geh derweil zu Gottes Sohn
und hol mir meine Instruktion.

Die heil'ge Käthe, sanft und still,
tut alles, was St. Niklas will.
Der klopft indes beim Herrgott an;
St. Peter hat ihm aufgetan
und sagt: „Grüß Gott! Wie schaut's denn aus?"
und führt ihn ins himmlische Werkstättenhaus.
Da sitzen die Englein an langen Tischen,
ab und zu Feen dazwischen,
die den Kleinsten zeigen, wie's zu machen,
und weben und kleben die niedlichsten Sachen,
hämmern und häkeln, schnitzen und schneidern,
fälteln die Stoffe zu niedlichen Kleidern,
packen die Schachteln, binden sie zu
und haben so glühende Bäckchen wie du!

Herr Jesus sitzt an seinem Pult
und schreibt mit Liebe und Geduld
eine lange Liste. Potz Element,
wie viel artige Kinder Herr Jesus kennt!
Die sollen die schönen Engelsgaben
zu Weihnachten haben.

Was fertig ist, wird eingepackt
und auf das Eselchen gepackt.
St. Niklas zieht sich recht warm an –
Kinder, er ist ein alter Mann! –
und es fängt tüchtig an zu schnei'n,
da muss er schon vorsichtig sein!

So geht es durch die Wälder im Schritt,
manch Tannenbäumchen nimmt er mit,
und wo er wandert, bleibt im Schnee
manch Futterkörnchen für Hase und Reh.
Leise macht er die Türen auf,
jubelnd umdrängt ihn der kleine Hauf':
„St. Niklas, St. Niklas,
was hast du gebracht?
Was haben die Englein
für uns gemacht?"
„Schön Ding! Gut Ding!
Aus dem himmlischen Haus!
Langt in den Sack!
Holt euch was raus."

Paula Dehmel

Wenn's Christkind Tränen weint,
vier Wochen keine Sonne scheint.
Bauernweisheit

Ist am Abend die Christnacht klar,
ohne Regen, nimm es wahr,
ob die Sonne hat morgens
ihren Schein, das nächste Jahr
wird werden viel Wein.
Bauernweisheit

CHRISTKINDL-AHNUNG IM ADVENT

Von Ludwig Thoma

Erleben eigentlich Stadtkinder Weihnachtsfreuden? Erlebt man sie heute noch? Ich will es allen wünschen, aber ich kann es nicht glauben, dass das Fest in der Stadt mit ihren Straßen und engen Gassen das sein kann, was es uns Kindern im Walde gewesen ist. Der erste Schnee erregte schon liebliche Ahnungen, die bald verstärkt wurden, wenn es im Haus nach Pfeffernüssen, Makronen und Kaffeekuchen zu riechen begann, wenn am langen Tische der Herr Oberförster und seine Jäger mit den Marzipanmodeln ganz zahme, häusliche Dinge verrichteten, wenn an den langen Abenden sich das wohlige Gefühl der Zusammengehörigkeit auf dieser Insel, die Tag um Tag stiller wurde, verbreitete. In der Stadt kam das Christkind nur einmal, aber in der Riss wurde es schon Wochen vorher im Walde gesehen, bald kam der, bald jener Jagdgehilfe mit der Meldung herein, dass er es auf der Jachenauer Seite oder hinter Ochsensitzer habe fliegen sehen.

In klaren Nächten musste man bloß vor die Türe gehen, dann hörte man vom Walde herüber ein feines Klingeln und sah in den Büschen ein Licht aufblitzen. Da röteten sich die Backen vor Aufregung und die Augen blitzten vor freudiger Erwartung. Je näher aber der Heilige Abend kam, desto näher kam auch das Christkind ans Haus, ein Licht huschte an den Fenstern des Schlafzimmers vorüber und es klang wie von leise gerüttelten Schlittenschellen.

Da setzten wir uns in den Betten auf und schauten sehnsüchtig ins Dunkel hinaus; die großen Kinder aber, die unten standen und auf einer Stange Lichter befestigt hatten, der Jagdgehilfe Bauer und sein Oberförster, freuten sich kaum weniger.

Es gab natürlich in den kleinen Verhältnissen kein Übermaß an Geschenken, aber was gegeben wurde, war mit aufmerksamer Beachtung eines Wunsches gewählt und erregte Freude. Als meine Mutter an einem Morgen nach der Bescherung ins Zimmer trat, wo der Christbaum stand, sah sie mich stolz mit meinem Säbel herumspazieren, aber ebenso frohbewegt schritt mein Vater im Hemde auf und ab und hatte den neuen Werderstutzen umgehängt, den ihm das Christkind gebracht hatte.

Wenn der Weg offen war, fuhren meine Eltern nach den Feiertagen auf kurze Zeit zu den Verwandten nach Ammergau. Ich mag an die fünf Jahre alt gewesen sein, als ich zum ersten Male mitkommen durfte, und wie der Schlitten die Höhe oberhalb Wallgau erreichte, von wo aus sich der Blick auf das Dorf öffnet, war ich außer mir vor Erstaunen über die vielen Häuser, die Dach an Dach nebeneinander standen. Für mich hatte es bis dahin bloß drei Häuser in der Welt gegeben.

PFEFFERNÜSSE

500 g Honig, 300 g Zucker,
3 Eier, 15 g Hirschhornsalz, je 1 Teelöffel gemahlener Zimt und weißer Pfeffer,
½ Teelöffel gemahlene Gewürznelken,
je 1 Messerspitze Muskatnuss, Koriander, Ingwerpulver, Piment und Kardamom,
1000 g Mehl, 100 g Puderzucker

Den Honig bei geringer Hitze dünnflüssig werden lassen, Zucker, Eier, Hirschhornsalz und alle Gewürze gut mit dem Honig verrühren. Das gesiebte Mehl nach und nach unterrühren, dann unterkneten. Aus dem Teig Kugeln (ca. 2 cm Ø) formen und in ausreichendem Abstand auf mit Backpapier ausgelegte Bleche setzen. Die Pfeffernüsse im auf 190 °C vorgeheizten Backofen 15–20 Minuten goldgelb backen, auf einem Kuchengitter abkühlen lassen. Aus dem Puderzucker mit wenig Wasser einen Guss zubereiten und die Pfeffernüsse damit überziehen.

WEIHNACHT

Sel'ge Stunde!
Frohe Kunde
hat der Engel uns gebracht!
Auf und nieder
klingen Lieder
durch die heilig stille Nacht.

Wenn's um Weihnacht feucht und nass,
gibt's leere Speicher und leere Fass'.
Bauernweisheit

Aus der Ferne
winken Sterne
uns nach Bethlehem hinab.
Lasst uns sehen,
was geschehen,
gürtet euch und greift zum Stab!

Eingetreten,
lasst uns beten,
wo mit Gnade Gott uns krönt
in dem Einen,
sündlos Reinen,
der die Welt mit ihm versöhnt.
Julius Sturm

Ist's zu Weihnacht
warm und lind,
kommt zu Ostern
Schnee und Wind.
Bauernweisheit

Joseph, lieber Joseph mein

Jo - seph, lie - ber Jo - seph mein, hilf mir wieg'n mein

Kin - de - lein, Gott, der wird dein Loh - ner sein im

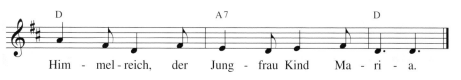

Him - mel - reich, der Jung - frau Kind Ma - ri - a.

2. Gerne, liebe Maria mein,
helf ich wieg'n dein Kindelein,
Gott, der wird mein Lohner sein
im Himmelreich, der Jungfrau Sohn Maria.

3. Heut soll alle Welt fürwahr
voller Freude kommen dar
zu dem, der vor Abrah'm war,
den uns gebar die reine Magd Maria.

Melodie und Text: Volksgut

MANDELECKEN

250 g Mehl, 200 g Butter,
125 g Zucker, 100 g Marzipan-Rohmasse, 100 g geriebene Mandeln,
2 Eigelb, 3 Eiweiß,
1 Päckchen Vanillezucker,
1 Prise Salz, 10 Milliliter Bittermandelaroma,
100 g Mandelblättchen,
3 Esslöffel Puderzucker

Mehl, Butter, Zucker, Marzipan, geriebene Mandeln, Eigelbe, 2 Eiweiße, Vanillezucker, Salz und Bittermandelaroma in einer Schüssel gut vermischen. Den Teig eine
Stunde im Kühlschrank ruhen lassen. Danach ca. 5 mm dünn ausrollen, mit dem
Teigrad Dreiecke ausschneiden, auf ein mit Backpapier ausgelegtes Blech legen, mit
dem restlichen Eiweiß bestreichen und mit Mandelblättchen bestreuen. Bei 180 °C
ca. 15 Minuten goldbraun backen, abkühlen lassen, mit Puderzucker bestäuben.

Vor Weihnachten viel Wasser,
nach Johanni (24. Juni) kein Brot.
Bauernweisheit

Besser, die Weihnachten knistern,
als dass sie flüstern.
Bauernweisheit

Wenn Weihnachten
der Mond zunimmt,
dann ist das Jahr drauf
gut gesinnt.
Bauernweisheit

KNECHT RUPRECHT IN NÖTEN

Knecht Ruprecht kratzt sich seinen Bart
und rückt zurecht die Brille:
Ihr Engelskinder, lärmt nicht so,
seid mal ein bisschen stille!
Kommt, rückt hübsch artig zu mir ran,
seht euch mal das Bestellbuch an!

Was steht hier auf dem ersten Blatt?
Was auf dem zweiten, dritten?
Was steht am Ende von dem Buch?
Was steht hier in der Mitten?
Ach Weihnachtsmann, wir bitten sehr,
schick uns doch mal das Luftschiff her!

Hans möchte nach Amerika
und Fritz zu Tante Lotte,
Kurt durch die Luft zu Großpapa,
Marie zum lieben Gotte;
Georg will bloß nach Neuruppin
mit Zeppelin, mit Zeppelin.

Ach Zeppelin, du Zaubermann,
's ist aus der Haut zu fahren,
das ganze liebe kleine Pack
will bloß noch Luftschiff fahren;
dein Fahrzeug ist ja viel zu klein,
da gehn nicht alle Kinder 'rein.

Ihr Engelskinder, helft mir doch
in meinen Weihnachtsnöten,
baut mir ein Luftschiff riesengroß
mit hunderttausend Böten,
lasst lustig die Propeller gehn,
da sollt ihr mal die Freude sehn!

Hurra, schreit da die Engelschar,
wir helfen alle, alle.
Nach dreien Tagen, blitzeblank,
steht's Luftschiff in der Halle.

Dank schön, sagt Ruprecht, fährt hinab,
holt alle Jungs und Mädels ab
zur Flugfahrt durch die Welten.
Ob sie sich nicht erkälten?
Paula Dehmel

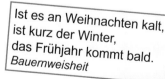

Ist es an Weihnachten kalt,
ist kurz der Winter,
das Frühjahr kommt bald.
Bauernweisheit

DIE WEIHNACHTSGESCHICHTE: CHRISTI GEBURT

Ev. Lucä 1. 2. (Lukasevangelium, 1–20)

(1) Es begab sich aber zu der Zeit, dass ein Gebot vom Kaiser Augustus ausging, dass alle Welt geschätzt würde. (2) Und diese Schätzung war die allererste und geschah zur Zeit, da Qyrenius Landpfleger in Syrien war. (3) Und jedermann ging, dass er sich schätzen ließe, ein jeglicher in seine Stadt. (4) Da machte sich auf auch Joseph aus Galiläa, aus der Stadt Nazareth, in das jüdische Land zur Stadt Davids, die da heißt Bethlehem, darum dass er von dem Hause und Geschlechte Davids war, (5) auf dass er sich schätzen ließe mit Maria, seinem vertrauten Weibe, die war schwanger. (6) Und als sie daselbst waren, kam die Zeit, dass sie gebären sollte. (7) Und sie gebar ihren ersten Sohn und wickelte ihn in Windeln und legte ihn in eine Krippe; denn sie hatten sonst keinen Raum in der Herberge. (8) Und es waren Hirten in derselbigen Gegend auf dem Felde bei den Hürden, die hüteten des Nachts ihre Herde. (9) Und siehe, des Herrn Engel trat zu ihnen und die Klarheit des Herrn leuchtete um sie; und sie fürchteten sich sehr. (10) Und der Engel sprach zu ihnen: Fürchtet euch nicht; siehe, ich verkünde euch große Freude, die allem Volk widerfahren wird; (11) denn euch ist heute der Heiland geboren, welcher ist Christus, der Herr, in der Stadt Davids. (12) Und das habt zum Zeichen: Ihr werdet finden das Kind in Windeln gewickelt und in einer Krippe liegen. (13) Und alsobald war da bei dem Engel die Menge der himmlischen Heerscharen; die lobten Gott und sprachen: (14) Ehre sei Gott in der Höhe und Friede auf Erden, und den Menschen ein Wohlgefallen! (15) Und da die Engel von ihnen gen Himmel fuhren, sprachen die Hirten untereinander: Lasst uns nun gehen gen Bethlehem und die Geschichte sehen, die da geschehen ist, die uns der Herr kundgetan hat. (16) Und sie kamen eilend und fanden beide Maria und Joseph, dazu das Kind in der Krippe liegen. (17) Da sie es aber gesehen hatten, breiteten sie das Wort aus, welches zu ihnen von diesem Kind gesagt war. (18) Und alle, vor die es kam, wunderten sich der Rede, die ihnen die Hirten gesagt hatten. (19) Maria aber behielt alle diese Worte und bewegte sie in ihrem Herzen. (20) Und die Hirten kehrten wieder um, priesen und lobten Gott um alles, das sie gehört und gesehen hatten, wie denn zu ihnen gesagt war.

DIE BEIDEN HIRTENBUBEN

Ich will dem Kindlein schenken
ein silberweißes Lamm.
So viel ich mich bedenke,
kein schönres ich bekam;
es hat zur linken Seite
wie Blut so rot ein' Fleck.
Weiß nicht, was das bedeutet
und was dahintersteckt.

Und ich schenk diesem Kinde
ein Kälblein zart und klein,
mit roten Bändern binde
ich ihm die Füßlein sein;
und so will ich es tragen,
gar schön auf meinem Hals,
das Kindlein wird da sagen:
„Ach, Mutter, mir gefallt's."

Des Knaben Wunderhorn

Kling, Glöckchen, klingelingeling

Kling, Glöck-chen, klin-ge-lin-ge-ling, kling, Glöck-chen kling!

Lasst mich ein, ihr Kin-der, ist so kalt der Win-ter,

öff-net mir die Tü-ren, lasst mich nicht er-frie-ren.

Kling, Glöck-chen, klin-ge-lin-ge-ling, kling, Glöck-chen, kling!

2. Kling, Glöckchen, klingelingeling,
kling, Glöckchen, kling!
Mädchen, hört, und Bübchen,
macht mir auf das Stübchen,
bring euch viele Gaben,
sollt euch dran erlaben.
Kling, Glöckchen, klingelingeling,
kling, Glöckchen, kling!

3. Kling, Glöckchen, klingelingeling,
kling, Glöckchen, kling!
Hell erglühn die Kerzen,
öffnet mir die Herzen,
will drin wohnen fröhlich,
frommes Kind, wie selig.
Kling, Glöckchen, klingelingeling,
kling, Glöckchen, kling!

Melodie: Volksgut; Text: Theodor Enslin

EINE WEIHNACHTSGESCHICHTE

Von Heinrich Seidel

Es hatte vierzehn Tage lang gefroren wie in Sibirien. Auf dem höchsten Berg im Lande saß der alte Wintergreis mit seinem bläulichen Gewande und seinem lang hinstarrenden Schneebart und ihm war so recht behaglich zumute, wie einem Menschengreise, wenn er hinter dem Ofen sitzt und das Essen ihm geschmeckt hat und alles gut geht. Zuweilen rieb der alte Winter sich vor Vergnügen die Hände – dann stäubte der feine, schimmernde Schnee wie Zuckerpulver über die Erde; bald lachte er wieder still vor sich hin und es gab Sonnenschein mit klingendem Frost. Der schneidende Hauch seines Mundes ging von ihm aus und wo er über die Seen strich, zerspaltete das Eis mit lang hindonnerndem Getöse und wo er durch die Wälder wehte, zerkrachten uralte Bäume von oben bis unten.

„Habe Erbarmen, alter Wintergreis!", flehte ich, „und lass ab, denn es ist Weihnachten und ich muss pelzlos nach Hause reisen." Der Alte fühlte ein menschliches Rühren, lehnte sich mit dem Rücken gegen die uralte Eiche, die auf dem hohen Berge steht, schloss die Augen und duselte ein wenig. So gelangte ich denn ohne Gefährde in meine Vaterstadt zu meiner Mutter. – Wohl dem, der noch eine sichere Stätte hat in der weiten Welt, wo er sich geliebt weiß, wo die treuen Augen der Mutter auf ihn sehen, die schon voll Liebe auf ihm ruhten, als er noch klein und hilflos auf ihrem Schoße spielte.

Da bin ich wieder in den kleinen, wohl bekannten Zimmern und die freundlichen Augen werden nicht müde, mich zu betrachten; ich muss erzählen, wie es mir ergangen ist und auch das Kleinste ist dabei nicht zu unwichtig. Dann stürmt mein Bruder Hermann ins Zimmer, der Primaner und Naturforscher, und kaum hat er mich begrüßt, so erzählt er schon. „Du, Eduard, die Eislöcher auf dem großen See wimmeln von nordischen Enten, die hier überwintern, und am Schlossgartenbach habe ich wieder Eisvögel beobachtet." Polly, der braun gefleckte Wachtelhund, ein außerordentlich gebildetes Tier und Zögling meines Bruders, springt in ausgelassener Wiedererkennungsfreude an mir empor und muss sofort seine neu erlernten Künste zeigen. Dann kommt auch Murr, der weiße, gelb gestreifte Kater, reserviert, wie Katzen sind, leise gegangen und reibt sich schnurrend an meinem Knie, auch er hat mich nicht vergessen. Er hat Menschenverstand, wie meine Mutter sagt, und wenn er zuweilen des Abends würdevoll mit dem um die Vorderfüße geringelten Schwanz auf der Sofalehne sitzt und einen der Sprechenden nach dem andern aufmerksam anblickt, so ruft meine Mutter oft plötzlich, wenn von Geheimnissen die Rede ist: „Sprecht doch leise, der Kater versteht ja alles!" Und von Geheimnissen wimmelt das Haus jetzt förmlich; da erscheint Paul, der Jüngste, der Obertertianer, der noch gar nicht weiß, dass ich gekommen bin, plötzlich in der Tür, etwas leicht in Papier Geschlagenes in der Hand tragend. Aber kaum hat er mich erblickt, als er, statt mich zu begrüßen, voll Entsetzen wieder hinausspringt und erst nach einiger Zeit ohne das Paket mit vergnügtem Lächeln wieder zurückkehrt. „Feine Schlittschuhbahn", lautet sein Bericht, „wir sind gestern schon nach Nusswerder gelaufen, der große See ist ganz zu."

Dann wird alles revidiert im ganzen Hause, das Alte, ob es noch das Alte ist, und dann das Neue. Alle die bekannten Ecken und Eckchen, aus denen die Erinnerung lächelt, die alten Bücher, aus denen dem Kindersinn der Zauber der Dichtung emporblühte. Selbst der Garten wird aufgesucht, und dann geht es den Gang zwischen bereiften Hecken hinunter zum See, der weit in seiner glänzenden Eisdecke schimmernd daliegt, denn hier hat es gar nicht geschneit, und es ist eine Schlittschuhbahn wie selten. Ich probiere einmal vorläufig das Eis und dann geht es wieder zurück zu den Stübchen meiner Brüder. Dort sind Hermanns selbst erzogene afrikanische Finken zu bewundern, ausländische Schildkröten und Molche und andere naturhistorische Errungenschaften. Paul hat aus Holz gesägte Sachen vorzuzeigen und eine heimliche Zigarrenspitze, deren vorzügliche Angerauchtheit, und eine unerlaubte Pfeife, deren echten Weichholzgeruch ich bewundern muss.

Dann kommt nun der Weihnachtsabend selber und mit ihm die gute Tante Amalie, die mich schon so oft auf die Strümpfe gebracht hat, denn sie strickt mir immer so schöne, warme, und ihr Dienstmädchen trägt einen höchst verdächtigen Korb und mit Tante Amalie kommt Cousine Helene, meine kleine Feindin. Sie ist nun eigentlich kaum meine Cousine, denn die Verwandtschaft ist so künstlich, dass Tante Amalie fünf Minuten braucht, um sie auseinanderzusetzen und ich sie noch nie begriffen habe. Aber wir nennen uns Cousine und Vetter und du, denn wir kennen uns schon von der Zeit an, als Tante Amalie die kleine zehnjährige Waise zu sich nahm und das ist nun gerade acht Jahre her. „Kinder, vertragt euch!" ist das Erste, was Tante Amalie zu uns sagt; sie weiß aus Erfahrung, dass es dieser Warnung bedarf, denn wir stehen im Allgemeinen auf dem Kriegsfuß.

„O, ich werde schon mit ihm fertig!", sagt Helene mit einem kleinen Trotzblick, der wenig Gutes verspricht. Die Mutter und Tante Amalie verschwinden zu heimlichen Vorbereitungen in den Festgemächern und ich petitioniere ebenfalls um Zulassung, da ich – mit einem Blick auf Helene – doch nicht mehr zu den Kindern zu rechnen sei. „Nehmt den alten Meergreis nur mit", meint sie, aber es wird mir nicht gestattet. „Schenkst du mir denn auch etwas, Helenechen, mein Schwänchen?", frage ich mit einem alten Kinderreim. Sie ist immer schlagfertig: „Ich schenke dir kein Tränchen, doch Tante Malchen schenkt dir was für deine langen Benechen", sagt sie schnippisch. „Ich weiß auch gar nicht", lässt sich der biedere Paul vernehmen, „ihr hackt euch doch immer, wo ihr euch seht."

„Du ahnungsvoller Engel, du", meint Helene und streichelt sein würdiges Haupt. „Hast du schon mal einen Engel gesehen", fragt Hermann nun ironisch, „der karierte Hosen anhat und heimlich Zigarren raucht?" „Ihr seid schrecklich. Alle miteinander", sagt Helene, „ist das eine Weihnachtsstimmung und sind das Weihnachtsgespräche?" „Das ist nur äußerlich", meine ich, „innerlich, da sind Lichter in unseren Herzen angezündet und das Gemüt ist voll Weihnachtsduft." „Um Gottes willen!", seufzt Helene.

Das Klavier steht geöffnet. „Lasst uns singen", bitte ich. Helene sieht mich fast dankbar an: „Aber was denn?" „Unser Weihnachtslied: Morgen, Kinder, wird's was geben, morgen werden wir uns freu'n." Und nun wird es gesungen, das alte, harmlose Lied, das eigentlich gar nicht mehr passt, da dies „Morgen" schon heute ist. Dann singt Helene mit ihrer klaren Stimme: „O du fröhliche, o du selige, Gnaden bringende Weihnachtszeit ..." und dann: „Es ist ein' Ros' entsprungen ..." und dann mit einmal tönt die Glocke und der Moment, der so manches Mal mein Herz mit süßem Schauer erfüllt hat, ist da.

Der Weihnachtsbaum, mit Silber- und Goldketten, Fähnchen, Netzen und Sternen und mancher verlockenden Frucht behangen, strahlt mir entgegen, ach, nimmer so herrlich wie einst, da sein Glanz durch das ganze Jahr einen wärmenden Schein breitete und schon lange vorher beim Ausblasen einer Wachskerze das Herz in süßem, ahnungsvollem Schauer erbebte: „Es riecht nach Weihnachten."

Wir suchen nun jeder den Ort, wo ihm die Liebe etwas aufgebaut hat. Selbst Polly und Murr sind nicht vergessen. Jenem ist unter dem Tisch auf einem Schemelchen die delikate Knackwurst in einem Kranz von Pfeffernüssen zugedacht und ein eigenes Lichtlein dabei angezündet. Der würdige Kater dagegen findet seine Bescherung auf seinem Lieblingsplatz, dem Fensterbrett. Sie besteht in einem Schälchen Milch und einem Halsband mit seinem Familiennamen, von Helenes kunstfertiger Hand gestickt. „Es ist eigentlich unchristlich für so unvernünftige Tiere", sagt Tante Amalie, aber sie lächelt doch im Stillen darüber. Das heimliche Paket, das Paul vorhin so schnell verbarg, gibt sich als ein aus Holz künstlich gesägter Gegenstand zu erkennen, der in Gestalt eines lustigen Schweizerhäuschens meiner Taschenuhr zum nächtlichen Wohnplatz dienen soll. Er hat überhaupt diesen Industriezweig auf alle Anwesenden ausgedehnt. Tante Amalie meint: „Du hast uns wohl alle besägt."

Plötzlich wird die Tür aufgerissen und die zu einer unnatürlichen Tiefe verstellte Stimme des Dienstmädchens lässt sich vernehmen: „Julklapp!" und ein in Papier gewickelter Gegenstand fällt ins Zimmer. „An Eduard" ist er adressiert. Viel Papier fliegt hastig abgerissen zu Boden und Helene macht sich durch eine verhehlte Spannung verdächtig. Endlich kommt ein zierlich in Perlen gesticktes Hausschlüsselfutteral zum Vorschein. „Von dir, Helene?" „Nur aus Bosheit", ist die Antwort, „weil ich weiß, dass du gestickte Sachen verabscheust."

„Das musst du anerkennen", sagt Tante Amalie, „es ist eine sehr mühsame Arbeit, sie hat drei Wochen daran gearbeitet." „Ach, nicht doch", meint abwehrend Helene. „Ich will es dir zu Ehren alle Abende benutzen", sage ich. Dagegen protestiert nun aber die Mutter: „Was, ihr wollt meinen Ältesten auf Abwege bringen?!" Wieder geht die Türe auf, wieder eine andere Nuance von Dorotheas wandelfähigem Organ: „Julklapp!" und eine große Kiste wird hereingeschoben mit der Adresse: „An Helene." Diese sieht mich voller Verdacht von der Seite an. „Darin ist gewiss eine große Schändlichkeit von dir", meint sie, „ich mache es gar nicht auf", aber sie hat schon den Deckel der Kiste abgeschoben. Ein mächtiges Paket, in Papier gesiegelt, kommt zum Vorschein. Aus dem Papier entwickelt sich eine zweite Kiste. Helenchen wird ganz aufgeregt, denn in dieser Kiste steckt wieder eine und so fort, die Papiere fliegen umher und das ganze Zimmer steht voller Kisten. „Es ist abscheulich", sagt Helene, „gerade wie in dem Märchen von der alten Frau, die ein Haus hatte und in dem Hause eine Kammer und in der Kammer einen Schrank und in dem Schrank eine Kiste und in der Kiste wieder eine Kiste und so fort und in der letzten eine Schachtel und so weiter und in der letzten kleinsten Schachtel war ein Papierchen, wieder ein Papierchen und in dem allerletzten Papierchen ein Pfennig, der war ihr einziges Vermögen."

Endlich kommt ein runder, in Seidenpapier gewickelter Gegenstand zum Vorschein. „Nun geht's los!", rufen alle. Es ist aber nur eine runde, große Apothekerschachtel. Das Seidenpapier fliegt, eine Schachtel nach der andern kommt hervor, die Spannung wird fast unerträglich. Endlich in der zehnten Schachtel ein kleiner, schwerer, in Papier gewickelter Gegenstand. „Das ist der Pfennig!", ruft Helene, „die gute, alte Frau schenkt mir ihr ganzes Vermögen zu Weihnachten!" Es ist aber kein Pfennig, sondern ein kleines, zierliches, goldenes Kreuz an einer feinen Kette. „Gerade wie ich es mir gewünscht habe!", ruft Helene verwundert und ein fragender Blick trifft mich. Ich nicke und mit einem Male hat sie meine Hand mit ihren beiden erfasst und schaut mir herzhaft in die Augen. „Ich danke dir, Eduard." „So freundlich hast du mich lange nicht angesehen, Helene." „Wenn du immer ein artiges Kind bist", antwortet sie, „so wirst du noch öfter freundlich angesehen."

„Julklapp!", tönt es wieder in Dorotheas höchsten Fisteltönen; sie sucht uns offenbar einzubilden, dass sich ein ganzes Heer von verschiedenen Geschenkspendern draußen ablöst. Da man jedes Mal vor dem Julklappruf die Haustürklingel hört, so habe ich sie sogar im Verdacht, dass sie zur größeren Wahrscheinlichkeit ihrer oratorischen Darstellung jedes Mal die Treppe hinabläuft, zuvor einen Eintretenden zu fingieren. Die Julklappen nehmen endlich ein Ende und Dorothea tritt nun selbst ein, ganz rot im Gesicht von der Anstrengung, aber harmlos, als wisse sie von nichts, um auch ihr bescheidenes Weihnachtskistchen aufzusuchen.

Allmählich brennen die Wachskerzen nieder und eine nach der andern erlischt knisternd in dem Nadelwerk des Baumes. Nach der festlichen Aufregung ist eine beschauliche Stille eingetreten. Die beiden Jungen haben sich über die bescherten Bücher hergemacht und blättern vorkostend darin umher. Im Nebenzimmer hört man die Stimmen der Mutter und der Tante Amalie, die im Hinblick auf das morgige Festgericht in einen interessanten Meinungsaustausch über die Anwendung von saurer Sahne verwickelt sind. Polly und Murr liegen wohlbehaglich an ihren Lieblingsplätzen, im innersten Gemüt befriedigt, ihre Weihnachtsbescherung verdauend, und ich habe mich in meine dunkle Weihnachtslieblingsecke auf den Lehnstuhl hinter dem Tannenbaum zurückgezogen. Dort schweifen meine Blicke bald in das grüne, nur noch stellenweise beleuchtete Geäst des Weihnachtsbaumes nach den niederbrennenden Lichtern, bald nach Helene, die, noch immer vor ihrem Weihnachtstische stehend, nach Mädchenweise stets von Neuem die Geschenke und Geschenkchen zierlich ordnet und eingehend betrachtet. Sie steht abgewendet von mir und nur zuweilen bei einer Bewegung zeigt sich das zierliche Profil ihres Gesichtes. Die kleinen, widerspenstigen Löckchen, die sich nicht dem allgemeinen Gesetz der Haartracht fügen wollen, umgeben wie ein goldener Schimmer das Köpfchen.

Da knistert wieder eines der Lichter am Baume in die Nadeln, ein kurzes Aufleuchten und es ist erloschen, das ganze Zimmer ist schon von dem Weihnachtsduft der Nadeln und Lichter erfüllt. Meine Blicke wenden sich wieder zu Helene. Sie blättert gerade in einem kleinen Büchlein, das ich ihr für ihre Mädchenminiaturbibliothek geschenkt habe. Meine Gedanken fangen an, eigentümliche Wege zu gehen. Es ist wieder Weihnachten und ein blitzender, strahlender Tannenbaum aufgebaut und zwei Menschen stehen davor Hand in Hand und schauen sich in die Augen, aus denen es noch viel schöner leuchtet, denn das Glück schimmert daraus hervor. Und merkwürdig – diese zwei Menschen sind Helene und ich. Und meine Fantasie arbeitet weiter, denn die Fantasie tut nichts halb, und ich höre ganz deutlich das Blasen von Kindertrompeten und das Stampfen von kleinen Steckenpferdreiterbeinchen und glückseliges Kinderlachen … „Eduard, du schläfst wohl?", fragt Helene plötzlich. „Ich träume nur", antworte ich mit einem halben Seufzer. „Kinder, kommt zum Essen!", ruft die Mutter aus dem Nebenzimmer.

Am zweiten Weihnachtstag war ich zu Mittag bei Tante Amalie eingeladen und nachher wollten Helene und ich auf den großen See zur Einweihung der neuen Schlittschuhe, die sie zu Weihnachten bekommen hatte. Aus den kleinen, zierlichen Zimmerchen der Tante stiegen neue Kindererinnerungen hervor. Ich kannte dort alles, das feine, geblümte Porzellan, die alten Kupferstiche an den Wänden, die alte, schwarze Rokokouhr mit dem Sensenmann, die eine so sonderbare Gangart hatte, dass man alle Augenblicke meinte, sie müsse stille stehen, die alten verblichenen Stickereien und die hundert zierlichen Kleinigkeiten auf der Spiegelkommode. Am Fenster standen dieselben Lieblingsblumen und derselbe feine Duft herrschte in dem Zimmer, der mich als Kind schon immer so feierlich stimmte und der mir in der Fremde, wenn ich ihm begegne, unwiderruflich meine gute Tante vor Augen zaubert.
Nach Tische zog sich Helene das eng anliegende Pelzjäckchen an und hüllte den Kopf in eine blauseidene Kapuze, aus deren weißem Schwanbesatz das frische Gesicht mit dem blonden, widerspenstigen Löckchenkranz gar anmutig hervorschaute. „Was siehst du mich denn so an?", fragte sie plötzlich. „Ich freue mich über meine hübsche Cousine", antwortete ich. Ihr stieg ein klein wenig Rot in die Stirne und sie sprach rasch: „Du gewöhnst dir wohl auf deine alten Tage das Schmeicheln an."

Wir gelangten nach kurzem Wege an den See. Der alte Wintergreis auf seinem hohen Berge schlief noch immer. Es war noch nicht Tauwetter, allein durch die Stille der Luft erschien es wärmer, als es war, und die Sonne hatte am Tage so viel Macht, dass sie die gefrorene Erde an der Oberfläche auftaute. „Wir laufen doch zum Nusswerder?", fragte Helene, als wir die Schlittschuhe angeschnallt hatten. „Wie du willst!", war meine Antwort, „die Bahn ist ja noch weiter abgesteckt."
Unterdes hatten wir uns in Bewegung gesetzt und waren auf die breite, mit Büschen und Stangen angedeutete Bahn gelangt, die jedes Jahr abgesteckt wurde, um einen ungefährlichen Weg zu den beliebten Vergnügungsorten zu bezeichnen. „Wir bleiben doch nicht auf der langweiligen Bahn?", fragte Helene und ihre Blicke schweiften über die weite, schimmernde Eisfläche hinaus.

Plötzlich ward ein fröhliches Stimmengewirr hinter uns hörbar und brausend kam ein Schwarm von Schülern herangefahren und zog, die Mützen schwenkend, an uns vorüber. Ein Einzelner sonderte sich von ihnen, es war Hermann. „Ich wollte dir nur sagen, Eduard, geht lieber nicht nach den Entenlöchern und weicht überhaupt nicht weit von der Absteckung ab. Es sind viele von den Vögeln eben verlassene Stellen da, die nur ganz leicht überfroren sind und sich sehr wenig von dem übrigen Eis unterscheiden. Es tut mir nur leid, dass ich jetzt mit meinen Kameraden laufen muss, sonst würde ich euch gern dahin geleiten, ich weiß genau dort Bescheid, denn ich habe manche Stunde daselbst mit dem Fernrohr zugebracht und nach den Enten gesehen. Morgen können wir ja einmal zusammen dorthin laufen!" Damit eilte er mit doppelter Geschwindigkeit den übrigen nach und bald hatte ihn das schwarze Häuflein wieder eingeschlungen.

Wir glitten eine Weile schweigend dahin. Manchmal schaute ich seitwärts auf Helenes zierliche Gestalt, wie sie so ebenmäßig und anmutig dahinfuhr und wie der Luftzug die Kleider an die schönen Linien ihres Körpers schmiegte. Endlich standen wir eine Weile. Vor uns lag Nusswerder noch in ziemlicher Entfernung, von feinem, violetten Duft des Winters angehaucht; seitwärts über den See hinaus erblickte man in der Ferne eine dunkle Linie über dem Eise und darüber schwärmte es ab und zu von unzähligen Möwen. „Da sind die Enten", sagte Helene, „ich möchte sie gar zu gerne einmal in der Nähe sehen." „Du hast ja gehört, was Hermann sagte", antwortete ich. „Komm, in einer Viertelstunde können wir auf Nusswerder sein." „Ich fürchte mich gar nicht", sagte Helene, indem sie einen kleinen, zierlichen Bogen schlug und mir dann gerade ins Gesicht sah; „du bist doch ein rechter Sicherheitskommissarius." „Ich für meinen Teil würde mich nicht scheuen, das weißt du auch recht gut, Helene, ich bin noch im vorigen Jahre allein dort gewesen und kenne den See, allein ich darf es jetzt deinetwegen nicht, ich bin dafür verantwortlich, wenn ein Unglück geschieht." „Ich brauche deine Verantwortlichkeit gar nicht", sagte sie, verächtlich das Köpfchen aufwerfend, „und es nützt dir auch gar nicht, deine Furchtsamkeit durch solche Gründe zu bemänteln. Wenn du nicht mit willst, so laufe ich allein!" Und damit setzte sie sich langsam in Bewegung. „Helene!", rief ich. Sie wandte sich um und sah mich spöttisch an. „Willst du mitkommen? Ich ziehe dich heraus, wenn du ins Wasser fällst." „Du kränkst mich mit Absicht, Helene", sagte ich ruhig, „und das ist nicht schön von dir. Ich gebe nach, aber nur unter einer Bedingung, die du mir nicht verweigern wirst. Ich bleibe stets zehn Schritte vor dir, damit ich dich in genügender Sicherheit weiß." Ihr Auge leuchtete plötzlich auf, jedoch antwortete sie nicht, sondern neigte nur bejahend das Haupt und wir setzten uns in der verabredeten Weise in Bewegung. Es war nun doch eine Verstimmung zwischen uns und niemand wollte anfangen zu reden.

Wir waren den Enten schon ziemlich nahe gekommen und hörten nun deutlich ihr wirres Geschnatter und das Schreien der Möwen. Nicht weit von uns bemerkte ich den so genannten „großen Stein", einen mächtigen Granitblock, der aus dem Wasser hervorragt und den Kahnschiffern als Wahrzeichen gilt, denn die Gegend um ihn herum ist voller Untiefen. Indem wir darauf zuhielten, trafen wir auf die erste offene, von den Enten bereits verlassene Stelle und umfuhren sie in weitem Bogen. Zugleich erhob sich in der Ferne mit Geschrei und gewaltigem Flügelschlagen eine Anzahl der Vögel und ging in brausendem Flug über den See zu anderen offenen Stellen, die etwa eine Meile weiterhin gelegen waren. Bei dem großen Steine angelangt, standen wir und sahen dem Wirren und Schwirren zu. Die ziemlich große Wasserfläche war bedeckt mit Tausenden von nordischen Enten, vorwiegend Schnell- und Eisenten, die hier, unseren Norden als ihren Süden betrachtend, Winterquartiere bezogen hatten. Eine große Anzahl von Möwen tummelte sich zwischen ihnen, aus der Luft auf das Wasser niederstoßend, oder wie helle Punkte zwischen den dunklen Enten schwimmend. In der Nähe auf dem Eise saß ein großer Vogel, zwischen den Klauen mit dem Schnabel etwas zerpflückend, dass die Federn davonstoben. „Siehst du den Seeadler?", sagte ich zu Helene, „der hat jetzt leichtes Spiel, er braucht nur zuzustoßen, wenn er Hunger hat." Unterdessen war ihm wohl unsere Nähe unheimlich geworden, denn plötzlich erhob er sich und zog mit gewaltigen Flügelschlägen über den See dem Lande zu. Wir hatten eine ziemliche Zeit dort gestanden und, mit dem Betrachten der Enten beschäftigt, auf nichts weiter geachtet, und so fiel es mir jetzt auf, als ich dem Seeadler nachblickte, dass das gegenüberliegende Ufer, das wir vorhin deutlich gesehen hatten, ganz in bläulichem Dämmer verschwunden war. Ich schaute mich um nach Nusswerder – nur noch wie ein matter Schein zeichnete es sich in die dicke Luft und mit einem Male fing es an, ganz leise und sanft zu schneien. „Helene!", rief ich, „wir müssen schnell fort, denn wenn der Schnee stärker wird und unsere Spur verdeckt, so können wir uns leicht verirren."

Wir machten uns nun schnell auf, die Spur der Schlittschuhe auf unserem Herwege verfolgend. Langsam und stetig mehrten sich die Flocken und kaum waren wir eine kurze Strecke vorwärts gelangt, so war das Eis von dem Schnee leicht bedeckt und die Spur verloren. Wir hielten an und schauten nach der Bahn aus. Aber nichts war ringsum zu sehen, überall nur das sich leise stetige Niedersinken der großen Flocken, das sich weiterhin in einen weißen, wimmelnden Dämmer verlor. Ich schlug auf Geratewohl die Richtung ein, in der ich die Bahn vermutete, und dann ging es wieder vorwärts. Nach einer Viertelstunde war nichts erreicht, wir mussten die Richtung verfehlt haben. Wir standen nun und horchten, ob nicht ein Laut uns zur Hilfe komme. Aber es war ringsum so totenstill, dass man das leise Geräusch der fallenden Flocken vernehmen konnte. Nun mehrte sich auch schon der Schnee und fing an, beim Laufen hinderlich zu werden, und das Schlimmste war, dass die Gefahr der unsicheren Stellen durch die gleichmäßig alles verhüllende Schneedecke verdoppelt ward. Wir glitten nach einer anderen Richtung vorsichtig weiter. So irrten wir eine Weile umher und ich bemerkte, dass Helene anfing, müde zu werden.

Plötzlich sah ich etwas Dunkles vor mir aus dem Schnee ragen und da waren wir wieder bei dem großen Stein; wir waren richtig im Kreise gelaufen. Während wir eine Weile ruhten, fiel mir plötzlich eine Bemerkung ein, die ich vorhin gemacht hatte. Es war mir eingefallen, dass die Entenkolonie, der große Stein und Nusswerder in einer geraden Linie lagen, danach konnte man die Richtung bestimmen. Gelang es uns, diese gerade Linie einzuhalten, so mussten wir unbedingt auf Nusswerder treffen, von wo aus die Bahn mit Leichtigkeit zu erreichen war. Wieder glitten wir in den Schnee hinaus, Helene immer etwa zwanzig Schritt hinter mir. Als wir eine Weile gelaufen waren, glaubte ich vor mir in dem Schneegewimmel etwas Dunkles ragen zu sehen wie die Umrisse von Bäumen. Unwillkürlich vermehrte ich meine Schnelligkeit, da plötzlich ertönte hinter mir ein gellender Schrei und als ich mit scharfem Ruck meinen Lauf anhielt, ward ein Knistern und Senken zu meinen Füßen bemerkbar, das mir kaum Zeit ließ, in schneller Wendung zurückzutaumeln. Wie erstarrt stand Helene hinter mir. Ich sah sie wanken und eilte, sie in meinen Armen aufzufangen. Dann blickte ich unwillkürlich zurück und sah jenen kleinen dunklen Wasserfleck, der in der fast zugefrorenen Öffnung noch frei geblieben war und Helene zu dem Warnungsruf veranlasst hatte. Sie lag an meiner Brust und schluchzte leise. „Helene", tröstete ich, „es ist ja alles gut." Sie schlang plötzlich den Arm um mich und rief leidenschaftlich: „Ich will dich nie wieder necken, Eduard, niemals wieder!"

Ich fühlte die schöne Gestalt in meinen Armen, ihr Busen wogte an meinem, und ich beugte mich zu ihr nieder und fragte leise: „Auch dann nicht, Helene, wenn wir immer beieinander sein werden, immer?" Sie hob fast verwundert den Kopf und schaute mir fragend in die Augen. Dort mochte sie wohl die richtige Deutung lesen, denn langsam stieg ein Rot in ihrem reinen Antlitz auf und sie verbarg es wieder an meiner Brust. Es war eine kleine Pause, indes ich sie sanft an mich drückte. „Auch dann nicht", flüsterte sie leise.

Wir hatten beide vergessen, dass wir verirrt in der großen Einsamkeit des Schneegestöbers standen; was kümmerte uns, dass wir den Weg verloren hatten, hatten wir doch den schöneren zu unseren Herzen und zu unseren Lippen gefunden! „Eduard – Helene – Eduard!", rief es plötzlich aus der Ferne und fast erschreckt fuhren wir auseinander. Und wieder rief es, ich erkannte die Stimme meines Bruders. Ich gab Antwort und ein vielstimmiges Jubelgeschrei war die Folge. Dann nach einer Weile sah ich die dunkle Gestalt Hermanns aus dem Schnee hervortauchen und weiterhin kam dann eine zweite Gestalt und eine dritte und so fort, alle, wie ich beim Näherkommen bemerkte, an ein langes Seil aufgereiht, an das sie sich in Zwischenräumen verteilt hatten, während der letzte Flügelmann die Bahn innehielt. Sie hatten uns von dem hochgelegenen Wirtshaus, das sie besucht hatten, zufällig mit dem Fernrohr beobachtet und wussten, dass wir, vom Schnee überrascht, auf dem Eise sein mussten. So hatten sie dann die lange Wäscheleine des Wirtes requiriert, um uns mit Sicherheit aufsuchen zu können. Als wir zu Hause bei der Mutter, die uns schon mit Sorgen erwartet hatte, anlangten, rief Hermann, der unterwegs eingeweiht war, durch die Türe übermütig hinein: „Jul-klapp!", und Helene und ich traten Hand in Hand ins Zimmer. Ein Blick der Mutteraugen genügte und ihre Arme umschlossen uns beide. „Mein Lieblingswunsch", sagte sie glücklich, „und ihr bösen Kinder habt euch so angestellt? Und was wird Tante Amalie sagen?"

EPIPHANIAS

Die Heiligen Drei König' mit ihrem Stern,
sie essen, sie trinken und bezahlen nicht gern;
sie essen gern, sie trinken gern,
sie essen, trinken und bezahlen nicht gern.

Die Heiligen Drei König' sind gekommen allhier,
es sind ihrer drei und sind nicht ihrer vier;
und wenn zu dreien der vierte wär,
so wär ein Heilger Drei König mehr.

Ich Erster bin der Weiß' und auch der Schön',
bei Tage solltet ihr mich erst sehn!
Doch ach, mit allen Spezerein
werd ich sein Tag kein Mädchen mir erfreun.

Ich aber bin der Braun' und bin der Lang',
bekannt bei Weibern wohl und bei Gesang.
Ich bringe Gold statt Spezerein,
da werd ich überall willkommen sein.

Ich endlich bin der Schwarz' und bin der Klein'
und mag auch wohl einmal recht lustig sein.
Ich esse gern, ich trinke gern,
ich esse, trinke und bedank mich gern.

Die Heiligen Drei König' sind wohlgesinnt,
sie suchen die Mutter und das Kind;
der Joseph fromm sitzt auch dabei,
der Ochs und Esel liegen auf der Streu.

Wir bringen Myrrhen, wir bringen Gold,
dem Weihrauch sind die Damen hold;
und haben wir Wein von gutem Gewächs,
so trinken wir drei so gut als ihrer sechs.

Da wir nun hier schöne Herrn und Fraun,
aber keine Ochsen und Esel schaun;
so sind wir nicht am rechten Ort
und ziehen unseres Weges weiter fort.
Johann Wolfgang von Goethe

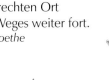

81

BUTTERPLÄTZCHEN

500 g Mehl, 7–8 Eigelb,
200 g Zucker, 375 g Butter, bunte Zuckerstreusel

Das Mehl auf eine Arbeitsfläche sieben, in die Mitte eine Mulde drücken, 5 Eigelbe und den Zucker hineingeben, die Butter in Flöckchen auf den Rand setzen. Alles zu einem glatten Teig verkneten und zwei Stunden in den Kühlschrank stellen. Den Teig ausrollen, Plätzchen ausstechen, mit den restlichen verquirlten Eigelben bestreichen und im auf 180 °C vorgeheizten Backofen 15–20 Minuten backen. Herausnehmen, nach Geschmack mit bunten Zuckerstreuseln bestreuen und abkühlen lassen.

> Je dicker das Eis
> an Weihnachten liegt,
> je zeitiger der Bauer Frühling kriegt.
> *Bauernweisheit*

Kommet, ihr Hirten

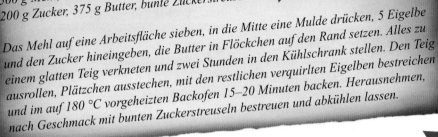

Kom - met, _ ihr _ Hir - ten, _ ihr _ Män - ner _ und _ Fraun!
Kom - met, _ das _ lieb - li - che _ Kind - lein _ zu _ schaun!

Chris - tus, der Herr, ist heu - te ge - bo - ren,
den Gott zum Hei - land euch hat er - ko - ren.

Fürch - tet _ euch _ nicht!

2. Lasset uns sehen in Bethlehems Stall, was uns verheißen der himmlische Schall!
Was wir dort finden, lasset uns künden, lasset uns preisen in frommen Weisen! Halleluja!

3. Wahrlich, die Engel verkündigen heut Bethlehems Hirtenvolk gar große Freud'.
Nun soll es werden Friede auf Erden, den Menschen allen ein Wohlgefallen. Ehre sei Gott!
Melodie und Text: Volksgut aus Böhmen

DAS CHRISTBÄUMCHEN

Von Wilhelm Curtman

Die Bäume stritten einmal miteinander, wer von ihnen der vornehmste sei. Da trat die Eiche vor und sagte: „Seht mich an! Ich bin hoch und dick und habe viele Äste und meine Zweige sind reich an Blättern und Früchten."

„Früchte hast du wohl", sagte der Pfirsichbaum, „allein, es sind nur Früchte für die Schweine, die Menschen mögen nichts davon wissen. Aber ich, ich liefere die rotbackigen Pfirsiche auf die Tafel des Königs."

„Das hilft nicht viel", sagte der Apfelbaum, „von deinen Pfirsichen werden nur wenige Leute satt. Auch dauern sie nur wenige Wochen; dann werden sie faul und niemand kann sie mehr brauchen. Da bin ich ein anderer Baum. Ich trage alle Jahre Körbe voll Äpfel, die brauchen sich nicht zu schämen, wenn sie auf eine vornehme Tafel gesetzt werden. Sie machen auch die Armen satt. Man kann sie den ganzen Winter im Keller aufbewahren oder im Ofen dörren oder Most daraus keltern. Ich bin der nützlichste Baum!"

„Das bildest du dir nur ein", sagte die Fichte, „aber du irrst dich. Mit meinem Holz baut man die Häuser und heizt man die Öfen. Mich schneidet man zu Brettern und macht Tische, Stühle, Schränke, ja sogar Schiffe daraus. Dazu bin ich im Winter nicht so kahl wie ihr: Ich bin das ganze Jahr hindurch schön grün. Auch habe ich noch einen Vorzug: Wenn es Weihnachten wird, dann kommt das Christkindchen, setzt mich in ein schönes Gärtchen und hängt goldene Nüsse und Äpfel an meine Zweige. Über mich freuen sich die Kinder am allermeisten. Ist das nicht wahr?" Dem konnten die anderen Bäume nicht widersprechen.

Wir feiern Weihnachten, auf dass diese Geburt auch in uns Menschen geschieht. Wenn sie aber nicht in uns geschieht, was hilft mir dann? Gerade, dass sie auch in mir geschehe, darin liegt ja alles.
Meister Eckart

83

DER ALLERERSTE WEIHNACHTSBAUM

Von Hermann Löns

Der Weihnachtsmann ging durch den Wald. Er war ärgerlich. Sein weißer Spitz, der sonst immer lustig bellend vor ihm herlief, merkte das und schlich hinter seinem Herrn mit eingezogener Rute her. Er hatte nämlich nicht mehr die rechte Freude an seiner Tätigkeit. Es war alle Jahre dasselbe. Es war kein Schwung in der Sache. Spielzeug und Esswaren, das war auf die Dauer nichts. Die Kinder freuten sich wohl darüber, aber quieken sollten sie und jubeln und singen, so wollte er es, das taten sie aber nur selten. Den ganzen Dezembermonat hatte der Weihnachtsmann schon darüber nachgegrübelt, was er wohl Neues erfinden könne, um einmal wieder eine rechte Weihnachtsfreude in die Kinderwelt zu bringen, eine Weihnachtsfreude, an der auch die Großen teilnehmen würden. Kostbarkeiten durften es auch nicht sein, denn er hatte soundsoviel auszugeben und mehr nicht.

So stapfte er denn auch durch den verschneiten Wald, bis er auf dem Kreuzweg war. Dort wollte er das Christkindchen treffen. Mit dem beriet er sich nämlich immer über die Verteilung der Gaben. Schon von Weitem sah er, dass das Christkindchen da war, denn ein heller Schein war dort. Das Christkindchen hatte ein langes, weißes Pelz- kleidchen an und lachte über das ganze Gesicht. Denn um es herum lagen große Bün- del Kleeheu und Bohnenstiegen und Espen- und Weidenzweige und daran taten sich die hungrigen Hirsche und Rehe und Hasen gütlich. Sogar für die Sauen gab es etwas: Kastanien, Eicheln und Rüben. Der Weihnachtsmann nahm seinen Wolkenschieber ab und bot dem Christkindchen die Tageszeit. „Na, Alterchen, wie geht's?", fragte das Christkind. „Hast wohl schlechte Laune?" Damit hakte es den Alten unter und ging mit ihm. Hinter ihnen trabte der kleine Spitz, aber er sah gar nicht mehr betrübt aus und hielt seinen Schwanz kühn in die Luft.

„Ja", sagte der Weihnachtsmann, „die ganze Sache macht mir so recht keinen Spaß mehr. Liegt es am Alter oder an sonst was, ich weiß nicht. Das mit den Pfefferkuchen und den Äpfeln und Nüssen, das ist nichts mehr. Das essen sie auf und dann ist das Fest vorbei. Man müsste etwas Neues erfinden, etwas, das nicht zum Essen und nicht zum Spielen ist, aber wobei Alt und Jung singt und lacht und fröhlich wird." Das Christkindchen nickte und machte ein nachdenkliches Gesicht, dann sagte es: „Da hast du Recht, Alter, mir ist das auch schon aufgefallen. Ich habe daran auch schon gedacht, aber das ist nicht so leicht." „Das ist es ja gerade", knurrte der Weihnachts- mann, „ich bin zu alt und zu dumm dazu. Ich habe schon richtiges Kopfweh vom vie- len Nachdenken und es fällt mir doch nichts Vernünftiges ein. Wenn es so weitergeht, schläft allmählich die ganze Sache ein und es wird ein Fest wie alle anderen, von dem die Menschen dann weiter nichts haben als Faulenzen, Essen und Trinken."

Nachdenklich gingen beide durch den weißen Winterwald, der Weihnachtsmann mit brummigem, das Christkindchen mit nachdenklichem Gesicht. Es war so still im Wald, kein Zweig rührte sich, nur wenn die Eule sich auf einen Ast setzte, fiel ein Stück Schneebehang mit halblautem Ton herab. So kamen die beiden, den Spitz hinter sich, aus dem hohen Holz auf einen alten Kahlschlag, auf dem große und kleine Tannen standen. Das sah wunderschön aus. Der Mond schien hell und klar, alle Sterne leuchteten, der Schnee sah aus wie Silber und die Tannen standen darin, schwarz und weiß, dass es eine Pracht war. Eine fünf Fuß hohe Tanne, die allein im Vordergrund stand, sah besonders reizend aus. Sie war regelmäßig gewachsen, hatte auf jedem Zweig einen Schneestreifen, an den Zweigspitzen kleine Eiszapfen, und glitzerte und flimmerte nur so im Mondenschein.

Das Christkindchen ließ den Arm des Weihnachtsmannes los, stieß den Alten an, zeigte auf die Tanne und sagte: „Ist das nicht wunderhübsch?" „Ja", sagte der Alte, „aber was hilft mir das?" „Gib ein paar Äpfel her", sagte das Christkindchen, „ich habe einen Gedanken." Der Weihnachtsmann machte ein dummes Gesicht, denn er konnte es sich nicht recht vorstellen, dass das Christkind bei der Kälte Appetit auf die eiskalten Äpfel hatte. Er hatte zwar noch einen guten alten Schnaps, aber den mochte er dem Christkindchen nicht anbieten. Er machte sein Tragband ab, stellte seine riesige Kiepe in den Schnee, kramte darin herum und langte ein paar recht schöne Äpfel heraus. Dann fasste er in die Tasche, holte sein Messer heraus, wetzte es an einem Buchenstamm und reichte es dem Christkindchen. „Sieh, wie schlau du bist", sagte das Christkindchen. „Nun schneid mal etwas Bindfaden in zwei Finger lange Stücke und mach mir kleine Pflöckchen."

Dem Alten kam das alles etwas ulkig vor, aber er sagte nichts und tat, was das Christkind ihm sagte. Als er die Bindfadenenden und die Pflöckchen fertig hatte, nahm das Christkind einen Apfel, steckte ein Pflöckchen hinein, band den Faden daran und hängte den an einen Ast. „So", sagte es dann, „nun müssen auch an die anderen welche und dabei kannst du helfen, aber vorsichtig, dass kein Schnee abfällt!" Der Alte half, obgleich er nicht wusste, warum. Aber es machte ihm schließlich Spaß und als die ganze kleine Tanne voll von rotbäckigen Äpfeln hing, da trat er fünf Schritte zurück, lachte und sagte: „Kiek, wie niedlich das aussieht! Aber was hat das alles für'n Zweck?" „Braucht denn alles gleich einen Zweck zu haben?", lachte das Christkind. „Pass auf, das wird noch schöner. Nun gib mal Nüsse her!" Der Alte krabbelte aus seiner Kiepe Walnüsse heraus und gab sie dem Christkindchen. Das steckte in jedes ein Hölzchen, machte einen Faden daran, rieb immer eine Nuss an der goldenen Oberseite seiner Flügel, dann war die Nuss golden, und die nächste an der silbernen Unterseite seiner Flügel, dann hatte es eine silberne Nuss und hängte sie zwischen die Äpfel. „Was sagst nun, Alterchen?", fragte es dann. „Ist das nicht allerliebst?" „Ja", sagte der, „aber ich weiß immer noch nicht ..." „Komm schon!", lachte das Christkindchen. „Hast du Lichter?" „Lichter nicht", meinte der Weihnachtsmann, „aber 'nen Wachsstock!" „Das ist fein", sagte das Christkind, nahm den Wachsstock, zerschnitt ihn und drehte erst ein Stück um den Mitteltrieb des Bäumchens und die anderen Stücke um die Zweigenden, bog sie hübsch gerade und sagte dann: „Feuerzeug hast du doch?" „Gewiss", sagte der Alte, holte Stein, Stahl und Schwammdose heraus, pinkte Feuer aus dem Stein, ließ den Zunder in der Schwammdose zum Glimmen kommen und steckte daran ein paar Schwefelspäne an. Die gab er dem

Christkindchen. Das nahm einen hell brennenden Schwefelspan und steckte damit erst das oberste Licht an, dann das nächste davon rechts, dann das gegenüberliegende. Und rund um das Bäumchen gehend, brachte es so ein Licht nach dem andern zum Brennen.

Da stand nun das Bäumchen im Schnee; aus seinem halb verschneiten, dunklen Gezweig sahen die roten Backen der Äpfel, die Gold- und Silbernüsse blitzten und funkelten und die gelben Wachskerzen brannten feierlich. Das Christkindchen lachte über das ganze rosige Gesicht und patschte in die Hände, der alte Weihnachtsmann sah gar nicht mehr so brummig aus und der kleine Spitz sprang hin und her und bellte. Als die Lichter ein wenig heruntergebrannt waren, wehte das Christkindchen mit seinen goldsilbernen Flügeln und da gingen die Lichter aus. Es sagte dem Weihnachtsmann, er solle das Bäumchen vorsichtig absägen. Das tat der und dann gingen beide den Berg hinab und nahmen das bunte Bäumchen mit. Als sie in den Ort kamen, schlief schon alles. Beim kleinsten Hause machten die beiden halt. Das Christkindchen machte leise die Tür auf und trat ein; der Weihnachtsmann ging hinterher. In der Stube stand ein dreibeiniger Schemel mit einer durchlochten Platte. Den stellten sie auf den Tisch und steckten den Baum hinein. Der Weihnachtsmann legte dann noch allerlei schöne Dinge, Spielzeug, Kuchen, Äpfel und Nüsse unter den Baum und dann verließen beide das Haus so leise, wie sie es betreten hatten.

Als der Mann, dem das Häuschen gehörte, am andern Morgen erwachte und den bunten Baum sah, da staunte er und wusste nicht, was er dazu sagen sollte. Als er aber an dem Türpfosten, den des Christkinds Flügel gestreift hatte, Gold- und Silberflimmer hängen sah, da wusste er Bescheid. Er steckte die Lichter an dem Bäumchen an und weckte Frau und Kinder. Das war eine Freude in dem kleinen Haus wie an keinem Weihnachtstag. Keines von den Kindern sah nach dem Spielzeug, nach dem Kuchen und den Äpfeln, sie sahen nur alle nach dem Lichterbaum. Sie fassten sich an den Händen, tanzten um den Baum und sangen alle Weihnachtslieder, die sie wussten, und selbst das Kleinste, das noch auf dem Arm getragen wurde, krähte, was es krähen konnte. Als es helllichter Tag geworden war, da kamen die Freunde und Verwandten des Bergmanns, sahen sich das Bäumchen an, freuten sich darüber und gingen gleich in den Wald, um sich für ihre Kinder auch ein Weihnachtsbäumchen zu holen. Die anderen Leute, die das sahen, machten es nach, jeder holte sich einen Tannenbaum und putzte ihn an, der eine so, der andere so, aber Lichter, Äpfel und Nüsse hängten sie alle daran. Als es dann Abend wurde, brannte im ganzen Dorf Haus bei Haus ein Weihnachtsbaum, überall hörte man Weihnachtslieder und das Jubeln und Lachen der Kinder. Von da aus ist der Weihnachtsbaum über ganz Deutschland gewandert und von da über die ganze Erde. Weil aber der erste Weihnachtsbaum am Morgen brannte, so wird in manchen Gegenden den Kindern morgens beschert.

CHRISTKINDS BOTEN

Nun bricht der heil'ge Christtag an;
trüb glüht der Wintermorgen
um Niklas' Klause, tief im Tann,
in Busch und Kluft geborgen.
Weit steht der Wald in ros'ger Pracht
gleichwie in Weihnachtskerzen!
Schon glühn, in Freude hold erwacht,
viel tausend Kinderherzen!

Schon heben in den Gründen an
die heil'gen Weihnachtsglocken!
Ein Lichtschein wandelt durch den Tann,
die Rehlein stehn erschrocken.
Ein wonnesames Singen schallt
daher im Morgenwinde:
Das Christkind wandelt durch den Wald
mit seinem Lichtgesinde.

Es sendet seine Boten aus,
durch Dorf und Stadt zu wallen.
„Heraus nun, Vater Nikolaus,
mit deinen Schätzen allen!"
Schon naht der lieben Engel Schar:
„Im Frührot und vor Tagen
was du geschafft im ganzen Jahr
in Hütt' und Schloss zu tragen!

Mach auf! Mach auf!" Er lässt sie ein,
die lichten Himmelsknaben.
Fort schweben sie im Frührotschein
mit seinen Wundergaben.
Ob allen Tälern rauscht es sacht,
klingt es im Jubelschalle:
„Dies ist der Tag, den Gott gemacht!
Freut euch, ihr Kinder alle!"
Julius Lohmeyer

CHRISTNACHT

Heil'ge Nacht, auf Engelschwingen
nahst du leise dich der Welt
und die Glocken hör ich klingen
und die Fenster sind erhellt.
Selbst die Hütte trieft von Segen
und der Kindlein froher Dank
jauchzt dem Himmelskind entgegen
und ihr Stammeln wird Gesang.

Mit der Fülle süßer Lieder,
mit dem Glanz um Tal und Höh'n,
Heil'ge Nacht, so kehrst du wieder,
wie die Welt dich einst gesehn,
da die Palmen lauter rauschten
und, versenkt in Dämmerung,
Erd und Himmel Worte tauschten,
Worte der Verkündigung.

Da, der Jungfrau Sohn zu dienen,
Fürsten aus dem Morgenland
in der Hirten Kreis erschienen,
Gold und Myrrhen in der Hand!
Da mit seligem Entzücken
sich die Mutter niederbog,
sinnend aus des Kindes Blicken
nie gefühlte Freude sog.

Heil'ge Nacht, mit tausend Kerzen
steigst du feierlich herauf,
o, so geh in unserm Herzen,
Stern des Lebens, geh uns auf!
Schau, im Himmel und auf Erden
glänzt der Liebe Rosenschein:
Friede soll's noch einmal werden
und die Liebe König sein!
Robert Prutz

HASELNUSSMAKRONEN

2 Eier, 250 g Puderzucker,
250 g gemahlene Haselnüsse, abgeriebene Schale von ½ unbehandelten Zitrone,
ca. 50 kleine Backoblaten, ca. 50 ganze Haselnüsse

Eier und Zucker schaumig rühren, gemahlene Haselnüsse und die Zitronenschale
hinzugeben. Die Backoblaten auf ein mit Backpapier ausgelegtes Backblech legen, aus
der Makronenmasse mit nassen Händen kleine Kugeln formen, auf die Oblaten setzen
und je eine Haselnuss in die Mitte drücken. Die Makronen im auf 180 °C vorgeheizten
Backofen ca. 15 Minuten backen.

Lasst uns froh und munter sein

Lasst uns froh und mun-ter sein und uns in dem

Herrn er-freun. Lus-tig, lus-tig, tra-le-ra-le-ra,

bald ist Ni-ko-laus - a-bend da, bald ist Ni-ko-laus -

a - bend da.

2. Dann stell ich den Teller auf,
Niklaus legt gewiss was drauf.
Lustig, lustig, traleralera,
bald ist Nikolausabend da,
bald ist Nikolausabend da.

3. Wenn ich schlaf, dann träume ich:
Jetzt bringt Niklaus was für mich.
Lustig, lustig, traleralera,
bald ist Nikolausabend da,
bald ist Nikolausabend da.

4. Wenn ich aufgestanden bin,
lauf ich schnell zum Teller hin.
Lustig, lustig, traleralera,
bald ist Nikolausabend da,
bald ist Nikolausabend da.

5. Niklaus ist ein guter Mann,
dem man nicht g'nug danken kann.
Lustig, lustig, traleralera,
bald ist Nikolausabend da,
bald ist Nikolausabend da.

Melodie und Text: Volksgut

Ein Fest naht, ein Fest wie kein anderes.
Für alle, die guten Willens sind. Ein Fest,
dessen Geist die Welt umspannt und über
Berge und Täler die Botschaft verkündet:
Christ ist geboren.
Joachim Ringelnatz

EINE WEIHNACHTSBESCHERUNG
Von Paul Heyse

Nu lassen Sie's aber gut sein, Herr Wachtmeister! 's ist ein staatiöses Bäumchen, 'ne Prinzess könnte damit zufrieden sein. Wenn die Selige 'runtersehen könnte."

„Glauben Sie nicht, dass sie's kann, Webern?" „Natürlich kann sie's und wird sie's, und zumal am Heiligabend, Herr Wachtmeister. Erscheinen kann sie uns ja nicht, denn mit dem Spiritus, womit sie jetzt die Geister beschwören, ist's doch bloß Humbug und was Christenmenschen sind, die glauben nicht dran. Denn warum? Erst am Jüngsten Tage sollen wir wieder auferweckt werden und bis dahin unser Schläfchen machen, steht in der Heiligen Schrift. Aber träumen tun sie doch wohl, die armen Seelen, na und denen, die Gott lieben, gibt er's im Traum. Da wird er's der Rosel doch wohl auch geben, dass sie das Weihnachtsbäumchen sieht, das ihr lieber Mann ihr geputzt hat. So meine ich, Herr Wachtmeister. Aber nun trinken Sie Ihren Kaffee. Ich habe ihn freilich in die Röhre gestellt; aber der alte Ofen ist wie'n alter Mensch, dem geht das bisschen Wärme bald aus, wenn nicht immer wieder nachgelegt wird, und draußen friert's Stein und Bein, und Sie haben noch einen weiten Weg, Herr Hartlaub."

„Bloß noch das Pfefferkuchenherz, Weberken. Das gehört dazu, ohne das wär's nicht komplett. So eins hab ich ihr bei unserm ersten Weihnachten an den Baum gebunden und dann alle die zehn Jahre, und 's wär kein Heiligabend gewesen, ohne das Herz, und immer was Anders hab ich ihr reingesteckt, mal einen silbernen Fingerhut, mal eine Brosche, das letzte Mal die kleine Uhr, immer was Andres und Teureres, denn wir kamen ja so ganz sachte in bessere Umstände; das Herz aber war immer aus demselben Laden und die Mandeln und das Zitronat saßen auf demselben Fleck. Heute hab ich nichts dran gesteckt; der arme Narr könnte ja keinen Spaß mehr daran haben, der braucht keine Brosche mehr und hört keine Uhr mehr schlagen in seiner Ewigkeit und das Geld dafür soll lieber ein armer Mensch kriegen. Meinen Sie nicht, Webern?!"

„Ja ja ja, Herr Wachtmeister. Wie Sie's machen, so ist's recht. Aber nun trinken Sie auch Ihren Kaffee. 's ist schon sieben. Der Kirchhof wird sonst geschlossen." „O deswegen, Frau Nachbarin – da eilt's nicht. Der Kirchhofverwalter ist mein guter Freund, der hat manche Flasche Gilka von mir besehen. Wenn ich um Mitternacht anklingelte und sagte: Ich muss partout noch in dieser Nacht einen Blumentopf auf das Grab von meiner Rosel pflanzen, Herr Liborius! – er schnitte nicht mal ein Gesicht. Aber wenn Sie meinen, Webern – mir ist wirklich ein bisschen flau zumute, habe seit zwölf keinen Bissen gegessen und nicht mal geraucht. Denn so 'nen Baum putzen, dazu muss ich meinen Kopf zusammennehmen und meine groben sieben Finger. Sonst war's der Rosel ihr Geschäft. Die konnte alles. So eine kommt nicht wieder."

Dieses Zwiegespräch wurde in einer geräumigen, aber niederen Dachkammer geführt, in welcher ein mannshoher schwarzer Kachelofen nur noch gerade so viel Wärme verbreitete, dass man den Hauch des eignen Mundes nicht sah, während die Eisblumen an den Scheiben des einzigen Fensters schon wieder die schönsten glitzernden Blätter entfalteten. Im Übrigen sah es, so viel die kleine Lampe mit der grün lackierten

Glocke erkennen ließ, recht wohnlich aus bei dem Wachtmeister Fritz Hartlaub, nicht sowohl durch seinen Verdienst, als weil die gute dicke Frau, die breitspurig, die Hände gegen die Schenkel gestemmt, auf der wollenen Decke des Feldbettes saß, ihm sein bisschen Mobiliar in sauberem Stande hielt und die Öldruckbilder an den Wänden, welche den Kaiser, den Fürsten Bismarck, Moltke, Werder und einige andere große Generale darstellten, fleißig mit einem großen Schwamm bearbeitete. Die eine Wand war abgeschrägt und in der tiefen Fensternische stand ein altes braunes Nähtischchen mit einem Arbeitskörbchen, daneben in einem blank geputzten Messingrähmchen die Fotografie einer vierschrötigen Frau im Hochzeitsstaat, ganze Figur, die Hände in weißen Handschuhen, das Gesicht mit derben, gutmütigen Zügen ganz von vorn. Ein vertrocknetes Myrtenzweiglein war um das kleine Gestell gewunden, ein silberner Fingerhut stand aufrecht wie eine kleine Schildwache davor. Darüber aber, an der Nischenwand, hing ein Vogelbauer, in welchem ein Zeisig jetzt den Kopf unter den linken Flügel geduckt lautlos auf seiner Stange saß.

Der Inhaber dieses bescheidenen Quartiers stand in der Mitte des Gemachs vor einem viereckigen, mit einem verblichenen Teppich bedeckten Tische, auf welchem das mehrerwähnte Christbäumchen seine mit bunten Wachskerzchen bestecken, mit Ketten aus Goldpapier umzirkelten, hie und da von einer vergoldeten Nuss durchfunkelten Zweige ausbreitete. Es reichte so dicht an die niedere Zimmerdecke, dass die oberste Spitze ihre grünen Nadeln umbiegen musste. Sein Herr aber hätte sich nicht auf die Zehen emporrecken dürfen, ohne mit dem Scheitel den losen Kalk abzustoßen. Die stramme Gestalt steckte in einem sauber gebürsteten Waffenrock, auf dessen linker Brustseite neben etlichen Kriegsdenkmünzen das eiserne Kreuz befestigt war. Auf den breiten Schultern saß ein massiver militärisch frisierter Kopf, Schnurr- und Backenbart genau nach dem Vorbilde des alten Kaiser Wilhelm zugestutzt und schon sichtbar angegraut, während das braune Kopfhaar und die frische Gesichtsfarbe noch keine Spur frühzeitigen Alterns zeigte. Er hatte die starken blonden Augenbrauen dicht zusammengezogen, wie jemand, der ein schweres Werk mit dem Aufgebot seiner ganzen Geisteskraft zu verrichten hat, obwohl es nur galt, unten am Stamm des Bäumchens ein handgroßes Pfefferkuchenherz mit einem Bindfaden zu befestigen. Seine großen Hände waren freilich umso unbehilflicher, da an der Linken die drei Mittelfinger fehlten. Ein breiter Streifen von schwarzem Leder verdeckte die Lücke oder lenkte vielmehr den Blick sofort darauf hin. Im linken Mundwinkel hing dem eifrig Arbeitenden eine kurze Pfeife, die schon seit mehreren Stunden nicht in Brand gesetzt worden war. „Denn, Webern hatte es gesagt, während ich den Baum putzte, darf sie nicht brennen. 's ist, wie wenn ich im Dienst hätte rauchen wollen. Alles mit Art."

Nun war der letzte Knoten geknüpft, der Künstler trat einen Schritt zurück und betrachtete mit schwermütiger Zufriedenheit sein Werk. „Jetzt aber den Kaffee!", sagte die Frau und stand auf. „Da setz ich Ihnen den Stuhl an die Kommode und dann trinken Sie und hernach, wenn Sie wiederkommen – Sie müssen wissen, ich bin heut Abend unten allein; mein Sohn, der Wilhelm, ist bei seiner Braut. Na, sie ist ja ein ordentliches Mädchen, was auch Gemüt und Manierlichkeit hat, und die Eltern haben sie eigens zu mir geschickt, ich sollt' doch auch den Heiligabend bei ihnen sein, sie hätten so schöne Karpfen und Mohnpielen. Aber die alte Webern ist auf einem Ohr taub, trotz ihrer sechzig, und dass so ein Ziegeleibesitzer nicht gerade unglücklich darüber ist, wenn die Mutter von seinem künftigen Schwiegersohn, dem Ingenieur, ihre Feste nicht mitfeiert und er sie vorstellen muss: Madame Weber, approbierte Hebamme – nicht wahr, Herr Wachtmeister, um das zu merken, muss man kein Sonntagskind sein. Aber Sie essen ja nicht. Die Weihnachtsstolle habe ich selbst gebacken – sie ist so schön aufgegangen – kosten Sie bloß!"

„Frau Nachbarin", sagte der Mann, der vor der Kommodenecke saß und tiefsinnig mit dem Löffel in dem braunen Trank herumruderte, „es ist mir nicht nach Stolle zumute. Vorm Jahr um die Zeit – ich muss immer denken …" „Vom Denken wird man nicht warm, Herr Wachtmeister, und Essen und Trinken hält Leib und Seele zusammen." „Wohl, wohl, Webern! Aber wissen Sie, wie ich am vorigen Heiligabend auch so hier saß – ich war erst vor vierzehn Tagen eingezogen, mein Kopf war noch nicht recht wieder beisammen – dass ich den Abschied hatte nehmen müssen nach dreißig Dienstjahren, das konnt' ich nicht hinunterwürgen – es wahr ja mit Ehren, weil der Tollpatsch, der Gefreite, wie er mir seinen neuen Revolver zeigen wollte, mir die drei Finger weggeknallt hatte und Krüppel kann unser Kaiser nicht brauchen – aber dennoch, so vom königlich preußischen Wachtmeister zu 'nem simplen Kassenboten bei der Bank degradiert zu sein – 's gibt einem invaliden Soldaten 'nen Riss, Webern, und der war noch ganz frisch damals am ersten Heiligabend ohne die Rosel. Und sie war erst drei Monate unterm Rasen und ich wusst' mir ohne sie so wenig zu helfen, wie'n Dreimonatskind ohne Mutter. Und da kamen Sie herauf, Weberken, und brachten mir das Paket, das Sie in ihrem Wäschespinde gefunden hatten, noch auf ihrem Krankenbett von ihr eingewickelt und zupitschiert, und mit ihrer festen Hand hatte sie die Adresse draufgeschrieben: ,An meinen lieben Mann zu Weihnachten, wenn ich bis dahin nicht wieder auf sein sollte. Rosalie Hartlaub.' Wissen Sie noch, Webern?"

„Wie sollte ich nicht, Herr Wachtmeister! Aber Sie dürfen nicht zu viel daran denken, es regt Sie auf, und der Kaffee wird noch kälter." „Kalter Kaffee macht schön! sagte die Rosel, wenn ich ihr zuredete, wie Sie jetzt tun, sie aber hatte immer noch was Wichtigeres zu besorgen als ihr eignes Frühstück oder Vesper. Na, geholfen hat's ihr blutswenig. Die Schönheit drückt sie nicht, sagte der Rittmeister, als sie eben in die Kaserne zu mir gezogen war, aber ein forsches Frauenzimmer scheint sie zu sein, manierlich und reputierlich, und das ist die Hauptsache für 'ne Soldatenfrau. Nu sehen Sie nur zu, dass sie Appell kriegt, Hartlaub, dann kann man gratulieren. Er hatte Recht, der Herr Rittmeister, gratulieren konnte man mir, denn an Appell hat sie's nicht fehlen lassen. Und nichts hatt' ich an ihr auszusetzen, als dass sie die zwei kleinen Mädchen in die Welt setzte, die fürs Überleben zu mickerig waren, und als das dritte kam, sich selbst auf französisch empfahl, ohne mir noch gute Nacht zu sagen. – Sie wissen's am besten, Webern, Sie waren ja bei ihr, wie sie plötzlich den Kopf gegen die Wand kehrte und nicht wieder zu sich kam, grad' wie'n Soldat, der 'ne Kugel mitten ins Herz kriegt. So was kommt nicht wieder, Nachbarin – nicht wieder – nicht wieder …"

Er drückte die Augen zu, um die Tropfen zurückzuhalten, die unter den hellen Wimpern vorquollen, und seine derbe Hand rührte blindlings immerfort in dem Kaffeetopf herum. Es war eine tiefe Stille in der Stube. Nur der Zeisig fing plötzlich an, wie dadurch aufgeschreckt, hin und her zu flattern. „Ja freilich", sagte endlich die dicke Frau, die ein wenig fröstelnd die Arme unter ihrem Umschlagtuch übereinandergelegt hatte und mit einer Art mütterlicher Überlegenheit auf den in sich zusammengesunkenen starken Mann herabsah. „Nichts kommt wieder, Herr Wachtmeister, auch mein Seliger ist nicht wiedergekommen und mein Riekchen, aber immer was Neues kommt und in meinem Geschäft merkt man das am besten. Sie schütteln den Kopf, Herr Nachbar. Die kleine Menschheit, der ich ins Leben helfe, kann Ihnen ja auch Ihre Rosel nicht ersetzen. Aber leben müssen wir darum doch und wer noch so in seinen besten Jahren ist wie Sie, soll unseren Herrgott nur machen lassen, wer weiß, was der noch für ihn im Sack hat."

Der pensionierte Soldat antwortete nicht gleich. Er trank aber den Kaffeetopf in einem langen Zuge aus, wischte sich dann den Schnurrbart und tat einen mächtigen Seufzer. „Er mag mir noch bescheren, was er will", murmelte er vor sich hin, „eine Weihnachtsbescherung von meiner Rosel kann er mir nicht mehr verschaffen. – Schönen Dank für Ihren Kaffee, Webern, die Stolle nehmen Sie nur wieder mit, Süßes ist nichts für mich." Er wandte sich nach der Zimmertür, wo seine Dienstmütze und der alte Soldatenmantel an einem Haken hingen. Als Kassenbote trug er beides nicht. Die Direktion hatte ihm einen eigenen Anzug für seinen Ausgeherdienst machen lassen. „Schön", sagte die Frau, „sputen Sie sich nur und hernach, nicht wahr? – ein großes Tractement finden Sie nicht bei mir, aber einen guten Punsch und was Kaltes, dass man den Heiligabend doch nicht so gottlos allein versitzt." „Entschuldigen Sie mich, meine verehrte Freundin", sagte er langsam, ohne sie anzusehen. „Wenn ich meine Bescherung abgeliefert habe, werde ich am Ende wohl ein warmes Glas nötig haben, aber viel reden dazu – nein, Webern, 's ist mir gegen die Natur. Ich werde mich irgendwo in einem einsamen Tabagiewinkel postieren – heute ist ja nirgends was los in so Lokalen – und eine stille Erinnerungspfeife rauchen, bis mir die Augen zufallen. Es geht wirklich nicht, Webern, so gut es von Ihnen gemeint ist. Der Riss, wissen Sie, fängt sonst wieder an zu brennen, ich bin gern unter zwei Augen mit mir, wenn ich merke, es steigt in mir auf, was ich vom Weibe in mir habe. Nichts für ungut, meine verehrte Freundin!"

„Nu, wie Sie wollen", brummte die Hebamme achselzuckend. „Jeder nach seiner Fasson, wie der Alte Fritze zu sagen pflegte. Aber dann warten Sie noch einen Augenblick, ich habe Ihnen noch was zu geben." Sie steuerte mit etwas unbehilflichen Schritten an ihm vorbei, während er schon den Mantel umhing, und er hörte sie die Treppe hinunter vor sich hin räsonieren.

Was sie noch wolle, darüber machte er sich keine Gedanken. Er war wieder vor das Tannenbäumchen getreten und starrte in das grüne Gezweig, hie und da ein schiefes Kerzchen gerade biegend. Als die Türe wieder ging, sah er wie geistesabwesend auf. Seine dicke Freundin trat ein wenig keuchend ein, sie trug etwas in ihrer Schürze, das sie jetzt herauszog. „'s ist nur eine Kleinigkeit, damit Sie doch auch wissen sollen, dass Heiligabend ist. Sie sollten's neben dem Punschglas finden, wenn Sie mir hernach die Ehre gegeben hätten. Da" – und sie zog zwei Päckchen heraus – „ein bisschen

Varinas, von Ihrer Lieblingssorte – und da ist auch eine neue Pfeife dazu. Für 'nen königlichen Kassenbeamten ist das verschmauchte, alte Möbel da nicht mehr anständig. Machen Sie man keine Worte von wegen danken, 's ist nicht der Rede wert, aber mit was Besserem ist Ihnen ja nicht beizukommen, Sie hängen ja so sehr an Ihrem alten Kram, weil er Sie an allerhand erinnert. Hier aber ist noch was – das ist nicht von mir – Sie können 's aber gut gebrauchen, denn die alten, die ich Ihnen kürzlich gewaschen habe – du meine Güte! Da sitzt ja ein Stopf neben dem andern. Wenn man sie scharf anguckt, gehen sie von selbst auseinander wie Spinnweben."

Sie holte ein Paket aus der Schürze, das sie ihm mit einer sichtlichen Verlegenheit hinhielt. Wie er das Papier auseinanderwickelte, kam ein halb Dutzend schöner silbergrauer Strümpfe zum Vorschein, mit roten Bändchen zierlich zusammengebunden.

Er hatte vorhin den Tabak und die Pfeife mit einem gerührten Brummen und stillem Kopfnicken auf den Stuhl gelegt, das Paket hielt er kopfschüttelnd in der Hand. „Nicht von Ihnen, Weberken? Von wem kommt es denn?" Sie strich die Schürze wieder glatt und eine leichte Röte färbte ihre runden weißen Wangen, die trotz ihrer Jahre noch wenig Falten zeigten. „Nu", sagte sie, „schwer zu raten ist es wohl nicht. Von wem soll es sein, als von meiner guten Freundin, der Hannchen Hinkel, die das Strumpf- und Wollenwarengeschäft nebenan in der Lilienstraße hat. Sie wissen ja, Herr Wachtmeister, dass sie große Stücke auf Sie hält, von wegen Ihres eisernen Kreuzes, und weil Sie die Rosel so gut gehalten haben und ein so respektierlicher, properer und adretter Mann sind. Wie ich ihr sagte, Sie würden bald neue Socken brauchen, ‚da hab ich grad' frische Ware bekommen, liebe Webern', sagte sie, ‚von einer ganz neu erfundenen Wolle. Bitten Sie den Herrn Wachtmeister, die einmal zu probieren, mit einer schönen Empfehlung von mir und als ein kleines christkindliches Angebinde und wenn er mir die Ehre geben wollte, morgen als am ersten Feiertage auf einen Löffel Suppe mit Ihnen, ich habe nur noch eine Gans, aber es würde mir sehr angenehm sein …' " Sie stockte plötzlich und wurde noch roter und es war, als ob sie den Blick fühlte, den er fest auf sie gerichtet hielt, denn sie wandte das Gesicht ab und seufzte einmal auf, wobei sie ihr Tuch fester um die runden Schultern zog.

Der Zeisig im Bauer fing hell an zu zwitschern. Das schien den Mann im Soldatenmantel aus seinem Hinträumen aufzurütteln. „Nehmen Sie die Strümpfe nur wieder an sich, Webern", sagte er nachdrücklich, aber nicht unfreundlich, „und ich ließe der Madame Hinkel schönstens danken, aber Präsente nähme ich nicht als von guten Freunden, wie z. B. Sie, Frau Nachbarin, eine sind, und Gänsebraten äße ich auch nur bei Leuten, wo ich wie zu Hause wäre, außer für mein Geld in der Speisewirtschaft, und – das sagen Sie ihr von sich aus – sie sollte sich nur die Mühe sparen. Sie wäre gewiss eine recht gute Frau, aber ich – na, Sie wissen schon – ich dächte nicht daran, mich zu verändern, dafür wär ich zu alt und ein alter Invalide dürfte kein junger Esel mehr sein, das sagen Sie Ihrer guten Freundin, und übrigens darum keine Feindschaft, und für den Varinas und die schöne Pfeife bedank ich mich vielmals und jetzt muss ich fort." Er drehte sich nach dem Tisch um, da sie ihm das Paket nicht abnahm, und legte die schöne silbern glänzende Liebesgabe so hastig auf eine Ecke, als ob sie ihm in den Fingern brennte. Dann zog er seine schweren Fausthandschuhe an.

Die Frau aber schüttelte auf einmal alle Verlegenheit ab und trat dicht an ihn heran.

„Sie sind ein rechter alter Bär!", sprudelte sie hastig heraus. „Nun ja, man braucht kein Prophet zu sein, um zu wissen, was die Frau Hanna im Sinn hat, aber despektierlich ist es doch weiß Gott nicht, wenn ein anständiges Frauenzimmer von 36 Jahren, die ihren Mann christlich begraben hat und keine Kinder, ein bisschen herumguckt, wer ihr wohl beistehen möchte, ihre Geschäfte zu versehen und ihr Gesellschaft zu leisten in ihrer Alleinigkeit. Denn es ist nicht gut, dass der Mensch allein sei und wenn ich meinen Wilhelm nicht gehabt hätte, würde ich dem Postoffizianten und dem chirurgischen Instrumentenmacher, die mich heiraten wollten, wohl auch keinen Korb gegeben haben. Sie aber machen ein Gesicht, wie wenn man Ihnen Baldrian statt Lagerbier eingeschenkt hätte. Nehmen Sie es mir nicht übel, Herr Nachbar, 's ist sündhaft, wie Sie die gute Frau behandeln. Erst kommen Sie in ihren Laden und kaufen bei ihr und wenn Sie oft genug mit ihr geschwatzt haben, dass sie hat merken können, Sie sind nicht bloß ein frischer und strammer Mensch trotz Ihrer 45, sondern auch 'ne Seele von einem Menschen, und jede Frau wäre gut versorgt mit Ihnen, dann tun Sie, als ob's ein himmelschreiendes Unrecht wäre, wenn eine ehrbare, alleinstehende, appetitliche Witwe Sie auf eine Gans einlädt und Ihnen Socken schenkt für Ihre von Paris erfrorenen Zehen. Können Sie leugnen, dass jeder in Ihren Verhältnissen heilfroh sein müsste, sich so in die Wolle zu setzen und auf seine alten Tage, die ja nicht ausbleiben werden, solch eine hübsche und adrette Pflegerin und Lebensgefährtin zu haben? Und obendrein – wenn mein Wilhelm heiratet, will er, dass ich meine Praxis aufgebe und zu ihm ziehe und bloß noch meinen Enkelkindern in die Welt helfe. Was fangen Sie dann an, da Sie sich nicht mal 'nen Knopf annähen können und keine Menschenseele sich um Ihre alten zerrissenen Socken annimmt? Ist Ihnen die Madame Hannchen etwa nicht hübsch und jung genug dazu?"

„Ich wäre ja blind, wenn ich das behaupten wollte", erwiderte er etwas kleinlaut. „Von dieser Madame Hinkel hätte mein Rittmeister gewiss nicht gesagt: die Schönheit drückt sie nicht – wie von der Rosel. Und Appell wollte ich ihr wohl auch noch beibringen. Aber wie gesagt, Webern: es geht nicht. Ein Invalide bin ich nun einmal – um die lumpigen drei Finger!" „Sie spaßen, Nachbar. Fürs Militär mögen Sie damit nicht mehr taugen und wenn Sie sich eine Prinzess an die linke Hand antrauen lassen sollten, möcht's auch damit hapern. Aber eine gut bürgerliche Wollen- und Strumpfwarenhändlerin, die sieht nicht auf aparte Meriten und wenn Sie nicht starblind sind auf beiden Augen, müssen Sie einsehen …"

„Frau Nachbarin", unterbrach er sie, „Excuse, wenn ich Ihnen für Ihren guten Willen schlecht danke, aber dass sie's übers Herz bringen können, am heutigen Abend, da ich diesen Baum eben auf das Grab meiner Rosel tragen will – ich sage nichts weiter, Webern, aber gerade Sie, die sie gekannt hat – Sie sagen selbst, nicht die Zehnte beträgt sich in ihrer schweren Stunde so tapfer – und jetzt kommen Sie mir mit Socken von einer neu erfundenen Wolle und einer Weihnachtsgans wie – nichts für ungut – der leibhaftige Versucher, der unserm Heiland die Herrlichkeiten der Welt vom Berge herunter zeigte? – Dies, meine geschätzte Freundin, hätte ich bei Ihrer Delikatesse nicht von Ihnen erwartet und wenn ich nicht wüsste, wie gut Sie's mit mir meinen ... – Also leben Sie wohl für heute und morgen sind wir wieder die Alten. Gute Nacht, Weberken!"

Er griff mit der rechten Hand nach dem Tannenbäumchen, setzte sich mit der unbehilflichen Linken die Mütze schief auf und schritt, der verdutzten Frau gutmütig zunickend, aus der Türe. Kaum aber war er auf dem Treppenabsatz des dritten Stockwerks angelangt, wo an einer niedrigen Tür, jetzt in der Dunkelheit freilich unlesbar, der Name seiner alten Freundin stand: „Karoline Weber, approbierte Hebamme", so stockte ihm der Fuß und er besann sich, ob er nicht wieder hinaufklimmen und mit etlichen guten Worten die offenbar gekränkte redliche Seele versöhnen sollte. Gut hatte sie's doch mit ihm gemeint, auf ihre Weise. Was konnte sie dafür, dass das nicht seine Weise war? Und ihr Kaffee war gut gewesen und die Stolle gewiss auch und dass er nicht für das Süße war, dafür konnte sie ja nicht. Und wenn sie wirklich hier auszog, war er dann nicht freilich ganz verlassen und verloren und hatte niemand, ihm seine Strümpfe zu stopfen? Sie hatte Recht, er brauchte jemand, der nach ihm sah und ihn proper hielt, wie es die Rosel getan hatte, und neue Strümpfe brauchte er auch. Aber musste es gerade die Frau Hannchen Hinkel sein, gleich eine neue Frau Wachtmeister oder Frau Kassenbotin? Dass die Weiber doch alle, selbst die besten, das verdammte Kuppeln nicht lassen können! Mehr als einmal hatte sie ihm schon nach dem Laden in der Lilienstraße hingewinkt und er hatte den Dummen und Taubstummen gespielt und es ihr nicht weiter übel genommen. Aber so ein Wink mit dem Zaunpfahl, an dem sechs Paar wollene Socken hingen – und gerade heut am Heiligabend –, das war ihm denn doch zu bunt, und wenn sie ihn jetzt für einen alten Bären verschrie – nur zu! Er wollt's auch sein, wenigstens was das Brummen betraf, wenn er's auch nicht zum Kratzen oder Beißen kommen ließ – aber merken sollte sie sich's. Himmelkreuz! Er wollte seine Ruhe haben und die arme Selige sollte sich nicht in ihrem kalten Bett herumdrehen müssen, wenn sie dahinterkam, was für Absichten man auf ihren Fritz Hartlaub hatte, ohne dass er mit einem Donnerwetter dazwischenfuhr und das nach ihm ausgeworfene Netz zerriss, aus wie feinen Fäden einer neu erfundenen silbergrauen Wolle es auch gewoben war. Also umfasste er mit seiner Bärentatze das Stämmchen des Christbaums nur umso fester, tastete mit der verstümmelten Linken an der Wand entlang und schritt vorsichtig den dunklen Stiegenflur hinab, dass die morschen Holzstufen unter seinem kriegerischen Tritt erkrachten.

Wie er auf die Straße hinauskam, pfiff ihm ein schneidender Ostwind ins Gesicht. Das focht ihn aber wenig an, außer dass er das Bäumchen dagegen zu verwahren suchte, damit keine der kleinen Kerzen abgeknickt würde. Es schlug acht Uhr von den Türmen der Stadt, die Straße aber war trotz des klingenden Frostes, der den festen Schnee unter den Sohlen knirschen machte, noch belebt, wie sonst kaum am hellen Mittag, alle Läden erleuchtet, und aus den Häusern hüben und drüben schimmerte und glitzerte die Pracht der lichterfunkelnden Christbäume, da zu dieser Stunde die Bescherung überall im vollen Gange war. Fritz Hartlaub hielt sich aber damit nicht auf, die Ausstellung hinter den Schaufenstern zu mustern oder gar durch die Scheiben der Erdgeschosse in die Familiengeheimnisse fröhlicher Menschen hineinzuspähen. Sein Bäumchen fest vor sich hertragend, die Nase im Mantelkragen, schritt er taktmäßig in seinen Gedanken dahin, die linke Faust in die dicke Mantelfalte eingewühlt, da der Frost ihm ein Gefühl verursachte, als ob die Spitzen der drei abgeschossenen Finger ihm absterben wollten.

Obwohl heut jedermann mehr als sonst mit sich selbst zu tun hatte, blieb doch mancher stehen und sah der mächtigen Soldatenfigur nach, die um Haupteslänge die meisten überragte und so tiefsinnig das bunte, mit Goldpapierketten und Kerzchen prangende Weihnachtsbäumchen dicht vor die Brust hielt, als präsentiere er damit das Gewehr vor dem Christkindchen selbst. Er dachte sich nichts dabei, dass er an der nächsten Ecke in die Lilienstraße einbog. Er hätte auch ein paar Straßen weiter „rechtsum" machen können, ohne den nächsten Weg nach dem Friedhof zu verfehlen. Aber er wich umso früher dem Ostwind aus, der ihm durch den dicken Handschuh schnitt, und warum sollte er die Lilienstraße meiden, die ihm nichts zu Leide getan hatte? Es war eine stille, anständige Straße, obwohl nur kleine Leute darin wohnten. Aus einem Hause hörte er Gesang; Kinder standen um den Weihnachtsbaum und sangen ein Lied, das sie in der Schule gelernt hatten. Das könnten meine Mädel jetzt auch, wenn die armen Würmer nur ihre ersten Zähne durchgebissen hätten! dachte er, indem er ohne hinzuschauen vorüberschritt. Er hatte immer eine große Vorliebe für Kinder gehabt. Nun sann er darüber nach, warum die, so ihm die Rosel geschenkt, so armselige Dinger gewesen waren, die gleich wieder ausgemustert werden mussten. Ihre Mutter war doch ein so „forsches Frauenzimmer" und er – so ein Gewaltsmensch! Was half's, sich den Kopf oder das Herz darüber zu zerbrechen? Vielleicht holten sie's im Himmel nach und ihre Mutter half ihnen dabei und wenn er selbst einmal hinaufkäme, würden ihm zwei Backfisch-Engel entgegenspringen und ihn Papa! anreden.

Dumme Gedanken das!, korrigierte er sich selbst. Sie würden ihn ja nicht kennen, und überhaupt, ob's da droben so menschlich zuginge … Auf einmal stand er still. Über die Straße hinüber sah er einen Laden schimmern, von mäßiger Breite und Höhe, und nicht mit einer einzigen stolzen Spiegelscheibe prangend, sondern mit einem bescheidenen altmodischen Schaufenster, hinter welchem jedoch allerlei weiße oder hellfarbige Sächlein lockten, zierlich geordnet und mit kleinen Papieren besteckt, auf denen die Pfeifen standen. Das zeigte ihm nicht bloß der Lichtschein, der von zwei Gasflämmchen im Innern ausgestrahlt wurde, sondern eine Straßenlaterne gerade vor dem sauberen einstöckigen Hause, über dessen Tür eine hellblaue Tafel hing mit der Inschrift in Goldbuchstaben: Woll- und Strumpfwarengeschäft von Johanna Hinkel. Es war, als läge ein Zauber in diesen Buchstaben, die doch so ganz bescheiden in die Winternacht hinausglänzten. Der Mann im Mantel drüben auf der anderen Seite der Straße musste sie unverwandt betrachten, ja er sagte den Spruch, zu dem sie sich zusammenfügten, ein paar Mal laut vor sich hin, als läse er ihn zum ersten Mal, und entdeckte heute eine tiefe Weisheit in dem Halbdutzend Worte. Ohne zu wissen, was er tat oder wollte, stapfte er jetzt durch den Schnee, der am Rande des Fahrwegs zusammengeschaufelt war, und betrat unter der Laterne weg den Bürgersteig drüben dicht vor dem Schaufenster. Es stand sonst niemand davor, wie vor anderen Läden. Wer in Woll- und Strumpfwaren seine Christbescherung machte, hatte sich wohl in den Tagen vorher versorgt und so hübsch die gestrickten Jäckchen, gehäkelten Tüchlein, Decken, Socken, Handschuhe und Pulswärmer aufgeschichtet und ausgebreitet lagen, einen müßigen Weihnachtswanderer konnte diese Schaustellung schwerlich fesseln. Auch der Mann mit dem Bäumchen schien kein sonderliches Interesse daran zu haben.

Er drückte die Nase dicht an die viereckige Scheibe und musste mit der linken Faust alle Augenblicke den feuchten Schleier wegwischen, mit welchem sein Hauch das Glas übertaute. So nur konnte er zwischen zwei gestrickten Kinderröckchen hindurch, welche die Prachtstücke des Schaufensters bildeten, in das Innere des Ladens spähen. Was er darin entdeckte, war freilich der Mühe wert, trotz der eisigen Nachtluft hier auf offener Straße eine kleine Rast zu machen, auch wenn man sich in den Laufgräben vor Paris die Zehen erfroren hatte.

Nicht die Fülle der „Wollen- und Strumpfwaren" freilich, die an den drei Wänden des länglichen Raums in größter Ordnung aufgespeichert waren, auch nicht der Ladentisch von hell poliertem gelben Holz und die Waage aus blankem Messing oder das eiserne Öfchen dort in der Ecke, ein so köstlicher Anblick am frostklirrenden Heiligabend sein rot glühendes Türgitter sein mochte. Aber hinter dem Ladentisch in einem hochlehnigen Rohrsessel, gerade unter der einen Gasflamme, saß ein weibliches Wesen mit einem Gesicht wie Milch und Blut, die etwas niedrige Stirn von hellblondem Haar eingerahmt und dies wieder von einem rosafarbenen Kapuzchen aus leichtflockiger Zephyrwolle, dessen Zipfel frei auf die runden Schultern herabhingen. Nur die behagliche Fülle der Gestalt, die in einem mit grauem Pelz verbrämten losen Jäckchen steckte, verriet, dass die Inhaberin wohl schon seit einiger Zeit „die Linie passiert" haben musste. Das Gesicht aber, zumal in dem warmen goldigen Flackerschein der Gasflamme, hätte man für das sommerlich aufgeblühte Antlitz einer glücklich verheirateten Frau gehalten, über dessen Flor noch keinerlei Ehestürme hingeweht wären. Die Farbe der Augen war nicht zu erkennen, da sie sich auf ein Büchlein hefteten, das auf dem Ladentisch lag. Aber wie hübsch war es anzusehen, wie die Flügel des stumpfen Näschens hin und wieder zitterten, wenn bei einer ergreifenden Stelle des alten vergriffenen Leihbibliothekromans ein Seufzer den atmenden Busen hob, und wie allerliebst bewegten sich die vollen Lippen, die manchmal eine besonders schöne Stelle halblaut vor sich hin zu sprechen schienen. Sie hatte den einen Arm auf den Ladentisch gestützt, eine zarte Locke fiel ihr über die kleine runde Hand, manchmal zog sie die etwas dunkleren Brauen zusammen, und dann wieder lächelte sie, dass zwei Grübchen in den vollen Wangen erschienen und kleine blanke Zähne einen Augenblick vorblitzten. Die Geschichte, die sie las, schien zu Ende zu gehen, in ungeduldiger Hast wandte die freie Hand die letzten Blätter um; als sie den Deckel zuklappte, legte sie sich mit dem Ausdruck großer Befriedigung in den Sessel zurück, sah ein Weilchen in die Gasflamme empor und öffnete den weichen roten Mund gleich darauf zu einem ganz unverstellten Gähnen, wie jemand, der sich unbelauscht glaubt. Aber auch diese Gebärde, die sonst nicht für die anmutigste gilt, ließ ihr nicht übel, zumal dabei das Innere ihres rosigen Mundes und die kleinen Eichkätzchenzähne zum Vorschein kamen und der weiße, volle Hals, dessen frische Haut gegen das graue Pelzkrägelchen höchst appetitlich sich abhob.

Wenn dies alles eine wohl einstudierte Komödie gewesen wäre, um den Zuschauer draußen auf der Straße zu fesseln, hätte sie es nicht geschickter anstellen können. Doch war es unmöglich, durch die aufgestapelten Schätze ihres Wollen- und Strumpfwarenlagers hindurch in dem Schaufenster draußen überhaupt nur eine menschliche

Figur zu erkennen, geschweige den betrübten Witwer zu vermuten, der zu dieser späten Zeit ihren Laden nie betreten hatte. Wie sie sich also gab, entsprach es ihrer unbekümmerten behaglichen Natur, die selbst in unbewachten Augenblicken sich auf nichts Hässlichem ertappen ließ.

Diese Erkenntnis, wenn auch nur als ein dumpfer sinnlicher Eindruck, bemächtigte sich auch des biederen Wachtmeistergehirns, in welchem es immer wunderlicher von streitenden Gedanken wogte und wirbelte, je länger die Augen in das helle, warme Lädchen hineinstarrten. Wider Willen stellte die ehrliche Seele einen Vergleich an zwischen der lebendigen Gegenwart und den liebsten Erinnerungen. Wenn man gerecht sein wollte, musste man gestehen: Neben dieser von Kopf bis Fuß untadeligen kleinen Person da in dem Rohrsessel hätte die Selige sich wie eine grobe Magd ausgenommen. Was war ihre Nachthaube gegen dieses Kapuzchen, ihre derbe Hand gegen das weiche kleine Patschchen, das sich um den Bart gehen zu fühlen auch der Großtürke für eine absonderliche Wonne gehalten hätte. Wenn die Rosel gähnte, worin sie stark war, verzog sie den Mund mit den nicht sonderlich gepflegten Zähnen zu einer unförmigen Höhle und reckte die starken Arme hoch über den Kopf. Auch hatte sie nie die geringste Lust bezeigt, ein Buch in die Hand zu nehmen. Ein paar Hefte einer illustrierten Zeitschrift, die sie bei ihrem Gatten vorgefunden, nahm sie an langweiligen Feiertagen wohl auf den Schoß und betrachtete die Bilder, ohne die geringste Wissbegier, was sie wohl bedeuteten. Ihr Wachtmeister war ein Lehrersohn und hielt etwas auf Bildung, wenn auch nur militärische. Er wurde nicht müde, ein paar alte Handbücher über Kriegswissenschaft und eine populäre Schrift über den französischen Krieg zur Hand zu nehmen und hätte es gern gesehen, wenn die Rosel Interesse dafür gezeigt hätte. Die las aber höchstens einmal in einem alten Kochbuch und freilich war sie eine perfekte Köchin gewesen und als solche hatte er sie im Hause des Obersten kennen und schätzen lernen. Der Dienst nahm ihn auch zu sehr in Anspruch, um sich ernstlich mit der ferneren Bildung seiner Frau zu befassen. Jetzt aber, da er Invalide geworden war und nach dem Schluss seiner Bank freie Zeit hatte, war's ihm doch pläsierlich gewesen, mit der Webern einen vernünftigen Diskurs führen zu können. Wenn das aufhören sollte, wie würde er die langen Abende herumbringen? In Gesellschaft eines weiblichen Wesens freilich, das in der Leihbibliothek abonniert war und gewiss eine Menge hübscher Geschichten wusste …

Aber das war ja sündhaft, so etwas sich auszumalen, am heutigen Abend in das fremde Weibergesicht so wie verhext zu schauen, während die arme Selige draußen auf ihr Weihnachtsbäumchen wartete. Nein, die Webern sollte nicht Recht behalten! Lieber allein bleiben und sich zu Tode langweilen, als seiner Rosel untreu werden, die ihr Leben lang ihm kein ungutes Wort gesagt, keine böse Stunde gemacht hatte, als da sie ihm ihre kalte zitternde Hand zum Abschied reichte und kaum noch verständlich sagte: „Adjeu, Fritz, und vergiss mich nicht." „Mir" hatte sie eigentlich gesagt. „Und im Tischkasten liegt noch eine Tüte mit Zucker und vergiss nicht – wenn du nachts raus musst – den wollnen Schal! Ach Gott und Vater, in deine Hände …"

Das waren ihre letzten Worte gewesen und jetzt stand ihr Fritz und äugelte nach einer fremden Wollen- und Strumpfwarenhändlerin, bloß weil sie ein weiß und rotes Gesicht hatte und zwei Grübchen darin! Eine Schande war's, wie er sich aufführte, und was mussten die Vorübergehenden denken, dass er hier schon eine Viertelstunde Maulaffen feil hielt – und wenn ihn vollends jemand erkannt hätte …

Er drückte die Mütze, die sich beim Anlehnen an das Fenster verschoben hatte, tiefer in die Stirn, zog den Mantel dichter um die Schultern und wollte eben mit einem stillen Seufzer, teils über seine Verwirrung, teils weil es ihm doch etwas sauer ward, sich das Gratisschauspiel zu versagen, seinen Weg wieder aufnehmen, da rührte sich drinnen die gefährliche Person, die während seiner stillen Gewissensprüfung ein wenig eingeschlummert war, fuhr in die Höhe, wobei sie sich mit den weißen Fäustchen die Augen rieb, und stand plötzlich resolut auf. Das rosawollene Kopftuch war ihr in den Nacken gefallen und man sah nun den hübschen, mit blonden Flechten umsteckten Kopf frei auf den rundlichen Schultern. Auf dem nächsten Kirchturm schlug es halb neun. Sie horchte und schien etwas verdrießlich darüber, dass die Zeit bis zum Ladenschluss so langsam verging. Dann holte sie von einem Tisch hinten in der Ecke eine Schüssel herbei, die sie auf den Ladentisch vor sich hinstellte und mit zerstreuter Miene beschaute. Es war ein künstlicher Aufbau von Früchten und Süßigkeiten, aus einem Kranz von Feigen, Datteln und Traubenrosinen erhoben sich als die Krönung des Gebäudes drei kleine dunkelrote Apfelsinen, in deren Mitte ein Blumensträußchen prangte. Den Rand der Schüssel füllten Makronen, Weihnachtsgebäck und verzuckerte Mandeln und unter all den Herrlichkeiten lag eine mit goldnem Schnörkelwerk verzierte Karte, auf der einige Worte standen, die der Späher auf seinem Posten draußen trotz seines eifersüchtigen Bestrebens nicht zu entziffern vermochte.

Denn es war nicht zu bezweifeln: Der zierliche Aufbau rührte von einem Verehrer her, der seinen Gefühlen hier den verführerischsten Ausdruck gegeben zu haben glaubte. Welchen Erfolg er damit gehabt, war an der Miene der Beschenkten nicht zu erkennen. Sie fuhr fort, das süße Kunstwerk nachdenklich zu betrachten, hie und da ein Makrönchen oder eine Dattel, die herausgerutscht war, dem Plan des Ganzen wieder einzufügen, davon zu naschen aber schien sie durchaus keine Lust zu haben. Nur ein Rosinchen pflückte sie träumerisch vom Stiel und steckte es zwischen die Zähne, die daran nagten bloß zum Spiel.

Die Rosel hätte in derselben Zeit eine ansehnliche Verheerung in der verlockenden Bescherung angerichtet. Sie war keine Näscherin; aber dergleichen Präsente pflegten sich nicht lange in ihrem Schrank zu halten und selbst das Pfefferkuchenherz am Christbaum war schon am zweiten Feiertage verschwunden.

Gleichviel! Der Geschmack wie der Appetit ist verschieden. Was konnte die Rosel dafür, dass sie … Aber da ging die Klingel an der Ladentür. Ohne dass die Schildwache draußen es bemerkt hätte, war ein kleines Mädchen vorbeigehuscht, hatte die Tür aufgeklinkt und stand jetzt in seinem dünnen schwarzen Mäntelchen, ein Tüchlein um den frierenden Kopf gebunden, vor der Inhaberin des Wollen- und Strumpfwarengeschäfts. Der Handel war bald gemacht. Eine verspätete Weihnachtsgabe konnte es nicht sein, die paar Strähnchen dunkler Wolle, die das Kind verlangt hatte, waren wohl nur neuer

Vorrat für eine Arbeit, welche selbst am Heiligen Abend fortgesetzt werden sollte. Die Verkäuferin warf, indem sie das kleine Paket einwickelte, einen stillen mitleidigen Blick auf ihre späte Kundin, deren mageres rotes Händchen die paar Geldstücke schüchtern auf den Ladentisch legte, während die eingesunkenen Augen in dem schmächtigen Gesicht nach der herrlichen Fruchtschüssel wanderten. Als sich aber das Kind mit einem leisen Gute Nacht! gewendet und schon die Tür wieder erreicht hatte, wurde es durch einen Ruf der Frau an der Schwelle festgehalten. Es kam dann zögernd, wie wenn es seinen Ohren nicht traute, an dem Ladentisch zurück und jetzt griff die Gutherzige mit einem wunderhübschen Lächeln die größte der drei Apfelsinen heraus, dass der künstliche Berg ins Wanken kam, hielt sie dem erstaunten Kinde hin und gleich mit der anderen Hand von den Feigen und Makrönchen, so viel sie fassen konnte. Als das völlig versteinerte arme Ding erst nicht zu begreifen schien, dass dies alles ihm gehören sollte, zog seine Wohltäterin es dicht heran, suchte in dem Mäntelchen nach den Taschen, die zum Glück nicht die schmalsten waren, und stopfte sie beide mit sichtlichem Vergnügen voll, bis nichts mehr hineinging. In das vor Glück und Staunen offene Mäulchen schob sie dann noch eine große glänzende Feige, nickte der über und über erglühenden kleinen Armut zu und ging gleichmütig wieder zu ihrem Sessel zurück, während das Kind so eilfertig sich davonmachte, als ob es die ganze unverhoffte Bescherung gestohlen hätte.

Der raue Krieger draußen, der keinen Blick von diesem artigen Auftritt verwandt hatte, ließ ein Brummen tiefster Befriedigung vernehmen. Aber so sehr ihn dieser neue Einblick in das gute Gemüt der Verführerin erwärmt und erquickt hatte – jetzt konnte ihn nichts mehr hier festhalten, die Rosel wartete schon zu lange. Er nickte unwillkürlich durch das Fenster einen Gruß, der an der Ahnungslosen freilich unbeachtet vorbeiglitt, fasste sein Bäumchen wieder fest in die Faust und schritt gesenkten Hauptes die einsame Straße hinunter. Er war fest entschlossen, nun alle seine Gedanken einzig auf sein nächstes Vorhaben zu richten. Aber was half es ihm, dass er immer größere Schritte machte und die Augen nicht von dem Pfefferkuchenherz wandte! Neben ihm trippelte ein allerliebster Spuk in einer Kapuze von rosa Zephyrwolle und loser Jacke mit grauem Pelzbesatz, so leibhaftig und unentrinnbar – er getraute sich nicht zur Seite zu schielen, er war überzeugt, dann auch das hübsche, runde Gesicht zu sehen, am Ende gar sich anreden zu hören. So grimmig kalt es war, trat ihm doch der Schweiß in großen Tropfen auf die Stirn, die Zunge klebte ihm am Gaumen, er blickte ein paar Mal wie Hilfe flehend zum Himmel empor, wo der Mond in voller Pracht schimmerte und die Sterne daneben funkelten und flimmerten. Da glaubte er von zwei hellen bläulichen Pünktchen sich anlachen zu sehen, die genau einem gewissen Augenpaar glichen, und drückte mit einem dumpfen Soldatenfluch die Augen fest zu, um von der ganzen Hexenwirtschaft nichts mehr zu gewahren.
Das verschlimmerte aber nur die Sache, denn nun stand sie erst recht vor seinem inneren Sinn, in Lebensgröße, mit dem guten Lächeln um die Lippen und in den hübschen Händen die Orange und die Süßigkeiten, die sie der kleinen Kundin in die Taschen des Mäntelchens stopfte. Er verwünschte seinen Leichtsinn, durch die Lilienstraße gegangen zu sein. Nun bog er wieder links ab und war froh, von Neuem den scharfen

Wind zu spüren, der sein erhitztes Gesicht unsanft umschob, sodass ihm bald der Bart von harten Eiszapfen starrte. Wer ihm das gesagt hätte, als er das Bäumchen putzte, dass er es in so sündhaften Gedanken nach dem Ort seiner Bestimmung tragen würde! Ihm war, als müsse jeder Vorübergehende ihm ansehen, wie ihm zumute war, und ein Hohngelächter aufschlagen. Seiner Rosel hatte er Appell beigebracht, und nun waren seine eignen Herzschläge wie unbotmäßige Rekruten, die auf das Kommando nicht hörten und von Subordination nichts wissen wollten.

Endlich aber war die Vorstadt mit ihren langen, öden Gassen durchschritten und draußen über das totenstille Feld sah er schon von Weitem die hohe, dunkle Mauer des Friedhofs ragen, nach der er hinstrebte wie nach einem geweihten Bezirk, wohin kein Hexenspuk ihm folgen könne. Als er das eiserne Gittertor erreicht hatte, durch dessen Stäbe er die weiß überschneiten Gräber mit ihren Kreuzen und Denkmälern in langen friedlichen Reihen sich hinstrecken sah, atmete er tief auf, stellte das Bäumchen einen Augenblick auf den Boden und trocknete sich mit seinem Tuch Gesicht und Hals, wie wenn er den Weg, wie so manches Mal, in greller Sommerglut zurückgelegt hätte. Er wartete noch ein paar Minuten, bis das Herzklopfen nach dem stürmischen Lauf sich beruhigt hatte. Dann zog er die wohlbekannte Glocke neben der Eingangspforte. Es rührte sich lange nichts in dem Häuschen, das der Pförtner bewohnte. Auch drang kein Lichtschimmer durch die Ritzen des Fensterladens, obwohl es kaum neun Uhr sein konnte. Zweimal noch musste der späte Gast die melancholische Glocke in Bewegung setzen, dann erst hörte er die Tür aufschließen und sah den alten Mann, tief vermummt in einem dunklen Mantel, eine gestrickte Nachtmütze auf dem spärlichen grauen Haar, eine Laterne in der Hand, aus der schmalen Tür treten. Wie ein im Schlaf gestörter Haushund knurrte er ingrimmig vor sich hin. Als er aber die Laterne in die Höhe hielt und das Gesicht vor dem Gitter beleuchtete, stutzte er erst einen Augenblick und fragte dann in etwas minder unwirschem Ton, was zum Teufel der Herr Wachtmeister zu nachtschlafender Zeit noch hier zu suchen habe. „Lassen Sie mich rein, Herr Liborius", gab der andere mit unsicherer Stimme zur Antwort. „Hab noch was auf meinem Grab zu tun. Soll Ihr Schaden nicht sein, Herr Kirchhofsverwalter."
Der kleine Graue betrachtete ihn und das Bäumchen, das der gute Freund ihm durch das Gitter zeigte, mit unverhohlenem mitleidigem Hohn. „Sind Sie bei Trost, Wachtmeister?", sagte er achselzuckend. „Wollen Sie wirklich das Ding da Ihrer Seligen aufbauen, als ob Sie ihr damit ein christliches Pläsier machen könnten? Meinen Sie denn, so eine arme Seele estimierte noch den Heiligabend und röche gern Fichtennadeln, Wachslichter und Pfefferkuchengewürz? Es sind ja heute Nachmittag viele gekommen mit Kränzen und Blumensträußen und haben ihre Gräber dekoriert, na, das mag noch hingehen; 's ist mehr für ihr eignes Gemüte, dass sie sich sagen können, sie haben auch an die armen Tröpfe gedacht, die heut Abend keinen Schluck Punsch zu kosten kriegen. Aber so'n kompletter Weihnachtsbaum? – Nee, Herr Wachtmeister, wie haben Sie sich so was einfallen lassen können? Und klingeln mich damit aus dem ersten Schlaf, der meine ganze Weihnachtsbescherung ist!"

„Soll Ihr Schaden nicht sein, Herr Liborius", wiederholte der draußen und streckte seine freie Hand, die einen harten Taler hielt, durch die Eisenstäbe. „Da, Freundchen, nehmen Sie, 's ist gerne geschehn, und nu lassen Sie mich rein; das Andere ist meine Sache." „Na, wie Sie meinen", brummte der Pförtner, indem er sacht das Geldstück in Empfang nahm. „Die Geschmäcker sind verschieden und Sie sind ja sonst ein braver Mann." Dabei schloss er die kleine Pforte auf. „Aber sehen Sie, Herr Wachtmeister, Sie haben noch nicht so vielen unter die Erde geholfen wie ich, da haben Sie noch so kuriose Begriffe von einem toten Menschen. Sie sind – nehmen Sie mir das nicht übel – wie'n Kind, das die erste Puppe geschenkt gekriegt hat. Die wird behandelt ganz wie'n lebendiger Mensch, eingewiegt und gewaschen und gefüttert, als ob sie was davon hätte, bis das Kind endlich merkt, 's ist alles bloß seine eigne Einbildung und frisst dann die ganze Mahlzeit, die es im Porzellantopf angerichtet hat, selber auf. Nicht, dass ich Sie, wenn einer tagtäglich so ein Grab umrajolen sieht und ist nichts drin als das Bisschen Staub und Moder und Gebein, und sieht dann, wie die ‚tieftrauernd Hinterbliebenen' so'n Grab angucken, wie wenn's eine Chambre garnie oder Landwohnung wäre, in die sich so'n armer Sterblicher eingemietet hätte, weil er das Wagengerassel und den Straßenlärm satt bekommen hat, aber man könnte noch ganz gut sich mit ihm unterhalten und er röche die Blumen, die man ihm zum Präsent macht, – na, wenn einer das glaubt, so mag man ihm ja den Spaß nicht verderben, so wenig man einem kleinen Mädchen sagt, dass seine Puppe bloß ein lederner Balg ist, mit Sägemehl ausgestopft. Von Ihnen aber, Herr Wachtmeister, hatt' ich immer gedacht …"

„Was Sie von mir denken, Herr Liborius, ist mir verdammt egal", murmelte der Andere, jetzt da er in dem geweihten Bezirk war, jede Rücksicht auf den Mann, der den großen Schlüssel dazu hatte, verschmähend. „Lassen Sie mich nur meine Wege gehen. Ich brauch Ihre Laterne nicht, um zu wissen, wohin ich will!" „Meinetwegen!", raunte der kleine Türhüter. „Wir haben ja auch Mondschein. Gute Verrichtung, Herr Wachtmeister!" Er nickte ihm zu mit der Miene eines Weisen, der gewohnt ist, fünf gerade sein und unschädliche Narren gewähren zu lassen.

Fritz Hartlaub hatte ihm schon den Rücken gewandt und stapfte mit harten Tritten den Gang entlang, den Kopf tief in den Mantelkragen geduckt. Wer zu dieser Stunde hier gewandelt wäre ohne ein trauerbeschwertes Herz, nur dem Eindruck der stillen weiß glitzernden Gräberstätte hingegeben, hätte trotz der Schauer der Winternacht wohl gedacht, dass unter den reinlichen Decken da unten gut ruhen sei.
Es war so hübsch, wie die bereiften Trauerweiden und Lebensbäume zwischen den blanken Grabsteinen ihre weißen Zweige breiteten und die knienden oder aufstrebenden Engel auf den vornehmeren Monumenten, vom bläulichen Mondzwielicht, die zarten Ärmchen erhoben, oder ihre Palmzweige geschultert zwischen den gefalteten Händen hielten. Hie und da lag auch ein frischgrüner Kranz von Stechpalmen, Lorbeer oder Fichtenreisern auf einem der dick überschneiten Hügel und vor diesem oder jenem katholischen Grabkreuz flimmerte hinter blauem oder rotem Glase ein ewiges Lämpchen. All das würdigte der schwerfällig dahinschreitende Mann im Soldatenmantel keines Blicks. Er verließ bald den mittleren Hauptgang und wandte

sich seitwärts in den entlegneren Teil des Totenfeldes, wo längs der Umfriedung eine Reihe schmuckloser Gräber erkennen ließ, dass hier den ärmeren Menschenkindern, den Toten zweiter und dritter Klasse ihre Ruhestatt angewiesen worden war. Er machte sich auch keine Gedanken darüber, dass nicht einmal vorm Tode alle gleich seien. An Respekt vor Rangunterschieden war seine bescheidene Seele gewöhnt. Hätte er selbst es doch mit weiteren dreißig Dienstjahren nie zum Offizier bringen können.

Nun endlich war er angelangt, wohin er wollte. Das Grab seiner Rosel lag dicht an der Mauer, jetzt sehr zu seiner Zufriedenheit, da er hier von dem scharfen Winde völlig geschützt war; denn auch ein paar hohe Lebensbäume auf den Nachbargräbern hielten die Zugluft ab. Es war wie die Hügel neben ihm mit einer dicken, makellosen Schneedecke eingehüllt, aus welcher das Kreuz schwarz aufragte, aus Gusseisen in der genauen Form des „Eisernen Kreuzes", auf einem kleinen steinernen Pfeiler sich erhebend. So hatte der trauernde Witwer sich's selber ausgedacht, da er willens war, dereinst sich zu seiner guten Frau betten zu lassen, und das wohlverdiente Ehrenzeichen sollte andeuten, dass ein rechtschaffenes Soldatenherz hier von allen Dienststrapazen ausruhe. In der Fläche der Kreuzarme stand in Goldbuchstaben die Inschrift: „Hier ruhet in Gott Rosalia Hartlaub – (darunter das Datum des Geburts- und Todesjahres) und ihr getreuer Gatte." Wann der zweite Name dazugeschrieben werden würde, konnte niemand sagen. Als der Witwer das Grabkreuz bestellte, dachte er, es würde nicht allzu lange dauern. Wie er heut in strotzender Kraft und Frische die Inschrift las, schien es ihm selbst fast wunderlich, dass sie einmal auch ihm gelten sollte.

Er tat wieder einen tiefen Seufzer, fegte dann mit der behandschuhten Rechten den Schnee von der Mitte des Hügels ab, wobei ein dünnes Gespinst von dunklen Efeublättern zum Vorschein kam, und pflanzte mit einem kräftigen Druck das kleine Brett, in welches das Tannenstämmchen eingekeilt war, in die Lücke zwischen den Ranken. Da stand nun das grüne Gewächs und reichte mit dem Wipfel bis an die Höhe des Kreuzes. Es nahm sich stattlich genug aus. Wenn die Rosel es sehen konnte, musste sie ihre Freude daran haben. Aber konnte sie es sehen? Wo war sie in dieser Stunde? „Das Bisschen Staub, Moder und Gebein da unten" – der kaltblütige Pförtner, der davon Bescheid wissen musste, hatte am Ende Recht: Da unten war die Rosel nicht. Am Ende war sie irgendwo, wo sie selbst nicht empfand, was mit ihrem armen Rest vorgegangen war und welchen Weg ihr guter verwitweter Lebensgefährte einschlug, wenn er so recht ungestört an sie denken wollte. Ob sie aber nicht auf irgendeinem der zahllosen Sterne die „Chambre garnie" oder ein Sommer- und Winterquartier bezogen hatte, schöner und luftiger als ihre Wohnung in der Kaserne, von dem engen Logis unter dem Hügel da gar nicht zu reden?

Diese zweifelnden Gedanken kreuzten hin und her durch das helldunkle Gehirn des betrübten Mannes, bis ihm endlich alles Denken verging. Aber zu seiner eigenen Bestürzung ward er inne, dass sich die gerührte Stimmung, die ihn bei seinen früheren Besuchen hier stets überkommen hatte, heute trotz des besten Willens nicht einstellen wollte. Er suchte vergebens, sich das Bild der Entschlafenen, durch die Erinnerung an all ihre trefflichen Eigenschaften verklärt, in der Seele wachzurufen – es blieb ein dunkler Umriss, ohne gegenwärtige Lebensfülle, fast nur ein Name und ein Schatten, der immer nebelhaftere Formen annahm, je eifriger er ihn heranzulocken strebte. Statt dessen aber – er erschrak, da er sich's endlich nicht mehr verleugnen konnte – war ganz heimlich der gefährliche Spuk aus der Lilienstraße ihm wieder auf den Leib gerückt und zu seiner bittersten Beschämung musste er erleben, dass er, während er, um sich dagegen zu waffnen, die Inschrift vom Kreuz ablas, den Namen der Anderen beständig mit sanftem Schmeichelklang in seinem Ohre summen hörte.

Nein! So durfte es nicht fortgehen! Er, ein Soldat von dreißig Dienstjahren, sich unterkriegen lassen von einem schlauen Feinde im Unterrock, als ob ihm nicht bloß die drei Finger an der linken Hand, sondern der bekannte Muskel unter seiner linken Rippe weggeschossen wäre? Sich wie ein großes Wickelkind in Zephyrwolle einspinnen lassen und am Ende gar hinterm Ofen des Strumpfwarenlädchens seine Tage müßig verhocken und nichts weiter verrichten, als abends Kassensturz halten und die Tageseinnahmen in ein Büchlein kritzeln? Himmelkreuzschockschwerenot, das das ruhmlose Ende eines kgl. preußischen Wachtmeisters, der das Eiserne Kreuz und die Kriegsmedaille von 66 trug und an den hübschesten Französinnen ungerührt vorbeigegangen war als an der seelenverderblichen Brut des Erbfeindes? Und das alles bloß, um nicht die Neige in seinem Lebensbecher einsam auszunippen, was freilich ein schlechtes Vergnügen war, aber immerhin besser, als sich frisch einschenken zu lassen von einer Mundschenkin, die ihm böse Augen machen würde, wenn er sie in der Zerstreuung Rosel statt Hannchen riefe? Und das würde unfehlbar geschehen. Denn hatte ihn die Selige nicht kurz vor ihrem letzten Atemzug gebeten: „Fritze, vergiss mir nicht!" und hatte er ihr je etwas abschlagen können? Nein, und tausendmal Nein: Was der neunmalkluge Liborius auch spottete und achselzuckend mochte: Die Rosel wusste noch Bescheid um ihn, sah ihm, wie bei ihren Lebzeiten, durch Mantel und Waffenrock gerade ins Herz und es war eine Sünde und Schande für ihn, was sie in dieser Stunde alles darin hatte sehen müssen. Fort mit dem blauäugigen, rotbäckigen Frauenzimmer, das sich da eingeschlichen hatte, wo niemand wohnen durfte als eine einzige, leider zu früh verewigte Person, die zwar nicht die Schönste ihres Geschlechts gewesen war, aber eine richtige Wachtmeisterin, bis in ihr letztes Stündlein ihm so treu wie er selbst seinem obersten Kriegsherrn, und die nicht einen Augenblick daran gedacht haben würde, wäre er vor ihr gestorben, ihm einen Nachfolger zu geben, und wenn der Hauptmann selbst seine Augen auf das forsche Frauenzimmer geworfen hätte.

Auf einmal wurde ihm so leicht ums Herz, wie einem Teufelsbeschwörer, der durch kräftige Exorzisation eine Legion unsauberer Geister in die Hölle zurückgebannt hätte. Er nahm die Mütze ab, faltete die Hände und betete halblaut ein Vaterunser, ohne sich was anderes dabei zu denken, als dass jetzt irgendetwas Geistliches am Platze sei. Sodann zog er ein Schächtelchen Zündhölzer aus der Tasche und zündete die Wachslichter am Baum eins nach dem andern sorgsam an, was ihm auch gelang, da ja der Wind durch die Mauer und das Grabkreuz abgewehrt wurde. Wie er damit fertig geworden war, stand er in stiller Betrachtung vor dem hell funkelnden Weihnachtsbäumchen, dessen Glanz auch die Inschrift am Kreuz wie frisch vergoldet erscheinen ließ. Es war nun ganz friedlich in seinem Innern und er empfand nicht einmal, wie der scharfe Frost seine erfrorenen Zehen angriff, da er im Schnee unbeweglich stand. Ringsum war eine so tiefe Stille, fast hätte man die Engel singen hören hoch oben im Sternenäther, ihre alte, ewige „frohe Botschaft." Was war aber das? Was für ein Ton durchbrach plötzlich diese himmlischen Akkorde, sehr an irdisches Weh gemahnend, ein Winseln und Wimmern hinter einem der benachbarten Grabsteine hervor, wo bisher nichts Lebendiges sich geregt hatte? Es verstummt dann wieder, um mit einem verstohlenen Ächzen und Stöhnen von Neuem einzusetzen, und näherte sich langsam, bis es endlich so nah erklang, dass es den einsamen Mann vor dem brennenden Bäumchen aus seiner tiefen, wehmütig feierlichen Versunkenheit emporriss. Als er jetzt die Augen von dem bunten Kerzengeflimmer weg zur Seite wandte, sah er zu seinem Erstaunen einen kleinen zottigen Hund, der, wie es schien, auf vier erfrorenen Pfoten mühsam sich heranschleppte, am ganzen Leibe zitternd und das Maul wie ein Verschmachtender weit geöffnet, die glanzlosen, von dichtem weißem Haar umstarrten Augen fest auf das Weihnachtsbäumchen gerichtet, wobei sich der schwer arbeitenden Brust jenes klägliche Winseln wieder entrang, bis der arme Gesell das Grab der verewigten Wachtmeisterin erreicht hatte und dicht neben dem Tannenstämmchen zusammenbrach. Er erschütterte im Hinsinken die nächsten Kerzen und hätte vielleicht einen Brandschaden an seinem grauen Fell erlitten, wäre dieses nicht so starrend von Eis gewesen, dass kein Feuer zünden konnte. Offenbar hatte der Lichtglanz das völlig abgemagerte arme Tier kurz vor seinem letzten Aufstöhnen noch einmal zum Leben erweckt und angetrieben, der Wärme nachstrebend, sich zu den Füßen des unbekannten Mannes ein festlicheres Sterbelager zu suchen.

Einen Augenblick nur betrachtete der trauernde Witwer untätig dies erlöschende Leben. Dann bog er sich zu dem stillen Kameraden nieder, dessen weißzottige Brust nur noch in schwachen Zuckungen arbeitete, strich ihm über den zitternden Kopf und befühlte die starr ausgereckten mageren Beine. „Himmelkreuz!", wetterte er dabei in den Bart. „Da hockt die alte Eule, der Liborius, in seinem Käfig und passt so wenig auf die Türe, dass so ein armes Vieh hereinkann, und, wenn ihm das Tor vor der Nase zugesperrt wird, elendig verhungern und erfrieren muss. Aber warte, Kleiner, du sollst nicht umsonst dir gerade dies Grab zu deinem letzten Ruhekissen ausgesucht haben. Muss es gleich Matthäi am Letzten sein? Ei, Gott bewahre! Solange der Mensch noch japsen kann, muss er nicht verzweifeln. Aber im Schnee sich wälzen wie die Russen ist nicht für jedermann. Komm, Kleiner, wir wollen uns ins Trockne und Warme bringen. Nur sachte! Zur Kinderfrau hab ich ohnehin die schönsten Gaben gehabt und meine eigenen haben nur leider nicht davon profitieren wollen. Na, flenne nur nicht! Sachtchen, sachtchen!"

Er hatte während dieser vor sich hin gemurmelten Ansprache den Hund, der keinen Widerstand leistete, aufgehoben und machte sich eifrig daran, die Eiskrusten von seinem Fell mit dem Tuch abzureiben, wobei er ihm warm in das flehend verzerrte Gesicht hauchte. Nicht lange, so spürte er, dass die schon wie im Todeskampf zuckenden Glieder sich beruhigt lösten und das zitternde Herz mäßiger klopfte. Er schlug den Mantel um das wehrlose Geschöpf, das nur noch von Zeit zu Zeit einen wimmernden Ton ausstieß, wie ein Kind nach heftigem Weinen, wenn es in Schlaf versinkt, und fuhr fort, mit der rechten Hand den kleinen Körper kräftig zu frottieren. Dabei fühlte er jetzt erst deutlich, dass er kaum mehr als ein behaartes Knochengerüst im Arm hatte, und plötzlich richtete er sich in die Höhe und sagte: „Da ist Not am Mann! Wenn er mir wirklich nicht erfriert, so verhungert er mir. Ich muss machen, dass ich ihn nach Hause schaffe."

Sofort wandte er sich zum Gehen und war schon ein Dutzend Schritte von dem Grabe entfernt, als er sich besann, dass es sich nicht so schicke, so ohne Umstände seine Weihnachtsbescherung im Stich zu lassen. „Nu", sagte er dann, „ich kenne sie ja, sie nimmt es mir nicht übel, dass ich jetzt vor allem zusehe, wie der Kleine was Warmes in den Leib kriegt. Sie hätte es nicht anders gemacht und wenn sie mich jetzt sehen könnte – nicht wahr, Rosel, wir brauchen nicht viele Worte drum zu machen. Und nun gute Nacht und lass dir was Angenehmes träumen, wo du auch sein mögest, und verlass dich drauf, Fritze vergisst dich nicht und ein Hundsgott will er sein, wenn er sich je wieder mit Wollen- und Strumpfwaren …"

Er vollendete diesen Monolog nicht, denn der Hund, der endlich zum Leben wieder aufzuwachen schien, rührte sich so ungebärdig und ängstlich unter dem Mantel, dass sein Lebensretter Mühe hatte, ihn zu beschwichtigen. Es gelang nicht eher, als bis er ihm erlaubt hatte, durch einen kleinen Schlitz die Nase zu stecken und dann und wann daneben ins Freie zu blinzeln. Nun lag er ergeben in sein Schicksal in dem warmen, kräftigen Menschenarm und fühlte das warme Menschenherz an seine mageren Glieder pochen und verfiel, während er in rüstigem Schritt dahingetragen wurde, allmählich in einen ohnmachtähnlichen Schlummer.

Der Mann aber, der ihn trug, blieb noch einmal stehen und blickte nach dem Grab an der Mauer zurück. Da loderte eben eine Feuersäule in die Höhe: Die niedergebrannten Kerzen hatten die Ketten aus Goldpapier entzündet, die harzigen Nadeln waren mit in Brand geraten, und da kein Wind die Flammen aus ihrer Richtung bog, brannte das ganz Bäumchen wie eine ruhig gen Himmel strebende Fackel als das schönste Totenopfer, das an diesem Abend wohl auf irgendeinem Friedhof von frommen Händen dargebracht worden war.

So schön feierlich sich's ausnahm, der es gestiftet, konnte nicht warten, bis es ganz verglüht und verglommen war. Er hastete mit seiner Last unterm Mantel dem Ausgang zu, und erst, als er ganz nahe an dem Pförtnerhause war, wurde sein Schritt zaudernder. Der Gedanke fuhr ihm durch den Kopf: Wie, wenn das arme zitternde Tier, das sich zu dir hingeflüchtet, diesem Menschen, dem nichts heilig ist, gehörte, der es vielleicht geprügelt hat, dass der verschüchterte Wicht lieber draußen erfrieren als zu seinem harten Herrn zurückkehren wollte? Wer die Toten nicht respektiert, was macht sich der aus den Lebenden, Mensch oder Vieh? Und doch, wenn er ihn reklamiert – sein Eigentum kannst du ihm nicht vorenthalten. Am Ende aber ist er froh, ihn loszuwerden. Kusch dich, Kleiner! – Er gab ihm einen sanften Schlag auf die zitternde schwarze Nase, dass der kleine Stoppelkopf sich scheu unter den Mantel zurückzog, und klopfte dann leise an den Fensterladen.

„Ist's Ihnen endlich doch ein bisschen klamm geworden, Herr Wachtmeister?", sagte der kleine alte Mann, der sofort in der Tür erschien und mit seiner Laterne vorausleuchtend dem Tore zuschritt. „'s Wetter wird übrigens umschlagen, in meinem Regenhäuschen ist die Frau wieder draußen, geben Sie Acht, wir kriegen nasse Feiertage. Aber was haben Sie denn da für'n nasses Paket unterm Mantel? Sie werden sich doch keinen Klumpen Erde zum Andenken mitgenommen haben?" Nur zum Spaß klopfte er dem beladenen Manne auf den linken Arm. Ein schwaches Winseln kam aus dem Versteck unterm Mantel hervor und gleich darauf bohrte sich die schwarze, feuchte Nase wieder zwischen den Falten durch. „Herr meines Lebens!", rief der Pförtner und fuhr mit der Laterne in die Höhe, das ist ja, meiner Seel' – wo haben Sie denn den Köter aufgetrieben?"

„Gehört er Ihnen, Herr Liborius?", fragte Fritz Hartlaub mit seiner höflichsten Stimme, bereit, in Unterhandlungen über den Findling einzutreten, denn er sah das Gittertor noch verschlossen und sich in der Gewalt diese gemütlosen Menschen. „Gott bewahre!", knurrte der andere, „das fehlt mir noch, zumal es streng verboten ist, Hunde auf den Kirchhof mitzubringen. Der da – denn ich kenn ihn wieder, ein ruppiger Rattenfänger – vor drei Tagen schlich er sich hier ein – sie begruben einen jungen Menschen, der sich aus Verliebtheit den Tod angetan hatte – kein Begräbnis erster Klasse, können Sie denken – na, und weil bloß so Stücker fünf bis sechs Menschen mitgingen, drückte ich ein Auge zu, wie auch der Schnauz hinterdreinzottelte. Hernach aber, als alle weg waren, glauben Sie, dass ich das dumme Tier in Gutem oder Bösem dazu bringen konnte, auch nach Hause zu gehen? Er wollte partout von dem frischen Grabe nicht weichen, knurrte mich an und fletschte die Zähne, wenn ich ihn beim Halsband packen wollte, und als ich einen Stock holte, kniff er aus und wir jagten uns eine Viertelstunde um die Grabsteine herum, bis mir der Atem ausging. Am Ende dauerte er mich wieder. So 'ne unvernünftige Kreatur hat manchmal mehr Attachement als ein Mensch, sagt' ich mir, und der Köter und sein Herr passen gut zusammen, da sie beide vor Liebe sich aus der Welt weggewünscht haben. Meinetwegen mag er seinen Willen durchsetzen. Bei 13 Grad Kälte wird er's ohnehin nicht lange treiben. Na, und Sie wollen sich mit ihm beladen, Herr Wachtmeister? Er krepiert Ihnen unterwegs, bis Sie nach Hause kommen. Er hat drei Tage nichts zu fressen gekriegt und hören Sie nur, er röchelt ja schon!"
„Darum wollt' ich eben bitten, dass Sie mich geschwinde wieder rauslassen. Das Übrige werd' ich schon besorgen." „Na, wie Sie wollen. Des Menschen Wille ist sein Himmelreich. Aber Sie werden sehen, Sie schleppen sich ganz umsonst mit dem Kameraden. Gute Nacht, Herr Wachtmeister, und vergnügte Feiertage!" „Gute Nacht!" Damit trat der barmherzige Samariter aus dem Kirchhofspförtchen ins Freie und eilte mit so gewaltigen Schritten davon, als wäre das Gespenst des jungen Selbstmörders hinter ihm her, die kostbare Last, die er unterm Mantel trug, ihm wieder abzujagen.

Um die Zeit saß in ihrer einsamen Stube neben dem Kochofen, der eine behagliche Wärme ausströmte, die gute dicke Frau, die heut ihren Heiligabend ohne ihren Sohn und den Hausgenossen vom vierten Stock feiern musste, aber auf ihrer weißen, faltenlosen Stirn stand keine Runzel des Unmutes. Vielmehr sog sie mit offenbarem Wohlgefallen den kräftigen Duft aus einem porzellanenen Punschnapf ein und ergab sich unter allerlei tiefsinnigen Betrachtungen in ihr Schicksal, was sie für zwei gebraut hatte, allein auszuschlürfen. Der Teller mit ihrem bescheidenen Nachtmahl war beiseitegeräumt, ein großer Honigkuchen, von dem sie langsam Stück für Stück abbröckelte, lag neben dem dampfenden Glase, eine alte vergriffene Bibel hatte sie vor sich auf den Knien, aber die Hornbrille, durch welche sie das Weihnachtsevangelium zu lesen gedachte, war hoch auf der Stirn zurückgeschoben und ihre Gedanken gingen über das Buch hinaus, wer weiß, wohin.

Am wenigsten wohl zu ihrem Wilhelm und seinen Bräutigamsfreuden, die ihn ihr heute entzogen. Denn sie war ein praktischer Charakter, ohne unnötige Sentimentalitäten, und als ihr einziger Sohn sich verlobte, hatte sie ihn sogleich für sich selbst verloren gegeben. Dagegen den Freund vom vierten Stock gab sie noch nicht auf. „Er ziert sich zwar noch ein bisschen", sagte sie sich im Stillen. „Na, und die Rosel war ja auch eine rechtschaffene Frau und hielt ihn gut und dass er noch von keiner zweiten hören will, macht ihm am Ende keine Schande. Die Mannsleut' heutzutage sind selten so nachträglich und schielen schon beim Begräbnis unter dem Trauervolke herum, welcher von den guten Freundinnen oder Cousinen der Seligen der Krepp am besten steht. Aber dass er darum zeitlebens allein hocken will – so'n Mann in den besten Jahren – und da in der Lilienstraße könnte er ein Leben haben wie Gott in Frankreich – 's ist ja der helle Wahnsinn! Na, so'n stämmiger Baum fällt nicht auf einen Schlag und heute Abend wird er sich vielleicht einen solchen Mordsschnupfen bei seiner Rosel holen, dass er sobald nicht wieder hinaus will."

Sie tat einen langen Zug aus dem Glase und schnalzte mit der Zunge, als sie es leer auf den Tisch stellte. „So gut ist er mir nie geraten", sagte sie, indem sie die Haubenbänder unter dem geröteten Kinn lockerte. „Er könnt's auch brauchen, nach der frostigen Geschichte. Aber wenn er hartköpfig ist – sein eigener Schaden!"

Indem sie eben das Glas von Neuem füllte, hörte sie einen wohl bekannten Schritt die Treppe heraufkommen und an ihrer Tür einen Augenblick stillhalten. So früh hatte sie ihn nicht zurückerwartet. Er wollte ja irgendwo in einem stillen Kneipenwinkel den Rest des Abends verdämmern. Ob es ihn doch nach ihrem Punsch gelüstet hatte, dessen Verdienste stets willig von ihm anerkannt worden waren? Nein, er stapfte weiter an ihrer Stube vorbei und die Stufen zu seiner Mansarde hinauf. Vielleicht schämte er sich nur, dass er nun doch die Einsamkeit nicht ertrug, und sie täte ein Werk der Nächstenliebe, wenn sie ihm halben Wegs entgegenkäme. Aber erst sollte er noch Zeit haben, sich oben in der graulichen Einsamkeit umzusehen und zu erkennen, dass die Nachbarin unten nur sein Bestes gewollt hatte.

Sie setzte eben das Glas wieder an die Lippen, da klang oben von Neuem die Tür, und sie hörte ihn wahrhaftig wieder hinuntersteigen. Das ging ja rascher, als sie hatte hoffen können. Und richtig, er klopfte jetzt bei ihr an und wartete kaum ihr Herein! ab, da stand er schon vor ihr, ohne Mantel freilich, aber die Mütze noch auf dem Kopf, was seinen gewohnten artigen Manieren gröblich widersprach. Wie wunderlich sah er aus den Augen, die irgendwas am Boden zu suchen schienen! Und sein „guten Abend!" nur ein stilles Kopfnicken. Und er konnte eine ganze Weile keinen Atem finden. „Was haben Sie denn, Herr Nachbar?", fragte sie, ihn betroffen von Kopf bis Fuß musternd.

„Ist Ihnen nicht wohl? Haben Sie einen Geist gesehen?" Er schüttelte hastig den Kopf. „Sie können mir einen Gefallen tun, Webern. Kommen Sie mit mir rauf. Ich habe jemand mitgebracht." „Jemand mitgebracht? Ich habe doch bloß Ihren Schritt auf dem Flur gehört." „Ich habe ihn tragen müssen, er konnte nicht laufen, weil er sich die Füße verfroren hatte. Sie müssen mir helfen, ihn wieder zu sich bringen, Sie wissen ja besser Bescheid mit so was."

Er sah sie flehentlich an. Die gute Seele, so erschrocken sie war, stand schon auf ihren breiten Füßen und nahm ihn beim Arm. „Was sagen Sie, Wachtmeister? Sie haben ihn raufgetragen? Nein, so was lebt nicht! Wer ist es denn? Wie sind Sie denn zu ihm gekommen?" „Sie werden schon sehn, Webern. Aber kommen Sie, nehmen Sie noch was mit, er ist halb verhungert." „Da die Punschterrine! Das wird ihm guttun, dass er erst wieder auftaut. Und von meinem Abendessen sind noch ein paar Reste da – Fleisch hab ich freilich nicht mehr." „Aber Milch, Webern, wenn Sie noch ein paar Schluck Milch im Vorrat hätten. Punsch ist nicht seine Sache und ob er Fische isst, weiß ich nicht. Kommen Sie nur geschwind mit der Milch, das Andere findet sich." Und ohne ihre Antwort abzuwarten, rannte er wieder aus dem Zimmer und die dunkle Stiege hinauf.

Die gute Frau fasste sich nach der Stirn. „War ihr Freund denn bei Trost, dass er den erfrorenen Menschen mit kalter Milch statt mit heißem Punsch wieder beleben wollte? Am Ende aber – wenn's nun ein Kind wäre, irgendein armer Wurm, den eine herzlose Mutter ihm vor die Füße gelegt – bei seiner Gutmütigkeit hatte er sich's natürlich aufhalsen lassen, statt auf die Polizei damit zu gehen – na, am Ende war's auch bei ihm – und ihr – besser dran; sie hatte ein Herz für kleine, hilflose Menschenkinder, das wusste er ja, das brachte ihr Geschäft ja schon mit sich …" Und so vor sich hin denkend und murmelnd war sie zu ihrem Küchenschrank gelaufen und hatte ihr Milchtöpfchen hervorgeholt. Im nächsten Augenblick leuchtete eine Spiritusflamme unter einem Blechpfännchen auf und die bläulich weiße Flüssigkeit fing an, sich zu erwärmen. Sie steckte noch allerlei zu sich, was für ein hungerndes und frierendes Wickelkind heilsam sein konnte, ergriff dann das Pfännchen mit der heißen Milch und eilte, ohne ihre Haube festzubinden, die Treppe hinauf.

Als sie bei ihrem Nachbarn eintrat, sah sie ihn vor dem kleinen Kachelofen knien und mit großem Eifer in die Scheiter blasen, die auch alsdann in Brand kamen. Es war sonst noch dunkel im Zimmer, er hatte sich die Zeit nicht genommen, die Lampen anzuzünden. Im Bett aber, mit der wollenen Decke zugedeckt, über die noch ein Federkissen geworfen war, lag etwas Dunkles, von dem nur eine unruhige Regung erkennen ließ, dass es lebendig war. „Da bin ich", keuchte sie, als sie sich nach dem Tisch hingetastet und was sie trug, darauf abgelegt hatte. „Wo haben Sie ihn denn gefunden? Stecken Sie doch vor allem die Lampe an. Herrgott, Sie zittern ja am ganzen Leibe, ich fühl es im Dunkeln. Seien Sie nur nicht ängstlich, so ein kleiner Mensch hat ein zähes Leben. Na, endlich brennt der alte Docht. Nu lassen Sie mal die Bescherung sehen. – Gerechter Gott im Himmel, das ist ja kein kleiner Junge, wie Sie sagten, das ist ja ein – Hund!"

Sie sank vor Überraschung, zu der sich ein kleiner Ärger gesellte, auf den Stuhl am Bett und ließ die Hände wie gelähmt auf ihre dicken Knie fallen. „Allerdings ist es nur ein Hund", hörte sie jetzt Fritz Hartlaub sagen, in dem Tone, in welchem man für einen Hilflosen und Bekannten Partei ergreift. „Wenn Sie kein Herz für so eine Kreatur haben, die doch auch von Gott geschaffen ist, so verzeihen Sie, dass ich Sie heraufbemüht habe. Lassen Sie die Milch hier und verfügen sich selbst wieder zu Ihrem Punsch. Ich werde mich dadurch nicht abhalten lassen, dem armen Burschen Beistand zu leisten, bis er wieder auf den Beinen ist. Denn sehen Sie, das ist meine Weihnachtsbescherung, die hat mir die Rosel zugedacht gehabt, und auf ihrem Grabe, als ich eben das Bäumchen angezündet hatte, ist dieser Hund an mich herangekommen, und wenn so'n Tier sprechen könnte, hätte es gesagt: ‚Deine Selige jammert es, dass du so allein bist, und sie lässt dich schön grüßen und schickt mich, damit ich dir ein bisschen Gesellschaft leiste. Ich habe nicht so 'ne glatte Haut wie gewisse Frauenzimmer in Woll- und Strumpfwarengeschäften, aber man kann auch unter einem struppigen Fell ein gutes und getreues Herze haben und damit Amen!' So hätte er sagen können; ich habe auch ohne das verstanden, wie's gemeint war, und jetzt geben Sie mir gefälligst die Milch, ich will sie in die Untertasse gießen und sehen, ob er die Kraft schon wieder hat, die Zunge danach auszustrecken."

So nachdrücklich war diese Rede unter dem martialischen Schnurrbart hervorgekommen, dass die betroffene Zuhörerin es geraten fand, nicht das kleinste Wort, das Zweifel oder gar Spott ausgedrückt hätte, darauf zu erwidern. Sie raffte sich vielmehr diensteifrig auf, um bei dem Liebeswerke behilflich zu sein, und hielt die Untertasse dem warm gebetteten Patienten selbst unter das Kinn, während sein Retter vorsichtig die Milch hineingoss. Sie mussten eine Weile warten, bis der eingefrorene Geruchssinn in dem kalten schwarzen Näschen aufwachte. Dann aber tat sich ein blassrotes Zünglein aus dem verlechzten Maul hervor und fing zitternd an, am Rande der Schale zu lecken. Nicht lange, so rappelte sich das Klümpchen unter der wollenen Decke mit einiger Mühe, aber doch erfolgreich in die Höhe, der struppige Kopf streckte sich vor und die Zunge tat ihr Geschäft so begierig, dass bald der letzte Tropfen aus dem Milchkännchen versiegt war.

„Prosit Mahlzeit!", brummte der raue Krieger, indem er mit der großen Hand dem wackeren Trinker sacht über den Kopf strich. „Nun, denk ich, sind wir durch! Wer Milch säuft, ist noch kein toter Hund. Justament so hab ich meinem Rittmeister – damals war er erst Secondeleutnant – die Lebensgeister wieder angeblasen nach der Schlacht bei Le Mans, wie er mit der Kugel in der Schulter kreideweiß neben seinem toten Gaul lag, bloß mit dem Unterschied, dass es keine Milch war, sondern Cognac aus seiner eignen Feldflasche. Na, das ist nun der einzige Unterschied zwischen Tier und Menschen, im Geistigen sind wir ihnen über. Aber meinen Sie nicht, Weberken – (das Kosewort zeigte, wie guter Laune er plötzlich gegen die alte Freundin wieder geworden war) –, nach der Suppe sollte der Braten kommen? Hätten Sie etwa noch von Mittag …"

„Nicht für einen hohlen Zahn, Herr Wachtmeister, ich bedaure wirklich. Es kamen ein paar Bettelkinder, denen gab ich, was mein Wilhelm übrig gelassen hatte. Aber viel-

leicht tun's ein paar Semmelbrocken. Sein Magen ist ja ohnehin noch schwächlich."
„Verzeihen Sie, wertgeschätzte Freundin, aber was ein richtiger Hundemagen ist, der kommt erst wieder zu sich, wenn er Fleisch zu verarbeiten kriegt. Und am Heiligabend ihn mit Brot abspeisen – ich müsste mich ja schämen. Wenn er noch Pfefferkuchen möchte – aber damit ist ihm nicht beizukommen. Sie bleiben wohl einen Augenblick bei ihm. Ich bin gleich wieder da."

Er rannte zur Tür hinaus, ohne erst den Mantel umzuhängen. Nach zehn Minuten trat er richtig wieder ein, ganz heiß vom eiligen Gang, in der Hand ein großes Papier, aus welchem er allerlei kalte Fleischstücke nahm. „Das haben sie mir drüben im Speisehaus gegeben", sagte er. „Salz habe ich auch gleich mitgebracht. Nun kann das Tractement losgehen."

Doch war die Liebesmüh einstweilen noch umsonst. Das raue, schwarze Mäulchen schnappte zwar nach dem Bissen, der ihm vorgehalten wurde, ließ ihn aber wieder fallen und öffnete sich zu einem langen herzhaften Gähnen, wobei der Kopf wieder auf das Kissen fiel. „Er ist noch zu schwach", sagte die Wärterin, die Decke ihm wieder über den Hals ziehend, „er braucht jetzt nur Schlaf in seinem warmen Nest. Wenn er sich erst ein bisschen durchgewärmt hat, wird der Appetit schon kommen." „Meinen Sie, Webern? Na, dann wollen wir ihn schlafen lassen. Wie alt mag er wohl sein?" „Wie alt? Ich versteh mich nicht so akkurat auf junge Hunde wie auf kleine Kinder, aber viel über ein oder anderthalb Jahr wird er schwerlich sein. Ob er schon zimmerrein ist?" „Danach frag ich vorläufig nicht", antwortete Fritz Hartlaub in etwas gereiztem Ton. „Einstweilen lebt er, das ist die Hauptsache. Sehen Sie, Webern, er schläft wahrhaftig schon." „Und schnarcht wie 'ne alte Säge. Sie werden Ihre liebe Not haben mit dem Stubenburschen." „Die Rosel schnarchte auch. Das hat mich niemals gestört." „Na, eine Nacht kann man's ja aushalten." „Eine Nacht? Wie meinen Sie das?" „Sie wollen ihn doch nicht behalten?" „Wenn er mich behält – er ist ja herrenlos, Webern, und eben darum hat die Rosel ihn mir beschert. Sie müssen wissen …"

Nun erzählte er ihr die Geschichte von dem jungen Selbstmörder, von dessen Grab der Kleine nicht hatte weichen wollen. Die Frau, so gute Gründe sie hatte, nicht zu wünschen, dass eine andere Gesellschaft, als die sie ihm zugedacht, auf Dauer sich hier oben einnistete, wurde doch ein wenig gerührt. Sie streichelte dem Schläfer jetzt selbst den Kopf und sagte: „Na, wie Gott will! Er scheint einen guten Charakter zu haben. Treue ist doch kein leerer Wahn, sagt Schiller. Wissen Sie denn, wie er heißt?" „Wie sollt' ich wohl? Der Liborius wusst' es nicht und sein früherer Herr ist ja stumm wie's Grab. Aber ich weiß schon, wie ich ihn nennen werde, wenn er mir nicht durchbrennt, sobald er wieder zu Kräften gekommen ist." „Wie wollen Sie ihn denn nennen?" „Strubbs soll er heißen. So hieß der Pudel von meinem Rittmeister, den die Rosel so gern hatte, und der ein sehr anständiges und kluges Tier war. Finden Sie den Namen nicht ganz passend, Nachbarin?" „Gewiss", sagte die Frau ernsthaft und stand auf, „und nun will ich Ihnen und Ihrem Strubbs eine gute Nacht wünschen und wenn Sie noch was brauchen sollten, wecken Sie mich nur. Immer noch besser, ich steige noch einmal Ihre Treppe, als dass ich in der Weihnachtsnacht zu einer meiner Kundinnen gerufen werde."

Sie nickte dem Wachtmeister wieder ganz freundschaftlich zu. Als sie aber schon die Hand auf der Türklinke hatte, hörte sie ihn noch einmal rufen: „Was meinen Sie, Webern, verträgt er's wohl, wenn hier geraucht wird? Ich habe noch keinen Schlaf und möchte Ihre schöne neue Pfeife einweihen." „Aber Wachtmeister", erwiderte die Frau kopfschüttelnd, „Sie haben doch gedampft wie'n Schlot, als die Wiege neben dem Bett Ihrer Rosel gestanden hat. Wollen Sie nun Umstände machen mit so 'nem vierbeinigen Wickelkind? Nehmen Sie mir's nicht übel, Sie sind ein bisschen schwach im Kopf, weil Sie nichts im Magen haben. Ich werde Ihnen noch ein Glas Punsch bringen."

Er machte denn auch wirklich keine Umstände, rauchte seine Pfeife, trank den Punsch und trat nur behutsam in seinen Pantoffeln auf, wohl noch eine Stunde lang, wobei er immer, sooft er an dem Bett vorbeikam, einen zufriedenen, väterlich würdigen Blick auf den kleinen Schläfer warf. Als die Pfeife ausgeraucht und seine Augen von dem starken Trank schwer geworden waren, zog er sich leise aus, löschte die Lampe und schob sich, indem er seinen Bettkameraden behutsam näher an die Wand rückte, unter die Decke.
Er empfand mit großer Befriedigung, dass von dem zottigen Fell Wärme ausströmte, und das kleine Herz, das er sanft befühlte, klopfte in regelmäßigen Schlägen. Keine fünf Minuten vergingen, so erklang durch die Mansarde das friedliche Duett zweier Schläfer, deren Atemzüge im schönen Einklang einer Terz vernehmlich aus- und eingingen.
Am folgenden Tage, dem ersten Weihnachtsfeiertage, bekam keiner der Hausgenossen den neuen Einwohner zu sehen. Mittags freilich erschien der Wachtmeister in seiner Speisewirtschaft, sputete sich aber mehr als gewöhnlich, obwohl der festtägliche Küchenzettel zu längerem Verweilen einlud, und ließ sich dann in der Küche eine mitgebrachte Schüssel mit Suppe und Fleischabfällen anfüllen „für einen kranken Hund." Derselbe schien aber in der Genesung starke Fortschritte zu machen. Denn als am Nachmittag die Frau Weber von ihrem Weihnachtsschmaus in der Lilienstraße zurückkehrte und bei ihrem alten Freunde anklopfte, sich nach dem Befinden des Patienten zu erkundigen, sprang dieser ihr mit Bellen entgegen, etwas schwankend noch auf den erfrorenen Pfoten, übrigens ohne die hippokratische Miene von gestern, mit wohl gekämmtem Fell und glatt frisiertem Haupt, und leckte in dankbarer Erinnerung an die gestern bewiesene Mildtätigkeit seiner noch immer etwas unwirschen Gönnerin die Hand. Sie wolle Strubbs jetzt zu sich nehmen, wenn der Herr Wachtmeister einen Spaziergang machen möchte. – Aber davon wollte dieser nichts wissen. Er sei ganz guter Dinge hier oben und langweile sich durchaus nicht.

Mit einem stillen Seufzer empfahl sich endlich die wackere Frau, nachdem er ihr versprochen hatte, morgen Nachmittag zum Kaffee zu ihr zu kommen. Das Brautpaar werde da sein und natürlich könne er Strubbs mitbringen. Pünktlich um drei Uhr. Sie hatte von ihrer zukünftigen Schwiegertochter einen großen Napfkuchen zum Präsent bekommen. Als der Nachmittag des zweiten Feiertags erschienen war und der so freundlich Eingeladene sich und seinen kleinen Kameraden „proper" gemacht hatte, nahm er das Hündchen auf den Arm, um ihm das beschwerliche Treppenhinabrutschen zu ersparen, und verließ sein Zimmer, das ihm jetzt erst traulich und wohnlich geworden war.

Da stockte plötzlich sein Fuß auf der untersten Stufe, dicht vor der Tür seiner alten Freundin. Denn im nämlichen Augenblick erschien auf dem Flur des dritten Stockwerks eine nur zu wohlbekannte weibliche Gestalt von mittlerer Größe, zierlich angetan in einem warmen modischen Wintermäntelchen, einen Hut mit blauen Samtblumen auf dem blonden Haupt, die kleinen Hände in einem braunen Muff vergraben. Die eine derselben fuhr eilig heraus, als der Treppenabsatz erreicht war, schlug den silbergrauen Schleier zurück und streckte sich dem Entgegenkommenden dar, der wie zur Salzsäule erstarrt keinen Schritt vorwärts bewegte.

„Guten Abend, Herr Wachtmeister", erklang eine weiche Stimme aus dem runden Hütchen hervor. „Ich freue mich, Sie einmal wiederzusehen und, wie es scheint, in bestem Wohlsein. Ich glaube, wir gehen einen Gang." „Sie irren sich, Madame", kam es aus dem martialischen Schnurrbart hervor. „Ich bin nur eben – ich wollte mir nur ein bisschen die Füße vertreten." „So? Da haben Sie Recht, Herr Wachtmeister. 's ist gerade noch recht lebhaft auf den Straßen, genießen Sie das letzte bisschen Weihnachtssonnenschein, Sie bringen dann einen besseren Appetit mit für den Kaffee der Frau Weber. Schade, dass ich gestern nicht die Ehre haben konnte – aber ich habe schon gehört, Sie haben ein Pflegekind bekommen, das konnten Sie nicht im Stich lassen. Na, ein andermal, nicht wahr? Aber lassen Sie doch einmal sehen – das ist ja ein ganz reizendes Tier und gutartig scheint er auch zu sein." Sie streckte bei diesem Wort die Hand in dem wollenen Handschuh nach dem Hunde aus, in der Absicht, ihm sanft den Rücken zu krauen. Sofort erhob Strubbs ein heftiges Bellen und das Schöpfchen an seinem Vorhaupt sträubte sich drohend.

„Nee", sagte sein Herr, indem er ihm beruhigend den Hals klopfte, „sparen Sie die Mühe, Madame. Er kann das Cajolieren und Schöntun nicht leiden, er wittert immer gleich Absichten, und wenn er Katzenpfötchen sieht, wird er wild. Übrigens reizend ist er auch nicht gerade, wie Sie zu äußern die Güte hatten. Die Schönheit drückt ihn wahrhaftig nicht, aber ein forscher Hund ist er und treu wie Gold, und das, Madame, ist für Menschen und Tiere die Hauptsache. Meine Selige hat ihn mir am Heiligabend beschert, nun werden wir uns das Leben miteinander so angenehm wie möglich machen, wenn's auch nicht oft Gänsebraten gibt, und heute machen wir unsere erste Promenade, bloß die Treppe hinunter trag ich ihn noch, weil er schwach auf den Beinen ist, hernach muss er laufen. Wann er genug haben wird, weiß ich nicht. Darum bestellen Sie, wenn ich bitten darf, ein schönes Kompliment an Frau Weber, und sie möchte uns entschuldigen, wenn wir nicht zu ihrem Kaffee kämen. Ich wüsste ja, sie hätt's auf Manier recht gut gemeint, aber straf mich Gott, es ginge nicht, alte Verpflichtungen gingen vor, sie sollte sich weiter keine Mühe geben – sie wird schon wissen, was ich damit meine. Und jetzt empfehl ich mich Ihnen, Madame. Vergnügte Feiertage!"

Er fasste militärisch mit drei Fingern der rechten Hand an die Mütze, drückte mit der linken dem noch immer kläffenden Hündchen sanft die Schnauze zu und schritt ruhig an der sehr betroffen zu Boden blickenden hübschen Frau vorbei die Treppe hinab.

– In die Lilienstraße hat er seit diesem Tag keinen Fuß mehr gesetzt.

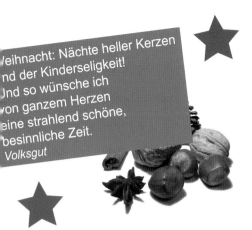

Weihnacht: Nächte heller Kerzen
und der Kinderseligkeit!
Und so wünsche ich
von ganzem Herzen
eine strahlend schöne,
besinnliche Zeit.
Volksgut

CHRISTKIND

Die Nacht vor dem Heiligen Abend,
da liegen die Kinder im Traum;
sie träumen von schönen Sachen
und von dem Weihnachtsbaum.

Und während sie schlafen und träumen,
wird es am Himmel klar
und durch den Himmel fliegen
die Engel wunderbar.

Sie tragen ein holdes Kindlein,
das ist der Heil'ge Christ;
es ist so fromm und freundlich,
wie keins auf Erden ist.

Und wie es durch den Himmel
still über die Häuser fliegt,
schaut es in jedes Bettchen,
wo nur ein Kindlein liegt.

Heut schlafen noch die Kinder
und sehn es nur im Traum,
doch morgen tanzen und singen
sie um den Weihnachtsbaum.
Robert Reinick

BETHMÄNNCHEN

250 g Marzipan-Rohmasse,
1 Ei, 60 g Puderzucker,
30 g Mehl, 1–2 Esslöffel Rosenwasser,
ca. 50 ganze, geschälte Mandeln,
1 Teelöffel Schlagsahne

Das Marzipan klein würfeln, das Ei tren-
nen. Das Eiweiß mit dem Marzipan, dem
Puderzucker, dem Mehl und dem Rosen-
wasser verkneten. Aus dem Teig mit ange-
feuchteten Händen ca. 32 Kugeln formen
und auf ein mit Backpapier ausgelegtes
Blech setzen. Die Mandeln längs halbie-
ren. Das Eigelb mit der Sahne verrühren,
die Kugeln damit bestreichen und je drei
Mandelhälften an die Kugeln drücken. Die
Bethmännchen im auf 175 °C vorgeheizten
Backofen 15–20 Minuten goldgelb backen.

Gott, heiliger Schöpfer aller Stern',
erleucht uns, die wir sind so fern,
dass wir erkennen Jesus Christ,
der für uns Mensch geworden ist.
Thomas Müntzer

Zünd dir dicke Kerzen an,
denk fest an den Weihnachtsmann,
lad dir gute Freunde ein
und lass Hektik Hektik sein!
Dea Dichta

Leise rieselt der Schnee

Lei - se rie-selt der Schnee, __ still und starr ruht der

See, __ weih - nacht - lich glän - zet der Wald, __

freu - e dich, Christ - kind kommt bald! __

2. In den Herzen wird's warm,
still schweigt Kummer und Harm,
Sorge des Lebens verhallt,
freue dich, Christkind kommt bald!

3. Bald ist Heilige Nacht,
Chor der Engel erwacht,
hört nur, wie lieblich es schallt:
Freue dich, Christkind kommt bald.
Melodie: Volksgut; Text: Eduard Ebel

> Das Licht der Herrlichkeit
> scheint mitten in der Nacht.
> Wer kann es sehn?
> Ein Herz, das Augen hat und wacht.
> *Angelus Silesius*

WEIHNACHTEN

Markt und Straßen stehn verlassen,
still erleuchtet jedes Haus.
Sinnend geh ich durch die Gassen,
alles sieht so festlich aus.

An den Fenstern haben Frauen
buntes Spielzeug fromm geschmückt;
tausend Kindlein stehn und schauen,
sind so wunderstill beglückt.

Und ich wandre aus den Mauern
bis hinaus ins freie Feld,
hehres Glänzen, heil'ges Schauern!
Wie so weit und still die Welt!

Sterne hoch die Kreise schlingen;
aus des Schnees Einsamkeit
steigt's wie wunderbares Singen –;
o du gnadenreiche Zeit!
Joseph von Eichendorff

EIN BESONDERES WEIHNACHTSFEST

Von Monika Hunnius

Die Weihnachtsferien hatten begonnen. Mein Haus, in dem immer viel fröhliche Jugend lebte, war still geworden, denn alles war zu den Weihnachtsferien heimgefahren. Ich war allein zurückgeblieben mit einer Freundin, die mein Leben teilte. Weihnachten stand vor der Tür und wir waren einsam. Einst war unser Leben wohl anders gewesen. Früher feierten wir Weihnachten im großen, reichen Familienkreis – nun war fast alles tot, was damals zu uns gehört hatte. „Wir wollen trotzdem Weihnachten fröhlich sein", sagte meine tapfere Freundin, als wir den ersten Abend still und einsam beisammensaßen. „Aber wie feiern wir Weihnachten, damit es ein frohes Fest wird?" „Wir wollen auf die Straße gehen und Arme einladen", schlug meine Freundin vor, „oder wir erbitten uns irgendwelche Arme aus der Stadtmission." Wir wandten uns an einen jungen Stadtmissionar aus unserer Verwandtschaft und brachten ihm unser Anliegen vor. Der lachte, als wir ihm sagten, dass wir von den Ärmsten der Armen welche haben wollten, solche, um die sich sonst keiner kümmere. „Ich kann euch alle Sorten von Verbrechern vorschlagen", sagte er, „Diebe, wegen Einbruchs Bestrafte, Trunkenbolde, ja sogar einen des Mords Verdächtigen hätte ich auf Lager. Aber", fügte er ernsthaft werdend hinzu, „ich bitte euch dringend, gebt diese Idee auf, es könnte für euch direkt gefährlich werden, wenn ihr fremdes Gesindel ins Haus zieht, sie können sich die Wege zu einem Einbruchdiebstahl gut merken." „Man muss an die Menschen glauben", sagte ich, „dann erlebt man auch das Gute in ihren Seelen." Er lächelte ein wenig sarkastisch. „Durch mich bekommt ihr keine Adressen von Spitzbuben", sagte er, „und ich rate euch, gebt die Sache auf."

Wir aber dachten gar nicht daran, sie aufzugeben. „Dann holen wir uns die Armen von der Straße", sagten wir, „wir wollen ein besonderes Weihnachtsfest haben!" Am anderen Tag machten wir uns auf den Weg und gingen zum Weihnachtsmarkt am Dünakai. Ein seltsames Leben spielte sich in diesen Tagen auf den Straßen und Plätzen an der Düna ab. Einen besonderen Reiz hatte diese Gegend, wenn man aus der Altstadt mit den vornehmen Patrizierhäusern, den alten Kirchen, den schönen alten Bauten auf den Dünakai herauskommt. Europa und Asien, dicht beieinander: Die weite Fläche der Düna liegt vor einem, mit den hohen, geschwungenen Brücken, der breite Strom unter seiner Eisdecke still dahinfließend. Kleine Schlittchen, von Schlittschuhläufern geführt, fliegen pfeilschnell auf der Eisfläche hin und her und verbinden dadurch die beiden Ufer der Düna. Offene kleine Holzbuden reihen sich aneinander. Obst, Nüsse, unglaublich primitive Spielsachen, Tonwaren, Holzschnitzereien werden dort feilgeboten. Reihen von Tischen erblickt man mit allen möglichen Waren, von denen die Verkäufer mit schreienden Stimmen die Vorübergehenden zum Kaufen ermuntern; hohe Ständer mit flatternden Tüchern, gestickten Sachen werden umhergetragen; Tische mit riesengroßen Teemaschinen und unappetitlichem Teegebäck werden von Käufern umlagert. Man hört ein Sprachgewirr, russisch, lettisch, deutsch, alles durcheinander. Nun kommen wir an die Reihe der Tannenbäume, die zum Verkauf aufgestellt sind; Scharen von Händlern stürzen sich auf uns und preisen ihre Bäume an. Kleine Jungen, in Lumpen gehüllt, mit Pelzmützen und rot gefrorenen Gesichtern, heften sich mit wildem Geschrei an unsere Fersen und bieten sich zum Tragen des Weihnachtsbaumes an. Wir gehen die schmalen Gänge zwischen den Tannenbäumen auf und ab, scheuchen mit einem Scheltwort die uns verfolgenden Buben fort, die einfach unerträglich werden mit ihrem Geschrei und ihrer Zudringlichkeit. Erschreckt flattern sie auseinander wie eine Schar gescheuchter Vögel, um sich sofort wieder zusammenzurotten und uns wieder zu verfolgen.

Meine Freundin und ich sehen uns ratlos an: Zerlumpte, Ärmste gab es hier genug, aber von denen wagten wir keinen in unser Haus zu rufen. Traurig wanderten wir heim, die enttäuschte, schimpfende Schar hinter uns lassend. Es ist ein Tag vor Weihnachten und wir haben uns in ein einsames Weihnachtsfest gefunden. Da gehe ich abends in der Dämmerung durch die Straßen und sehe an einem hell erleuchteten Ladenfenster einen Bettler stehen, mit sehnsüchtigen Blicken auf die ausgestellten Herrlichkeiten schauend. Ich stelle mich neben ihn und beobachte ihn heimlich: Seine Kleider sind geflickt und gestopft, auf dem Rücken hat er einen Bettelsack, in der Hand einen Knotenstock. Er wendet sich mir zu und ich blicke in ein schönes, ehrliches, altes Gesicht mit einem weißen Bart und frohen klaren Augen, die mich fast etwas schelmisch hinter Brillengläsern ansehen. „Schenken Sie mir etwas", sagt er freundlich, „Sie haben gewiss ein gutes Herz, ich möchte mir gern ein kleines Weißbrötchen kaufen, aber ich habe kein Geld dazu." Ich drücke ihm ein Geldstück in die Hand, er zieht höflich sein gestricktes Mützchen und dankt. „Wollen Sie mich nicht morgen zum Weihnachtsabend besuchen?", frage ich ihn. „Ei, warum denn nicht", sagt er vergnügt, „ich komme schon ganz gern, ich habe aber zu Hause eine Frau, darf ich sie mitbringen?" Ich lade auch seine Frau ein und schreibe ihm meine Adresse auf, er verspricht, morgen Nachmittag pünktlich bei mir zu sein.

Als wir aus dem Festgottesdienst heimkommen, finde ich ihn richtig mit seiner dicken, lustigen Frau in meiner Küche vor. Sie sind beide gut und sorgfältig gekleidet, nichts erinnert an den Bettelmann von gestern. Ich führe sie in mein Speisezimmer, wo der Festtisch gedeckt ist, und wir setzen uns um den Tisch zur Entrüstung meiner alten Magd. „Denen würde es nichts schaden, wenn sie in der Küche essen würden", sagt sie ärgerlich, „alles, wie es sich gehört. An einen Herrschaftstisch gehört kein Bettler." „Aber es ist Weihnachten, Annchen, und die beiden sind unsere Gäste", sage ich, „Sie sollen sich auch mit zu uns setzen." Die alte treue Seele sieht mich empört an. „Dienstboten gehören in die Küche zum Essen", sagt sie streng, „und Herrschaften ins Speisezimmer, so war es immer. Außerdem ist er bestimmt kein richtiger Bettler, er ist viel zu lustig." Das Bettlerpaar lässt es sich wohl sein, sie essen und trinken und freuen sich an allem. „Das ist mal ein Festabend", sagt der Alte immer wieder, „mir ist es lange nicht so gut gegangen."

Nun ist das Essen beendet und die Weihnachtslichter sollen angezündet werden. Wir führen das alte Paar unter den hellen Lichterbaum, wo sie ihren Tisch mit Gaben finden. „Wer spricht jetzt den Weihnachtssegen?", fragt der Alte, „wer segnet den

Baum?" „Wollen Sie es nicht tun?", frage ich. Er ist sofort dazu bereit, tritt vor und
hebt seine Hände empor: „Jesus Christus, segne diesen Weihnachtsbaum!", sagt er
laut. Dann wendet er sich ein wenig verlegen zu mir. „Weiter kann ich den Spruch
nicht", sagt er kleinlaut, „in meiner Kindheit habe ich ihn mal gekonnt." „Das macht
nichts", sage ich tröstend, „wir lesen jetzt das Weihnachtsevangelium." Ich lese es
beim Strahl der Weihnachtskerzen. Dann setzen wir uns zusammen unter den Weihnachtsbaum zu einem Glase Wein. Der Alte soll aus seinem Leben erzählen. Da geht
ihm sein Herz auf. „Ich muss Ihnen die Wahrheit sagen, meine Damen", sagt er, „Sie
sind so gut gegen mich gewesen, ich muss mein Herz erleichtern: Ich bin weder arm
noch ein Bettler, ich bin ein ganz wohl situierter Mann. Wir haben gute Kinder, die
uns versorgen, wir haben eine nette kleine Wohnung und es geht uns eigentlich nichts
ab. Aber um so behaglich leben zu können, reicht es nur sechs Tage in der Woche und
um den siebten Tag ebenso leben zu können, muss ich betteln. Da habe ich denn mein
Bettlerkostüm, meinen Bettelsack und meinen Knotenstock. Ich gehe dann schon am
Morgen früh fort, wenn es noch dunkel ist, damit mich die Nachbarn nicht so sehen,
denn ich würde mich ja zu Tode schämen, wenn das herauskäme. Abends komme
ich wieder heim und habe immer etwas in meinem Bettelsack, was ich meiner Frau
mitbringe, sodass wir den nächsten Tag gut leben können. Die Damen sollten uns
einmal zum Kaffee besuchen, es würde Ihnen schon bei uns gefallen. Nehmen Sie es
mir nicht übel, dass ich Sie zuerst belogen habe. Sie sind gewiss ein paar freundliche
Damen, die auch mal einen Spaß verstehen." Die beiden Alten lachen so fröhlich und
sind so unbefangen in ihrer Lustigkeit, dass wir mitlachen müssen.
Wir nehmen herzlichen Abschied voneinander und versprechen, sie einmal zum
Kaffee zu besuchen. „Meine Alte versteht einen besonderen Kaffee zu kochen", sagt
er, „er kann sich sehen lassen, auch vor Damen." Als wir diese Weihnachtsfeier dem
Stadtmissionar schildern, sagt er: „Da habt ihr doch noch Glück gehabt, es hätte auch
ein verkappter Mörder sein können."

SCHNELLE TALER
100 g weiche Butter, 50 g Zucker, 100 g brauner Zucker, 1 Ei, 1 Päckchen Vanillezucker, 175 g Mehl, 1 Esslöffel Kakaopulver, 1 Teelöffel Backpulver,
150 g fein geriebene dunkle Schokolade, Puderzucker

Die Butter mit dem Zucker schaumig rühren, nach und nach das Ei und den Vanillezucker hinzufügen. Gesiebtes Mehl, Kakaopulver, Backpulver und Schokolade
unterrühren. Den Teig in kleinen Häufchen auf ein gefettetes Backblech setzen,
bei 180-200 °C in 10 Minuten goldbraun backen und mit Puderzucker bestäuben.

Morgen, Kinder, wird's was geben

Mor - gen, Kin - der, wird's was ge - ben, mor - gen wer - den
Welch ein Ju - bel, welch ein Le - ben wird in un - serm

wir uns freun! Ein - mal wer - den wir noch wach,
Hau - se sein!

hei - ßa, dann ist Weih - nachts - tag!

2. Wie wird dann die Stube glänzen
von der großen Lichterzahl!
Schöner als bei frohen Tänzen
ein geputzter Kronensaal.
Wisst ihr noch, wie vor'ges Jahr
es am Heil'gen Abend war?

3. Wisst ihr noch die Spiele, Bücher
und das schöne Hottepferd,
schöne Kleider, woll'ne Tücher,
Puppenstube, Puppenherd?
Morgen strahlt der Kerzen Schein,
morgen werden wir uns freun!
Melodie: Carl Gottlieb Hering;
Text: August Heinrich Hoffmann von Fallersleben

CHRISTKIND IM WALDE

Christkind kam in den Winterwald,
der Schnee war weiß,
der Schnee war kalt.
Doch als das Heil'ge Kind erschien,
fing's an, im Winterwald zu blühn.

Christkindlein trat zum Apfelbaum,
erweckt' ihn aus dem Wintertraum.
„Schenk Äpfel süß, schenk Äpfel zart,
schenk Äpfel mir von aller Art!"

Der Apfelbaum, er rüttelt' sich,
der Apfelbaum, er schüttelt' sich,
da regnet's Äpfel ringsherum;
Christkindleins Taschen wurden schwer.

Die süßen Früchte alle nahm's
und also zu den Menschen kam's.
Nun, holde Mäulchen, kommt, ver-
zehrt,
was euch Christkindlein hat beschert!
Ernst von Wildenbruch

NUGATHERZEN

250 g Mehl, ½ Teelöffel Backpulver, 75 g Zucker,
1 Päckchen Vanillezucker,
150 g gemahlene Haselnüsse, 200 g weiche Butter, 1 Ei,
200 g Nugat

Gesiebtes Mehl, Backpulver, Zucker, Vanillezucker, Nüsse vermischen. Die Butter und das Ei dazugeben, alles mit den Knethaken des Handrührgerätes, danach mit den Händen zu einem glatten Teig verkneten und eine Stunde in den Kühlschrank stellen. Danach den Teig ca. 3 mm dick ausrollen und Herzen ausstechen. Die Herzen auf ein mit Backpapier ausgelegtes Backblech legen und im auf 200 °C vorgeheizten Backofen ca. 12 Minuten backen. Herausnehmen und abkühlen lassen. Das Nugat im Wasserbad schmelzen und je zwei Herzen mit etwas Nougat zusammensetzen.

DIE HEILIGE NACHT

So war der Herr Jesus geboren
im Stall bei der kalten Nacht.
Die Armen, die haben gefroren,
den Reichen war's warm gemacht.

Sein Vater ist Schreiner gewesen,
die Mutter war eine Magd,
sie haben kein Geld besessen,
sie haben sich wohl geplagt.

Kein Wirt hat ins Haus sie genommen;
sie waren von Herzen froh,
dass sie noch in Stall sind gekommen.
Sie legten das Kind auf Stroh.

Die Engel, die haben gesungen,
dass wohl ein Wunder geschehn;
da kamen die Hirten gesprungen
und haben es angesehn.

Die Hirten, die will es erbarmen,
wie elend das Kindlein sei.
Es ist eine G'schicht für die Armen,
kein Reicher war nicht dabei.
Ludwig Thoma

Geht Barbara im Klee,
kommt das Christkind im Schnee.
Bauernweisheit

Advent ist eine Zeit der Erschütterung,
in der der Mensch wach werden soll
zu sich selbst.
Alfred Delp

DER SCHNEE
Von Sophie Reinheimer

Heute war Weihnachten. Aber erst heute Abend! Jetzt war es noch ganz hell auf der Straße und im Garten, denn es war noch Tag. „Heute Abend ist Weihnachten", zwitscherten die Spatzen sich im Garten gegenseitig zu und dann flogen sie zu den Bäumen und Sträuchern hin, um es denen zu erzählen. Aber sie wussten es schon. „Wir haben gesehen, wie der Christbaum in das Haus getragen wurde", sagten sie. Die Spatzen hatten aber noch viel mehr gesehen, denn neugierig wie sie nun einmal waren, hatten sie sich den ganzen Nachmittag auf dem Fensterbrett herumgetrieben und in das Zimmer geguckt, worin die Weihnachtsbescherung aufgebaut war. „Den Christbaum", sagten sie, „haben wir auch gesehen, aber wir hätten ihn beinahe nicht wiedererkannt, so schön war er geschmückt mit Äpfeln und Nüssen und Gold und Silber und bunten Papierketten."

„Wie schön!", sagten die Bäume und Sträucher und blickten traurig auf ihre kahlen Äste nieder. Da waren nicht einmal mehr Blätter daran. Und der große Apfelbaum auf dem Rasenplatz gedachte wehmütig der schönen Zeit, in der er auch voll schöner roter Äpfel gehangen hatte. „Vielleicht sind es meine Äpfel, die nun an dem Christbaum hängen", sagte er. Das wussten freilich die Spatzen nicht; aber viel anderes wussten sie und erzählten es. „Der kleine Junge, der Richard, der kriegt eine Kappe und Hermine einen Mantel und ein Buch mit Geschichten; wir haben das alles auf dem Tische liegen sehen, auch eine schöne, warme Decke für die Großmutter lag dabei, damit sie nicht friert. Aber das Schönste, das kommt erst noch! Heute Abend, wenn die vielen Lichter an dem Christbaum erst alle brennen. Das wird herrlich!" „Ja, ihr habt's gut", brummte die dicke Pumpe, die auch im Garten stand. „Unsereins kriegt keine Geschenke und sieht nichts von Christbaum und Lichtern. Wenn ich doch auch fliegen könnte!" Darüber mussten die Spatzen nun furchtbar lachen. Es war doch auch zu komisch, zu denken, dass die dicke Pumpe fliegen könne. Die andern im Garten gaben alle der Pumpe Recht. „Wenn man wenigstens eine Kappe geschenkt bekäme", riefen die hölzernen Pfähle des Gartenzauns. „Oder einen schönen Mantel", meinte das Dach der Laube. Der Rasen wollte lieber eine warme Decke haben wie die Großmutter, um seine Grashälmchen damit zuzudecken, denn die froren gar gewaltig in dem kalten Winter. „Ein Buch mit schönen Geschichten wäre auch nicht übel", sagten die Sträucher. „Es ist doch manchmal ganz entsetzlich langweilig im Winter, wenn keine Schmetterlinge und Vögel kommen, um uns was zu erzählen."

So wünschte sich alles im Garten etwas. Ja – wünschen konnten sie sich schon – aber wer sollte die Wünsche alle erfüllen? Das Christkind etwa? Ach, das hatte wahrhaftig gerade genug mit den Menschen zu tun. Traurig blickten Bäume und Sträucher und der Rasenplatz und die Zaunpfähle zum Himmel hinauf; da war es ganz grau. „Es ist schon das Klügste, wir schlafen ein", sagte der Rasen. „Zu sehen bekommen wir ja doch nichts von all den Herrlichkeiten; es ist ja auch schon ganz dunkel geworden." Die anderen dachten das auch und bald darauf war es im ganzen Garten mäuschenstill. Alles schlief.

Aber was war das, das plötzlich oben vom Himmel herunterkam? Lauter kleine weiße Flöckchen, Schneeflocken waren es. Was wollten sie wohl? Warum kamen sie herunter auf die Erde? Und so leise kamen sie, so leise, dass man sie gar nicht hörte! Und nur ganz sachte sprachen sie miteinander. „Wie kalt das ist", flüsterten die einen, „es ist nur gut, dass uns Mutter Wolke unsere weißen Sternmäntelchen angezogen hat." Sie waren sehr stolz auf ihre schönen weißen Sternmäntel und die Kleinsten von ihnen tanzten in der Luft herum vor lauter Vergnügen.

Ein paar ganz große Flocken waren auch dabei, aber sie flogen schön langsam und vernünftig ihres Weges daher und hielten auch die andern zur Ordnung an. „Nun macht eure Sache gut", sagten sie. „Und dass ihr nichts vergesst! Und dass ihr schön leise macht, damit niemand im Garten aufwacht, sonst ist's mit der Überraschung vorbei." Die Schneeflocken nickten stumm. Nun waren die ersten unten im Garten angelangt. Nichts rührte und regte sich darin, alles schlief. Das war den Schneeflocken gerade recht, denn sie hatten eine große Überraschung vor. Leise wanderten sie zu den schlafenden Sträuchern und zu den Bäumen hin und schmückten sie fein zierlich aus. Kein Zweiglein, auch nicht das allerkleinste, wurde vergessen; es sah aus, als wäre alles in Zucker getaucht. Und wie flink die kleinen Schneeflocken bei ihrer Arbeit waren und wie leise sie sie taten. Es war sehr gut, dass es so viele Schneeflocken waren; denn es gab eine Menge zu tun. Das Dach der Laube sollte einen Mantelkragen bekommen, so wie es sich einen gewünscht hatte. Das war aber gar nicht so leicht; denn die Laube war schon alt und hatte keinen so festen Schlaf mehr. Sie knackste manchmal ganz unheimlich, sodass die Schneeflocken sehr erschraken und schon dachten, die Laube könne aufwachen. Aber sie hatte nur im Traum geknackst, so wie die Menschen manchmal im Traum sprechen.

Am meisten Arbeit aber machte doch die Decke für den großen Rasenplatz. Die guten Schneeflocken gaben ihre eigenen Sternenmäntelchen dazu her – viele, viele tausend davon lagen schon auf dem Rasen. Aber immer noch war die Decke nicht dick und warm genug und es mussten immer und immer noch Schneeflocken vom Himmel herunterkommen und ihre Mäntelchen obendrauf legen. Endlich, endlich war die Decke fertig. Es war eine prachtvolle Decke – so frisch und weiß und warm. Nun froren die armen Grashälmchen sicher nicht mehr. „Ist nun alles fertig?", fragten die Schneeflocken. „Ach nein, ach nein", flüsterte es in allen Ecken und Enden, „wir sind noch lange nicht fertig! Es sind aber auch so entsetzlich viele Kappen, die wir aufzusetzen haben. Helft uns doch, helft uns doch, sonst kommt der Morgen und wir sind noch nicht fertig!" Nun ging es aber husch! husch! an das Austeilen der Kappen. Jedes Ding im Garten, das noch nichts bekommen hatte, bekam ein weißes Schneepelzkäppchen aufgesetzt, jeder Stein, jeder Pfahl am Zaun, sogar die alte Pumpe bekam eins. Weil es aber so arg in der Eile ging, kam es wohl vor, dass eins oder das andere eine Mütze bekam, die ihm zu groß oder zu klein war, oder dass sie ihm schief auf dem Kopfe saß. Aber das schadete nichts. Die Hauptsache war, dass niemand vergessen wurde und dass man bald fertig war. Und man war bald fertig. Nun brauchte keine Schneeflocke mehr zu kommen. Nur noch ein paar wurden von der Mutter

Wolke hinabgeschickt; die sollten nachsehen, ob die andern ihre Sache gut gemacht hatten. Das hatten sie wirklich, man konnte mit ihnen zufrieden sein. Und nun war wieder alles ganz still im Garten.

Aber dann am andern Morgen – das hättet ihr sehen sollen! Das waren ein Erstaunen, ein Jubel und eine Freude, als nach und nach alle aufwachten und die Bescherung sahen. Die Sträucher wagten sich nicht zu rühren aus Angst, etwas von dem herrlichen Schmuck zu verlieren. Der Rasenplatz war glücklich über die schöne, warme Decke. Die alte Laube aber, die sonst immer als Erste aufgewacht war vor Kälte, die wachte heute zuallerletzt auf, so gut hatte sie in ihrem warmen Kragen geschlafen. Am allermeisten Vergnügen hatten aber doch die Zaunpfähle. „Dürfen wir diese schönen Kappen nun wohl immer behalten?", fragten sie. Aber der Morgenwind, der gerade des Weges daherspaziert kam, gab ihnen gleich die gehörige Antwort darauf. „Wo denkt ihr hin?", sagte er. „Wartet nur, bis die Sonne kommt, die wird sie euch von den Ohren ziehen; sie mag solche Verwöhnungen nicht leiden." Er ärgerte die Leute gern ein bisschen, der Morgenwind. „Pfiff!", machte er und blies noch rasch im Vorbeigehen dem einen Strauch ein bisschen von seinem Schmuck herunter, sodass ein kleines, weißes Schneewölkchen in die Höhe flog. Nun kam noch ein anderer Besuch in den Garten, ein Rabe, ganz feierlich, im schwarzen Anzug. Er habe von der herrlichen Bescherung gehört und komme, sie sich anzusehen, sagte er. Dabei nahm er auf der alten Pumpe Platz. „Was haben Sie denn da für eine Schlafmütze auf?", fragte er. „Sind Sie so faul, dass Sie eine brauchen?" Und dabei hob er das eine Bein und strich der Pumpe die schöne, neue Kappe vom Kopfe herunter. „Mach, dass du fortkommst, Grobian!", sagte sie und drohte ihm mit ihrem Schwängel, sodass der Rabe Angst bekam und fortflog. „Ich will einmal probieren, wie sich's auf dem neuen Teppich geht", sagte er. „Ganz schön, nur ein bisschen glatt ist er, so ganz ohne Muster, ich will mal eins daraufmachen." Und nun hüpfte er auf dem Teppich herum und überall, wo er hinhüpfte, gab es Striche, sodass der Teppich wirklich ganz gemustert aussah. Die andern fanden, dass der Teppich früher viel schöner gewesen war; aber dem Raben gefiel es so viel besser. Und er hätte sicher noch mehr Muster auf den Teppich gemacht, wenn – ja wenn nicht plötzlich mit großer Geschwindigkeit etwas Rotes dahergesaust gekommen wäre. Es war ein Schlitten. Die Kinder hatten ihn zu Weihnachten bekommen und freuten sich nun sehr, dass das Christkind ihnen auch Schnee dazu geschickt hatte. Rings um den Rasen herum ging die fröhliche Fahrt. Dann wurde Halt gemacht und nun kamen die Schneeballen an die Reihe. Hui! Da flogen sie – hier einer, da einer. Es war ein großes Vergnügen, ein richtiges, echtes Wintervergnügen.

Aber das Schönste kam noch. Das Schönste war ein Schneemann, den die Kinder aufbauten, gerade vor der alten Laube, als stehe er Schildwache davor. Es war ein prächtiger Schneemann! Er musste jedem gefallen und er gefiel auch allen. „Ein netter Kamerad, den wir da bekommen haben", sagten die Zaunpfähle. „Hoffentlich versteht er sich auch aufs Erzählen, damit wir ein wenig Unterhaltung haben." Es wagte aber niemand, den Schneemann anzureden. Glücklicherweise fing dieser von selbst an. „Guten Morgen!", sagte er. „Guten Morgen!", antwortete es von allen Seiten. „Es ist schönes

Wetter heute", sagte der Schneemann; etwas anderes fiel ihm gerade nicht ein. „Ja
– aber heute Nacht hat es geschneit." „Hm", machte der Schneemann, „natürlich hat es
geschneit – stände ich sonst hier? Nein, dann hätte ich sicher mit der Wolke noch ein
gut Stück weiterreisen können und hätte noch viel von der Welt gesehen." „Ei", sagten
die Sträucher, „Sie haben gewiss schon schöne Reisen bis hierher gemacht, wollen Sie
uns nicht davon erzählen?" „Gern", sagte der Schneemann. Und dann erzählte er. „Ihr
habt doch vorhin die Kinder in ihrem Schlitten fahren sehen? Das war ein Vergnügen,
nicht wahr? Was würden diese Kinder wohl erst für ein Vergnügen haben, wenn sie in
dem Lande wohnten, von dem ich mit der Schneewolke hergereist bin! Da liegt nämlich das ganze Jahr hindurch Schnee, sodass man immer Schlitten fahren muss. Das
ist lustig, nicht wahr? Die Schlitten werden aber dort von großen Tieren gezogen, man
nennt sie Rentiere. Die armen Tiere! Der Schnee deckt ihnen oft alles Futter auf der
Erde zu, sie müssen es sich erst unter dem Schnee hervorholen. Ich habe sie mit ihren
großen Geweihen den Schnee fortschaufeln sehen. In diesem Lande ist es bitterkalt.
Die Leute haben immer diese Pelze an. Ja, wenn man mit einer Schneewolke reist
wie ich, dann bekommt man wirklich viel Merkwürdiges zu sehen. Habt ihr vielleicht
schon einmal ein Haus aus Schnee gesehen? Nein, aber ich habe eins gesehen – ja, ja,
eine richtige kleine Hütte war's, mit Fenstern und Tür und Schornstein! Auch Leute
wohnten drin. Meint ihr vielleicht, die Leute hätten in ihren Schneehütten gefroren?
O nein, der Schnee hielt sie schön warm. Der Schnee macht überhaupt schön warm.
Einmal sah ich einen Mann, der hatte sich seine Nase rot und blau gefroren. Was glaubt
ihr, was er tat? Er hob Schnee von der Erde auf und rieb sich seine Nase damit und als
er dies ein paar Mal getan hatte, da war die Nase wieder heil, und der Mann war dem
Schnee sehr dankbar dafür. Ich habe auf meiner Reise noch mehr Leute gesehen, die
sich freuten, dass es geschneit hatte. Da war zum Beispiel ein Mann, der musste in der
Nacht durch den Wald nach Hause gehen. Er hatte aber keine Laterne bei sich und hätte
sich sicher im Walde verloren, wenn nicht der Weg und der ganze Wald voll Schnee
gelegen hätten. Der Schnee machte es so hell, dass der Mann doch seinen Weg nach
Hause fand. Freilich, manchen habe ich auch gesehen, der freute sich gar nicht über den
Schnee. Zum Beispiel der Tannenbaum in dem Walde, der an der Schneelast auf seinen
Zweigen schwer zu tragen hatte. Oder die Leute, denen der Schnee eine hohe Mauer
vor die Tür gebaut hatte, sodass sie gar nicht herauskommen konnten. Und dann die,
denen der Sturm so viel Schnee in die Augen blies, dass sie gar nicht sehen konnten."

In diesem Augenblick kam die Sonne hinter den Wolken hervor. „Uff!", machte der
Schneemann auf einmal. „Da ist sie. Nun ist es aus mit mir, ihr werdet es gleich sehen."
Sie sahen aber zuerst gar nichts, als dass auf einmal aller Schnee ganz wunderschön in
der Sonne glitzerte. Es war eine wahre Pracht, die die Sonne da hervorgezaubert hatte.
„Traut ihr nicht", sagte der Schneemann, „die Herrlichkeit wird gleich zu Ende sein. Oh,
wäre ich doch mit der Wolke fortgezogen, weiter zu den hohen Bergen hin, wo es so
herrlich kalt ist, dass die Schneeflocken nicht in der Sonne zu sterben brauchen, sondern
in Eis verwandelt werden und ewig leben." So sprach der Schneemann.
Aber was war denn das? Der ganze Garten weinte ja auf einmal! Von jedem Strauch,
von jedem Zaunpfahl, von der Laube und von der Pumpe fielen große Tropfen herab

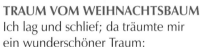

in den Schnee und jeder machte ein Loch hinein. Weinten sie alle, weil der Schneemann vom Sterben sprach, der Schneemann, der ihnen so hübsch erzählt hatte? Ach
nein, es war Tauwetter eingetroffen, das war's. Immer mehr Sonnenstrahlen kamen
und jeder schmolz ein bisschen von dem Schnee hinweg, jeder ließ ein Stückchen
Herrlichkeit zerfließen. Und gerade, als sie am allerschönsten war! Aber so geht es ja
immer.

ZU BETHLEHEM, DA RUHT EIN KIND

Zu Bethlehem, da ruht ein Kind
im Kripplein, eng und klein,
das Kindlein ist ein Gotteskind,
nennt Erd' und Himmel sein.

Zu Bethlehem, da liegt im Stall
bei Ochs und Eselein
der Herr, der schuf das Weltenall,
als Jesukindchen klein.

Von seinem gold'nen Thron herab
bringt's Gnad' und Herrlichkeit,
bringt jedem eine gute Gab',
die ihm das Herz erfreut.

Der bunte Baum, vom Licht erhellt,
der freut uns gar sehr,
ach, wie so arm die weite Welt,
wenn's Jesukind nicht wär!

Das schenkt uns Licht und Lieb' und Lust
in froher, heil'ger Nacht.
Das hat, als es nichts mehr gewusst,
sich selbst uns dargebracht.

O wenn wir einst im Himmel sind,
den lieben Englein nah,
dann singen wir dem Jesuskind
das wahre Gloria.
Annette von Droste-Hülshoff

TRAUM VOM WEIHNACHTSBAUM

Ich lag und schlief; da träumte mir
ein wunderschöner Traum:
Es stand auf unserm Tisch vor mir
ein hoher Weihnachtsbaum.

Und bunte Lichter ohne Zahl,
die brannten ringsumher;
die Zweige waren allzumal
von goldnen Äpfeln schwer.

Und Zuckerpuppen hingen dran;
das war mal eine Pracht!
Da gab's, was ich nur wünschen kann
und was mir Freude macht.

Und als ich nach dem Baume sah
und ganz verwundert stand,
nach einem Apfel griff ich da
und alles, alles schwand.

Da wacht' ich auf aus meinem Traum
und dunkel war's um mich.
Du lieber, schöner Weihnachtsbaum,
sag an, wo find ich dich?

Da war es just, als rief er mir:
„Du darfst nur artig sein;
dann steh ich wiederum vor dir;
jetzt aber schlaf nur ein!

Und wenn du folgst und artig bist,
dann ist erfüllt dein Traum,
dann bringet dir der heil'ge Christ
den schönsten Weihnachtsbaum."
Hoffmann von Fallersleben

O du fröhliche, o du selige

O du fröh - li - che,— o du se - li - ge,—

gna - den - brin - gen - de Weih - nachts - zeit!

Welt— ging ver - lo - ren, Christ— ist ge - bo - ren.

Freu - e,— freu - e dich, o Chris - ten - heit!

2. O du fröhliche, o du selige,
gnadenbringende Weihnachtszeit!
Christ ist erschienen,
uns zu versühnen.
Freue, freue dich, o Christenheit!

3. O du fröhliche, o du selige,
gnadenbringende Weihnachtszeit!
Himmlische Heere
jauchzen dir Ehre.
Freue, freue dich, o Christenheit!

Melodie: Volksgut, ursprünglich aus Sizilien;
Text: Johannes Daniel Falk

NUSSECKEN

300 g Mehl, 1 Teelöffel Backpulver, 2 Eier, 4 Päckchen Vanillezucker, 330 g Zucker,
130 g Margarine, 4 Esslöffel Aprikosenmarmelade,
200 g Butter, 200 g gemahlene Haselnüsse, 200 g gehackte Haselnüsse,
Schokoladenglasur

Aus gesiebtemMehl, Backpulver, Eiern, 2 Päckchen Vanillezucker, 130 g Zucker und
Margarine einen Knetteig herstellen, ausrollen und auf ein mit Backpapier ausgelegtes Blech legen. Den Teig mit der Marmelade bestreichen. Die Butter mit dem restlichen Zucker, dem restlichen Vanillezucker und zwei Esslöffeln Wasser aufkochen, bis
sich der Zucker vollständig aufgelöst hat. Die Nüsse unterheben. Die Masse gleichmäßig auf den Teig streichen und bei 175–200 °C 20–30 Minuten backen. Das Gebäck
abkühlen lassen, zunächst in Vierecke, dann in Dreiecke schneiden und die Nussecken
in die erhitzte Glasur tauchen.

DAS VERTAUSCHTE WEIHNACHTSKIND
Von Victor Blüthgen

K lein-Elsbeth war fünf Jahre alt und hatte es recht gut auf der Welt, denn ers-
tens brauchte sie noch nicht in die Schule zu gehen, zweitens hatte sie in der
schönen, großen Wohnung der Eltern ein eigenes Zimmerchen für sich, das
voll niedlicher Möbel war, darunter ein Schrank ganz voll Spielsachen, und drittens
hatte sie immer Unterhaltung, nämlich ein Fräulein, das immer bei ihr war und sich
mit ihr beschäftigte, weil Papa meistens im Geschäft war und Mama viel schlafen und
Besuche machen musste. Wenn aber recht schönes Wetter war, durfte der Kutscher
aufspannen, und dann fuhr sie mit Fräulein spazieren. Na, der Kutscher! Den mochte sie zu gern. Der war immer so spaßig und wenn er Besorgungen gemacht hatte,
brachte er ihr immer was zu naschen mit. Ihr einziger Kummer war, dass sie kein Brüderchen hatte, so eine richtige lebendige Puppe. Im ganzen Haus war sie das einzige
Kind, auch Doktor Krauses im oberen Stock, die noch nicht lange eingezogen waren,
hatten keine Kinder. Aber lieb war die Frau Doktor, Elsbethchen durfte manchmal zu
ihr hinaufgehen mit Fräulein und dann spielte die Frau Doktor ganz richtig mit ihr, als
wenn sie auch ein kleines Mädchen wäre.

Weihnachten kam heran, und eines Abends erschien – rate mal wer? Der Knecht
Ruprecht. Fräulein hatte schon vorher gesagt: „Wo nur der Knecht Ruprecht bleibt?
Kommen wird er sicher. Wir müssen uns nur überlegen, was wir uns zu Weihnachten
wünschen, damit wir ihm das sagen können." Das war nun eine wichtige Sache. Es
war denn auch eine ganze Liste zusammengekommen, Fräulein hatte alles aufge-
schrieben und Elsbeth hatte ihren Namen und die Straße und Hausnummer drunter-
schreiben müssen, Fräulein hatte ihr die Hand geführt. Und nun stapfte es vor der Tür,
gerade, als Fräulein das Märchen vom ehrlichen Laubfrosch erzählte, und die Tür
ging auf und herein kamen Äpfel, Nüsse und eingewickelte Bonbons und hinterher
der Ruprecht. Er brummte wie ein Bär durch seinen weißen Bart und sprach beinahe
so wie Heinrich der Kutscher, Elsbeth musste beten und dann sollte sie sich etwas zu
Weihnachten wünschen. Da holte Fräulein den Zettel für Elsbeth und auch ihren eigenen und der Ruprecht ging damit ab.

Elsbeth war ja nun sehr befriedigt und Fräulein half mit auflesen; auf einmal aber
schrie Elsbeth: „Fräulein, Fräulein!" „Was denn?" „Ich habe was vergessen." „Was
hast du denn vergessen?" „Ich will ja ein kleines Brüderchen haben, das ist die aller-
größte Hauptsache. Hole doch den Ruprecht noch einmal!" „Schade, der ist aber schon
weit fort. Weißt du was? Wir schreiben an ihn. Die Post weiß gewiss seine Adresse;
er wird wohl mehr Briefe bekommen." Das war ein Trost. Fräulein nahm Papier und
Feder und Elsbeth musste diktieren.

„Lieber Knecht Ruprecht! Entschuldigen Sie, wenn ich störe" – so sagte nämlich
Fräulein immer zur Mama –, „ich wünsche mir am allermeisten ein kleines Brüderchen, bitte, bitte! Es grüßt Sie Ihre Elsbeth." „Die Adresse schreibe ich dazu", sagte
Fräulein, „und die auf das Kuvert auch." „Die Marke darf ich lecken, nicht?" „Für
den Ruprecht braucht's keine." Aber Elsbeth wollte lieber sichergehen und ließ nicht

nach, bis eine Marke aufgeklebt war und nachher war sie sehr energisch dagegen, dass Minna, das Stubenmädchen, den Brief in den Briefkasten trug, Fräulein musste mit ihr über die Straße gehen und sie heben, sodass sie den Brief selber einstecken konnte. Fräulein lachte heimlich. Der Briefkasten gehörte nämlich nicht der Post, sondern einem großen Kohlengeschäft. Die Leute würden sich dort schön wundern! Darauf gingen die beiden wieder Äpfel, Nüsse und Bonbons zusammenlesen.

Der Tag zu Heiligabend war gekommen und Klein-Elsbeth in wahrem Fieber vor Erwartung. Das Brüderchen musste doch sicher kommen, bis jetzt hatte der Weihnachtsmann immer alles gebracht, was sie sich gewünscht hatte. Wenn bloß der Brief richtig angekommen war! Papa und Mama wussten natürlich von dem bevorstehenden Familienzuwachs. Elsbeth war anfangs dafür gewesen, sie zu überraschen, aber sie hatte doch auf die Dauer ihr Geheimnis nicht bei sich behalten können. Und Mama hatte gesagt: „Es ist nur gut, dass ich es weiß, da muss ich doch Steckkissen und Windeln in Stand setzen." „Aber das sage ich dir, Mama, es ist meins!", hatte Elsbeth sehr entschieden gesagt. „Dass du mir's nicht etwa nachher fortnimmst und sprichst, es wäre deins!" „Ei, wo werde ich denn", hatte Mama geantwortet.
Nun war's draußen dunkel, in der Gegend des Wohnzimmers allerlei Getrappel und Gemunkel. Elsbeth, die atemlos mit Fräulein in ihrem Zimmerchen wartete, hörte es und trippelte wie ein Irrlicht herum vor Ungeduld. Draußen läuteten die Glocken. Und endlich klingelte es. „Fräulein, schnell!" Da war die Weihnachtsstube, mit Papa und Mama und dem Weihnachtsbaum und lauter Herrlichkeiten auf Tischen und Stühlen. Und die Eltern, beide lachten ganz glücklich: „Sieh doch dort, Elsbethchen, das ist deins, was der Weihnachtsmann dir gebracht hat." Aber die großen Kinderaugen von Klein-Elsbeth suchten, suchten, und das Gesichtchen wurde immer kläglicher. „Wo ist denn das Brüderchen?" „Ja, denke dir", sagte Mama, „das ist nicht gekommen!" Aus Elsbeths Augen kullerten Tränen. „Der Ruprecht!", nickte sie. „Das ist schon so einer. Jetzt freue ich mich beinahe gar nicht." „Ja", meinte Papa, „wir müssen ihn nächstes Jahr einmal fragen, ob er denn deinen Brief nicht bekommen hat." Nun half da ja nichts; Elsbeth musste sich mit den anderen Sachen zufriedengeben und das ging ja auch, denn sie waren wirklich sehr schön.

Nachher wurden der Friedrich und das Stubenmädchen und die Köchin und die Jungfer von Mama gerufen, die bekamen auch ihren Teil. Die Köchin kam zuletzt und war ganz aufgeregt und sagte: „Gnädige Frau, bei Doktors oben ist ein kleiner Junge angekommen." Klein-Elsbeth stieß einen Schrei aus. „Ein kleiner Junge? Mama, Mama, das ist meiner. Der ist falsch abgegeben!" Und mit blitzenden Augen stand sie vor der Mutter, ganz Aufregung. „Ja, das kann man doch nicht wissen", sagte Mama bedenklich und blinzelte zu Papa hin. „Doch", rief Elsbeth, „ich habe ihn doch bestellt, Doktors brauchen doch gar keinen. Bitte, bitte, schicke doch hinauf und lass ihn holen. Tante Doktor gibt ihn mir gewiss, das weiß ich. Ich habe ihr auch erzählt, dass ich ein Brüderchen bestellt habe." Die Köchin und die Zofe und das Stubenmädchen lachten, aber Papa sagte ernsthaft: „Na, heute wollen wir's nur oben lassen, es wird natürlich sehr müde sein und erst mal ordentlich ausschlafen wollen." „Aber ich will's doch

sehen!", rief Elsbethchen. „Fräulein, komm doch nur mit, wir wollen hinaufgehen."
„Heute nicht, sei artig, Elsbeth", entschied Mama. Elsbeth stieß ein Schluchzen aus
und stampfte mit den Füßen auf. „Ihr seid schlecht – ganz schlecht seid ihr ..." „Elsbeth", sagte Papa mit strengem Ton, den kannte sie schon, da war nicht gut Kirschen
essen mit ihm. „Unartigen Kindern nimmt der Weihnachtsmann alles wieder weg, das
weißt du. Natürlich das Brüderchen auch." Sie ging zu ihren Sachen, weinte noch eine
Weile still vor sich hin ... „Morgen ganz früh gleich gehen wir hinauf, nicht?", sagte
sie zu Fräulein, als die sie zu Bett brachte. „Ja freilich." Sie lag noch lange mit offenen
Augen, lächelte manchmal glückselig ...

In aller Frühe klingelte es bei Doktors. Als das Mädchen öffnete, stand Klein-Elsbeth da, hochrot im Gesichtchen, sagte gar nicht „Guten Morgen", sondern bloß sehr
bestimmt: „Ich will mein Brüderchen sehen. Es gehört nämlich mir." Sie war dem
Fräulein durchgegangen, das noch mit Haarmachen zu tun hatte. „Das ist deins?",
fragte das Mädchen erstaunt. „Ich denke doch, das ist der Frau Doktor ihres." „Nein,
das habe ich mir bestellt, es ist bloß falsch abgegeben. Und ich will mir's holen." „Na,
das glaube ich nicht, dass sie dir das herausgeben", meinte das Mädchen. „Ich will mal
den Herrn fragen, ob du es sehen darfst, es wird gerade gebadet."
Sie ging fort und statt ihrer kam der Doktor. „Morgen, Elsbethchen. Na, willst du's
sehen? Dann komm mit. Aber es ist richtig unseres, verlass dich drauf." „Jawohl,
ihr wollt mir's jetzt bloß nicht geben. Ich hab mir's bestellt und ihr nicht!" „Doch,
wir haben auch eins bestellt." „Aber Elsbethchen!", rief's unten und Fräulein kam
mit halb gemachtem Haar die Treppe heraufgeflogen. „Du lügst!", rief die Kleine in
leidenschaftlicher Erbitterung. „Du sagst bloß so. Und jetzt will ich's gar nicht sehen
..." „Entschuldigen Sie das Kind, Herr Doktor", sagte Fräulein. „Meinen herzlichen
Glückwunsch! Es ist so ein merkwürdiger Zufall ..."

Elsbethchen war schon auf der Treppe und jetzt war Fräulein bei ihr und meinte: „Wir
schreiben noch einmal an den Ruprecht, da werden wir ja erfahren, wem es gehört."
„Ja, aber gleich", nickte Elsbeth entrüstet. Nun saßen sie – sie hatten noch gar nicht
gefrühstückt; die Eltern lagen noch zu Bett – und Elsbeth diktierte und Fräulein
schrieb: „Lieber Knecht Ruprecht! Ich bin sehr traurig ..." Auf dem Korridor ging die
Klingel. „Das wird die Post sein", sagte Fräulein und legte die Feder nieder, „ich will
erst einmal nachsehn." Sie ging und kam wieder mit dem Postboten, der trug eine
große Kiste, nickte Elsbethchen zu und meinte schmunzelnd: „Da kommt was für das
Fräuleinchen." Und Fräulein las auf der Begleitadresse und rief: „Elsbethchen, da
steht: ‚Absender: der Weihnachtsmann', da bin ich neugierig. Ich will gleich Werkzeug
holen und öffnen." Es stand aber auch etwas blau gestempelt auf der Adresse, davon
sagte sie nichts, das hieß nämlich: Schucker und Kompanie, Kohlenhandlung. Die
Neugier, ehe die Kiste geöffnet war und ausgepackt wurde! Erst viel Holzwolle und
dann: eine Puppe, so groß, wie Elsbethchen noch keine gehabt – ein kleiner Junge!
„Ja, was ist denn das?", kopfschüttelte Fräulein und nahm einen Brief aus einem
Kuvert, das dabeilag. Und dann schrie sie: „Denk doch nur an, der Weihnachtsmann
schreibt an dich: ‚Liebes Elsbethchen! Der Knecht Ruprecht lässt dich schön grüßen.

Er hat mir gesagt, du hättest dir ein richtiges lebendiges Brüderchen gewünscht. Aber die sind dieses Jahr schlecht geraten und ich musste erst den Leuten eins bringen, die schon voriges Jahr eins gewünscht und nicht gekriegt haben. Da hatte ich für dich keins mehr übrig und schicke dir dafür noch ein extragroßes, das zwar nicht lebendig, aber sehr schön ist. Es grüßt dich der Weihnachtsmann.'" „Dann ist's doch richtig", sagte Elsbethchen betreten, „es gehört Doktors. Ich freue mich gar nicht."

Der Kohlenhändler, der den Brief an den Knecht Ruprecht in seinem Briefkasten gefunden, hatte sich den Spaß gemacht; davon aber erfuhr Elsbethchen nichts. Noch am selben Tag aber war sie bei Doktors und besah das Brüderchen. Es war ein kleines, schrumpeliges Ding und quäkte grässlich. Ganz krebsrot und hässlich sah es aus. „Weißt du", sagte sie zu Fräulein, als sie von Doktors die Treppe hinuntergingen, „jetzt ist mir's doch lieber, dass ich das Brüderchen nicht gekriegt habe; das, was mir der Weihnachtsmann geschickt hat, ist viel hübscher und auch viel artiger. Das andere können Doktors behalten."

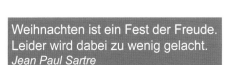

Weihnachten ist ein Fest der Freude.
Leider wird dabei zu wenig gelacht.
Jean Paul Sartre

Schenken heißt, einem anderen das geben, was man selber behalten möchte.
Selma Lagerlöf

INGWERHERZEN

300 g Mehl, 1 Messerspitze Backpulver, 100 g Zucker,
1 Päckchen Vanillezucker, 1 Ei, 200 g Butter, 1 Eigelb,
30 g klein gehackter, kandierter Ingwer

Gesiebtes Mehl, Backpulver, Zucker, Vanillezucker, Ei und Butter zu einem glatten Teig verkneten und eine Stunde im Kühlschrank ruhen lassen. Den Teig portionsweise 3 mm dick ausrollen, Herzen ausstechen und auf ein mit Backpapier ausgelegtes Blech legen. Das Eigelb mit etwas Wasser verschlagen, die Herzen damit bestreichen und mit den Ingwerwürfelchen bestreuen. Die Herzen bei 170 °C ca. 15 Minuten backen.

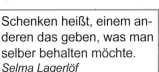

Weihnachten offenbart die Temperaturen im Umgang der Menschen untereinander.
Karl Lehmann

131

O Tannenbaum, o Tannenbaum

O Tan - nen - baum, o Tan - nen - baum, wie treu sind dei - ne

Blät - ter! Du grünst nicht nur zur Som - mers - zeit, nein,

auch im Win - ter, wenn es schneit. O Tan - nen - baum, o

Tan - nen - baum, wie treu sind dei - ne Blät - ter!

2. O Mägdelein, o Mägdelein,
wie falsch ist dein Gemüte!
Du schwurst mir Treu' in meinem Glück,
nun arm ich bin, gehst du zurück.
O Mägdelein, o Mägdelein,
wie falsch ist dein Gemüte!

3. Die Nachtigall, die Nachtigall
nahmst du dir zum Exempel!
Sie bleibt, solang der Sommer lacht,
im Herbst sie sich von dannen macht.
Die Nachtigall, die Nachtigall
nahmst du dir zum Exempel!

4. Der Bach im Tal, der Bach im Tal
ist deiner Falschheit Spiegel!
Er strömt allein, wenn Regen fließt,
bei Dürr' er bald den Quell verschließt.
Der Bach im Tal, der Bach im Tal
ist deiner Falschheit Spiegel!

Melodie: Ernst Anschütz; Text: August Chr. Zarnack

Weihnachtszeit ist die Zeit,
in der man für andere Leute
Dinge kauft, die man sich selbst
nicht leisten kann.
Alberto Sordi

Wäre er nicht geboren worden,
wäre die Welt zu Grunde gegangen.
Otfrid von Weissenburg

CHAMÄLEON

Von Moritz Barach

An einem stürmischen, regnerischen Dezemberabend saß ein junger, hübscher Mann in seiner kleinen Stube und war eben damit fertig geworden, den Christbaum für seine zwei jüngeren, noch unmündigen Geschwister auszuschmücken. Sinnend weilte sein Blick auf dem mit Streifen, Schlingen, Ketten und Körbchen aus farbigem Papier gezierten Bäumchen, an das er mit Bindfaden die bunten kleinen Sächelchen geheftet hatte, die er heimlich, wie er das ganze Werk betrieb, schon seit einer Woche eingekauft hatte. Wie er so den Eindruck des Ganzen in sich fasste, tat es ihm wohl, wenn er der herzinnigen Freude gedachte, welche von diesem Bäumchen mit dem Geflatter lustiger Vögel auf seine Geschwister einstürmen sollte. Aber plötzlich strich eine Wolke der Wehmut über die hohe, edle Stirn des jungen Mannes, und feucht wurden seine Augen. Es war ihm, als hinge mitten unter dem schimmernden, flimmernden Kram des harzduftenden Bäumchens seine eigene Jugend und blinkte ihm im Schein der Erinnerung wie ein Geschenk des heiligen Christ entgegen. „Wie schön war jene Zeit!", murmelte er. „Wie glücklich war ich! ... Ach! Damals lebte mein guter, guter Vater noch! Damals standen Mutter und Else und Fricke noch nicht allein auf der weiten Welt und die Sorgen um sie pressten mir noch nicht das Herz zusammen und ich wusste noch nicht, wie schwer es einem wird, im Tumulte der ringenden Welt nicht nur sich und anderen, die man liebt, das Leben zu fristen! ..."

Tief seufzte er auf und krampfhaft ballten sich seine Hände. Wild begannen die Gedanken in seinem Gehirn zu toben. Wie gering, wie mühsam erkämpft waren die bisherigen Resultate seiner rastlosen Studien und Bestrebungen! Wie fühlte er sich zurückgesetzt, ja, entehrt gegen andere, die ihm an Talent, Kenntnis und Triebkraft weit, weit nachstanden, und auf verächtlichen Winkel- und Seitenwegen ihm längst zuvorgekommen waren, und höhnisch auf ihn blickten, der sich vorgenommen, den Weg des Verdienstes zu gehen, der so weit, so unendlich lang ist, bis er ans Ziel führt! Eine fieberhafte Röte stieg in die feinen, durchsichtigen Wangen des jungen Mannes, Kühlung suchend fuhr er mit der kalten Hand über die glühend heiße Stirne und träumerisch, fast irre, starrte er vor sich hin.

Da war es ihm, als kicherte es in seiner Nähe, aber mit einer so kleinen, dünnen Stimme, als käme sie von einem Kind, das nicht größer als sein Gliederpüppchen sein könnte. Zugleich sah er, wie der Deckel eines kleinen, bemalten Kistchens aufsprang, das er mit anderen Spielsachen zuletzt an den Baum befestigt hatte. Das an einer Feder im Boden des Kistchens befestigte Männlein sprang in die Höhe und sah ihn freundlich grinsend an. War das ein sonderbares Männchen! Es war in altspanischer Hoftracht gekleidet, trug ein blutrotes, goldverbrämtes Samtmäntelchen, ein schwarzes Hütlein mit wehender, schimmernder Feder und einen Degen mit einem smaragdenen Griff. Das Gesicht aber des Figürchens war das Merkwürdige daran. Es war schön und widerlich zugleich, es schien zu lächeln und grimmig zu drohen, es trug den Ausdruck lustiger Verschmitztheit und düsterer Begierde, es weckte Vertrauen und erregte Furcht und Entsetzen. Dieses Gesicht trug ein merkwürdiges Gemisch kontrastierender Ausdrücke in sich, dass es Schwindel erregte, wenn man es scharf und in seiner Totalität erfassen wollte. Was aber diesem Antlitze und der ganzen Gestalt vollends den Charakter des Unheimlichen, Geisterhaften, und sagen wir lieber des Dämonischen verlieh, das waren die kleinen stechenden, tierklugen, leuchtenden Augen, welche ruhelos in allen Farben spielten.

Schauder erfasste den jungen Mann, als er dieses Männlein anstarrte, das ihm, als er es in dem Nürnberger Spielwarenladen gekauft hatte, so nett, lustig und gar nicht grauenhaft erschienen war. Der spitzige Blick des kleinen Männchens fuhr ihm wie ein Dolch in die Brust und unwillkürlich legte der junge Mann an das leise pochende Herz. Nun hob sich aber das Männchen mit Geschick und Grazie aus seinem Kästchen heraus, voltigierte mit der Virtuosität eines Turners auf den Tisch herab, auf den der junge Mann das Bäumchen gestellt hatte, setzte sich in Positur, zog das Hütlein und machte vor dem erstaunten jungen Mann eine ehrfurchtsvolle Verbeugung. „Wer bist du?", flüsterte es kaum hörbar von den bebenden Lippen des jungen Mannes, dessen schwarze, glänzende Haare sich sträubten. „Ich bin Maestro Chamäleon!", erwiderte das Männchen lächelnd, das sich an dem Verblüfftsein des jungen Mannes zu weiden schien.

„Nun scheinst du erst recht nicht zu wissen, wer ich bin!", fuhr das Männchen nach einer Weile grinsend fort. „Ich will dir aber nur sagen, dass ich von altitalienischem Geschlecht bin, obgleich mein Stammbaum eigentlich noch viel weiter zurückgeht, und zwar, wie einer meiner Urväter, ein berühmter Staatsmann, meinte, bis zu Kain ... Jedenfalls bist du sicher, dass du dich in guter, vornehmer Gesellschaft befindest. Habe Vertrauen zu mir, ich meine es gut mit dir, du ehrlicher, aber – du verzeihst schon! – dummer Deutscher! Ich will dir nur kurzweg sagen, dass ich gekommen bin, dich aus dem Elend zu reißen, in das du dich verstrickt hast, und ohne mich immer mehr verstricken wirst. Reiche mir die Hand und es wird dir wohlergehen, denn ich bin der wahre Protektor des Talentes, ich helfe ihm auf die Beine, ich setze es ins warme, wohnliche Haus! Ich bin der Freund der gepeinigten, unterdrückten Genies, ich bin der Mäzen der hungernden Jünger des Wissens und der Künste! Komm her zu mir! Ich ziehe dir den Dorn unbefriedigten Ehrgeizes aus der blutenden Brust! Komm her zu mir! Ich befreie dich von dem nagenden Ungeziefer des gedemütigten Selbstbewusstseins! Komm her zu mir! Ich jage das ekelige, schmutzige Spinnengewebe der Not und des Elends von dir und von denen, die du liebst, und für die du strebst, hoffst und leidest! Komm her zu mir! Du armer, wackerer, junger Mann, der du ein besseres Los verdienst! Vor allem stärke deine angespannten, zitternden Nerven, dass du wieder Kraft gewinnst zu deinem Werke des Lebens, des Strebens, der Tat, der Liebe, des Glücks!"

Dabei nahm das kleine Männchen aus seinem Gürtel ein Fläschchen, dessen Inhalt so grell und bunt schimmerte, dass dem jungen Mann die Augen übergingen, als er eine Sekunde daraufgesehen. „Da nimm und trink!", forderte ihn das kleine Männchen auf und reichte ihm das Fläschchen. Während es dem jungen Mann schien, dass ihn eine unsichtbare Gewalt zurückhalten wollte, griff er mit fieberhafter Begierde nach dem Fläschchen, das er rasch an die trockenen heißen Lippen setzte. Er trank mit der Hast des Wahnsinns in einem Zug daraus. Frohlockend sah ihm das kleine Männchen zu und wie ein chinesisches Farbenfeuerwerk sprühte es dabei aus seinen Augen und dem Smaragdknopf seines Degengriffes.

Der junge Mann aber fühlte ein eigentümliches Kribbeln durch seine Adern kriechen, dabei aber war ihm jeder Pulsschlag ein Nadelstich. Ein leises Unbehagen nagte ihm am Herzen, indes es in seinem Gehirn brodelte, als vollzöge sich da irgendein chemischer Prozess. Nach und nach zog sich die Lebenswärme aus seinem Innern, in dem sie fiebernd gebrannt hatte, nach außen und es schien dem jungen Mann, als wäre dagegen die organische Tätigkeit seiner Haut um das Hundertfache erhöht. Sie war ganz von einem warmen Schweiß bedeckt, in dem sich zitternd abspiegelte, was sich in der Stube befand.

Das kleine Männchen war indessen sehr geschäftig gewesen. Es war von einer Ecke der Stube in die andere gerannt und hatte sich an die Wände gestemmt und daran so lange gedrückt und geschoben, bis der junge Mann und das kleine Männchen sich nicht mehr in der kleinen Stube, sondern in einem riesigen Saal befanden, von dessen einem Ende bis zum anderen man die Gegenstände nicht mehr mit freiem Auge zu unterscheiden vermochte. Plötzlich sah man an einem Ende des Saals eine Schar schwarzer Männer. Stolz und vornehm blickten sie nach dem jungen Mann, der den Drang fühlte, sich ihnen zu nähern. Doch schon bei seinen ersten Schritten wandten sie sich verächtlich von ihm ab. Umso rascher schritt nun der junge Mann auf sie zu. Je näher er ihnen kam, desto schwärzer wurde er selber, bis er endlich ihnen gegenüberstand und so schwarz war wie sie. Jubelnd ward er nun von den schwarzen Männern begrüßt und sie drückten ihn an die Brust und überhäuften ihn mit Liebkosungen und Geschenken. Und als sich der junge Mann nach einer anderen Seite des Saals wandte, da sah er wieder ein Schar weißer Männer. Nun drängte es ihn wieder zu diesen hin. Und es ging ihm bei ihnen wie vorher bei den schwarzen Männern. Sie wandten sich im Anfang von ihm ab, nahmen ihn aber, als er selbst so weiß war wie sie, entzückt in ihre Mitte und priesen ihn und setzten ihn auf den besten Platz und bedachten ihn mit Ehren und Schätzen.

Und gerade so geschah ihm an anderen Stellen des feenhaften Saals, mit roten, blauen, gelben, grünen und braunen Männern, die ihn alle mit gleichem Enthusiasmus als einen der Ihrigen erkannten, sobald er selber ihre Farbe annahm. Auf diese Weise hatte der junge Mann erreicht, was ein Mensch zu erreichen vermag. Er dachte nun an seine Mutter und seine Geschwister. „Mutter!", wollte er im Bewusstsein seines Glückes rufen, aber das Wort, das süße Wort, der Name, der sein Herz mit Wonne erfüllte, erstarb ihm in der Kehle.

Hatte er schon nach jeder Begegnung mit einer der farbigen Männerscharen und nachdem er sich bemüht hatte, ihre Farbe widerzuspiegeln, gefühlt, dass seine Seele immer um ein Stück dabei einschrumpfte, so war ihm jetzt, als er sämtliche Farben durchgemacht, gerade so, als wäre von seiner Seele nur die runzelige Haut zurückgeblieben.

Er kam sich nun trotz seines Glückes so elend, so nichtig vor, dass er erzürnt die Stirn runzelte und mit dem Fuße stampfte. Es war ihm, als blicke er sich höhnisch und verächtlich ins Gesicht und wütend wollte er seinem eigenen Ich einen Faustschlag versetzen.

Tränen entperlten seinen Augen, die Sinne schwanden ihm und er stürzte zu Boden. Er fühlte, wie das kleine Männchen an ihm heraufkletterte und ihm etwas aus einer eisig-kalten Phiole in den Mund gießen wollte, aber plötzlich brannten zwei warme Lippen auf dem bleichen Mund des jungen Mannes. Diese Lippen träufelten ihm einen milden Atem ein. Dabei sprachen sie leise: „Seele! Richte dich auf! Seele, erringe deine Würde wieder! Dein Bewusstsein sei dein Glück und deine Kraft!" Und der junge Mann fühlte die Lebenswärme wieder wohltuend in sein Innerstes einziehen und er tat einen tiefen Atemzug und er schlug die Augen auf und er sah, dass seine Mutter, die milde, treue Frau, ihn in den Armen hielt. „Julius! Mein Julius!", sagte sie besorgt. „Gottlob, es ist vorüber!", setzte sie nach einer Weile sanft lächelnd hinzu, als der junge Mann sich aufrichtete und sie liebend umarmte. Am Weihnachtsabend aber war das Kistchen mit dem Springmännlein nicht auf dem Christbaum. Der junge Mann hatte es in kleine Stücke zertrümmert.

HASELNUSS-KROKANT-PLÄTZCHEN
200 g Mehl, 200 g weiche Butter, 180 g Zucker, 1 Eigelb, 1 Prise Salz,
200 g gemahlene Haselnüsse, 100 g gehackte Haselnüsse, Kuvertüre

Gesiebtes Mehl, Butter, 100 g Zucker, Eigelb, Salz und gemahlene Haselnüsse zunächst mit den Knethaken des Handrührgerätes, danach mit den Händen zu einem glatten Teig verarbeiten. Den Teig zu Stangen mit ca. 2 cm Ø formen, diese in Frischhaltefolie wickeln und mindestens 30 Minuten im Kühlschrank ruhen lassen. Danach die Stangen in Scheiben schneiden, auf ein mit Backpapier ausgelegtes Blech geben und bei 160 °C ca. 12–15 Minuten backen. Die gehackten Haselnüsse in einer Pfanne anrösten, mit dem restlichen Zucker vermischen und karamellisieren lassen. Die Masse auf Backpapier geben und erkalten lassen. Die abgekühlten Plätzchen mit geschmolzener Kuvertüre überziehen und mit Haselnusskrokant bestreuen.

Ach, könnte nur dein Herz
zu einer Krippe werden;
Gott würde noch einmal
Kind auf dieser Erden.
Angelus Silesius

136

GEWÜRZECKEN

150 g Butter, 125 g Zucker,
1 Ei, je 1 Messerspitze Zimtpulver, Gewürznelkenpulver und geriebene Muskatnuss,
abgeriebene Schale von 1 unbehandelten Zitrone,
125 g Mehl, 125 g ungeschälte, gemahlene Mandeln,
125 g Semmelbrösel, 200 g Puderzucker, 3–4 Esslöffel Zitronensaft,
je 30 g Zitronat und Orangeat

Butter und Zucker schaumig rühren, Ei, Gewürze und Zitronenschale unterrühren.
Das Mehl über die Masse sieben, Mandeln und Semmelbrösel nach und nach dazu-
geben und alles zu einem glatten Teig verarbeiten. In Alufolie wickeln und ca. zwei
Stunden im Kühlschrank ruhen lassen. Auf einer bemehlten Arbeitsfläche ca. 4 mm
dick ausrollen und 3 x 6 cm große Rechtecke ausschneiden. Die Ecken mit Abstand
voneinander auf ein mit Backpapier ausgelegtes Blech legen und im auf 200 °C vor-
geheizten Backofen auf der mittleren Schiene 10–12 Minuten backen. Den gesiebten
Puderzucker mit dem Zitronensaft zu einem Guss verrühren und die leicht abgekühlten
Gewürzecken dick damit überziehen. Zum Schluss das in feine Streifen geschnittene
Zitronat und Orangeat auf die noch weiche Glasur drücken.

O SCHÖNE, HERRLICHE WEIHNACHTSZEIT

O schöne, herrliche Weihnachtszeit,
was bringst du Lust und Fröhlichkeit!
Wenn der heilige Christ in jedem Haus
teilt seine lieben Gaben aus.

Und ist das Häuschen noch so klein,
so kommt der heil'ge Christ hinein
und alle sind ihm lieb wie die Seinen,
die Armen und Reichen, die Großen und Kleinen.

Der heilige Christ an alle denkt,
ein jedes wird von ihm beschenkt.
Drum lasst uns freu'n und dankbar sein!
Er denkt auch unser, mein und dein.
Hoffmann von Fallersleben

Wie leide ich vor Sehnsucht!
Wäre es doch Weihnachten!
Hans Christian Andersen

WAS DAS CHRISTKINDLEIN SAGT

Das Christkindlein bin ich genannt,
den frommen Kindern wohl bekannt,
die ihren Eltern gehorsam sein,
die früh aufstehn und beten gern,
denen will ich alles bescher'n.
Die aber solche Holzböck' sein,
die schlagen ihre Schwesterlein
und necken ihre Brüderlein,
steckt Ruprecht in den Sack hinein.
Des Knaben Wunderhorn

Still, still, still, weil's Kindlein schlafen will

2. Schlaf, schlaf, schlaf,
mein liebes Kindlein, schlaf!
Maria will dich niedersingen,
ihre keusche Brust darbringen.
Schlaf, schlaf, schlaf,
mein liebes Kindlein, schlaf!

3. Groß, groß, groß,
die Lieb' ist übergroß.
Gott hat den Himmelsthron verlassen
und muss reisen auf der Straßen.
Groß, groß, groß,
die Lieb' ist übergroß.
Melodie und Text: Volksgut aus Österreich

138

DAS WEIHNACHTSLAND

Von Heinrich Seidel. Aus: Wintermärchen

Im letzten Hause des Dorfes, gerade dort, wo schon der große Wald anfängt, wohnte eine arme Witwe mit ihren zwei Kindern Werner und Anna. Das Wenige, das in ihrem Garten und auf dem kleinen Ackerstück wuchs, die Milch, die ihre einzige Ziege gab, und das geringe Geld, das sie durch ihre Arbeit erwarb, reichte gerade hin, um die kleine Familie zu ernähren, und auch die Kinder durften nicht feiern, sondern mussten solche Arbeit leisten, wie sie in ihren Kräften stand. Sie taten das auch willig und gern und betrachteten diese Tätigkeit als ein Vergnügen, zumal da sie dabei den herrlichen Wald nach allen Richtungen durchstreifen konnten. Im Frühling sammelten sie die goldenen Schlüsselblumen und die blauen Anemonen zum Verkauf in der Stadt und später die Maiglöckchen, die mit süßem Duft aus den mit welkem Laub bedeckten Hügelabhängen des Buchenwaldes emporwuchsen. Dann war auch der Waldmeister da mit seinen niedlichen Bäumchen, die gepflückt werden mussten, ehe sich die zierlichen, weißen Blümchen hervortaten, damit seine Kraft und Würze fein in ihm verbleibe. Sie wanden zierliche Kränze daraus, denen noch, wenn sie schon vertrocknet waren, ein süßer Waldesduft entströmte, oder banden ihn in kleine Büschel, die die vornehmen Stadtleute in den Wein taten, auf dass ihm die taufrische Würze des jungen Frühlings zuteilwerde.

Später schimmerten dann die Erdbeeren rot unter dem niedrigen Kraut hervor und während nun die Kinder der reicheren Eltern in den Wald liefen und fröhlich an der reich besetzten Sommertafel schmausten oder höchstens zur Kurzweil ein Beerensträußlein pflückten, um es der Mutter mitzubringen, saßen Werner und Anna und sammelten fleißig „die guten ins Töpfchen, die schlechten ins Kröpfchen". Aber sie waren fröhlich dabei und guter Dinge, pflückten um die Wette und sangen dazu. Noch späterhin wurden auf dem bemoosten Grunde des Tannenwaldes die Heidelbeeren reif und standen unter den großen Bäumen als kleine Zwergenwälder beieinander, indem sie mit ihren dunklen Früchten wie niedliche Pflaumenbäumchen anzusehen waren. Auch diese sammelten sie mit blauen Fingern und fröhlichem Gemüt in ihre Töpfe, und dann ging's ins Moor, wo die Preiselbeeren standen, die so zierliche Blüten wie kleine, rosig angehauchte Porzellanglöckchen und Früchte rot wie Korallen haben und eingemacht über die Maßen gut zu Apfelmus schmecken.

Von der alten Liese, die alle Tage mit einem baufälligen Rösslein und einem Wagen voll Gemüse und dergleichen in die Stadt fuhr und für die Kinder verkaufte, was sie gesammelt hatten, lernten sie noch manches kennen, was die Stadtleute lieben und gern für ein paar Pfennige erwerben. So suchten sie in der Zwischenzeit allerlei zierliche Moose und Flechten, wie sie in trockenen Kiefernwäldern mannigfaltig den Boden bedecken und sich mit sonderlichen und zierlichen Gestaltungen bescheiden hervortun. Da fanden sie solche rot und ästig wie kleine Korallen und andere, die einem Haufen kleiner Tannenbäumchen glichen. Aus wieder anderen wuchsen die Blütenorgane gleich kleinen Trompetchen oder spitzen Kaufmannstüten hervor, während noch wieder andere kleine Keulen emporstreckten, die mit einem Knopf wie von rotem Siegellack geschmückt waren. Solches Moos liebten die Stadtleute auf einem Teller freundlich anzuordnen, damit sich ihr Auge, wenn es müde ist, über die große Wüste von Mauern und Steinsäulen zu schweifen, auf einem Stück fröhlichen Waldbodens ausruhen könne.

Unter solchen fleißigen und freudigen Tätigkeiten kam dann der Herbst heran und die Zeit, da die Stürme das trockene Holz von den Bäumen werfen und es günstig ist, die Winterfeuerung einzusammeln, die Zeit, wo sie sich schon zuweilen auf die schönen Winterabende freuten, wenn das Feuer in dem warmen Ofen bullert und sein Widerschein auf dem Fußboden und an den Wänden lustig tanzt, wenn die Bratäpfel im Rohr schmoren und zuweilen nach einem leisen „Paff" lustig aufzischen, und die Mutter bei dem behaglichen Schnurren des Spinnrades ein Märchen erzählt. Unter solchen Gedanken schleppten sie fröhlich Tag für Tag ihr Bündelchen Holz heim und türmten so allmählich neben der Hütte ein stattliches Gebirge auf. Zuweilen hing auch ein Beutel mit Nüssen an dem Bündel; diese holten sie gelegentlich aus dem großen Nussbusch, wo in manchem Jahre so viele wuchsen, dass, wenn man mit einem Stock an den Strauch schlug, die überreifen Früchte wie ein brauner Regen herabprasselten. Wenn sie davon genug mitgebracht hatten, wurden die Nüsse in einen größeren Beutel getan und in den Rauchfang gehängt, um für Weihnachten aufgehoben zu werden. Weihnachten, das war ein ganz besonderes Wort und die Augen der Kinder leuchteten heller auf bei seinem Klange. Und doch brachte ihnen dieser festliche Tag so wenig. Ein kleines, winziges Bäumchen mit ein paar Lichtern und Äpfeln und selbst gesuch-ten Nüssen und zwei Pfefferkuchenmännern, darunter für jedes ein Stück warmes Winterzeug und, wenn's hoch kam, ein einfaches, billiges Spielzeug oder eine neue Schiefertafel, das war alles. Doch von den wenigen kleinen Lichtern und von dem gol-denen Stern an der Spitze des Bäumchens ging ein Leuchten aus, das seinen traulichen Schein durch das ganze Jahr verbreitete und dessen Abglanz in den Augen der Kinder jedes Mal aufleuchtete, wenn das Wort Weihnachten nur genannt wurde.

Als es nun Winter geworden war und sie eines Abends behaglich um den Ofen saßen und die Mutter gerade eine schöne Weihnachtsgeschichte erzählt hatte, sah der kleine Werner eine ganze Weile ganz nachdenklich aus und fragte dann plötzlich: „Mutter, wo wohnt denn der Weihnachtsmann?"
Die Mutter antwortete, indem sie den feinen Faden durch die Finger gleiten ließ und das Spinnrad munter dazu schnurrte: „Der Weihnachtsmann? Hinter dem Walde in den Bergen. Aber niemand weiß den Weg zu ihm; wer ihn sucht, rennt vergebens in der Runde und die kleinen Vögel in den Bäumen hüpfen von Zweig zu Zweig und lachen ihn aus. In den Bergen hat der Weihnachtsmann seine Gärten, seine Hallen und seine Bergwerke, dort arbeiten seine fleißigen Gesellen Tag und Nacht an lauter schönen Weihnachtsdingen, in den Gärten wachsen die silbernen und goldenen Äpfel und Nüsse und die herrlichsten Marzipanfrüchte und in den Hallen sind die schönsten Spielsachen der Welt zu Tausenden aufgestapelt."
Diese Geschichte kam Werner nicht wieder aus dem Sinn und er dachte es sich herr-lich, wenn es ihm gelingen könnte, den Weg nach diesem Wunderlande zu entdecken. Einmal war er bis in die Berge gelangt und war dort lange umhergestreift, allein er

hatte nichts gefunden als Täler und Hügel und Bäume wie überall. Die Bäche, die dort liefen, schwatzten und plauderten wie alle Bäche, allein sie verrieten ihr Geheimnis nicht, die Spechte hackten und klopften dort wie anderswo im Walde auch und flogen davon und an den Eichhörnchen, die eilig die Bäume hinaufkletterten, war auch nichts Besonderes zu sehen.

Wenn ihm nur jemand hätte sagen können, wie der Weg in das wunderbare Weihnachtsland zu finden sei, er hätte das Abenteuer wohl bestehen wollen. Aber die Leute, die er danach fragte, lachten ihn aus und als er deshalb der Mutter seine Not klagte, da lachte sie auch und sagte, das solle er sich nur aus dem Sinne schlagen; was sie ihm damals erzählt habe, sei ein Märchen gewesen wie andere auch.

Aber der kleine Werner konnte die Geschichte doch nicht aus seinen Gedanken bringen, obgleich er nun niemand mehr danach fragte. Nur mit der kleinen Anna sprach er zuweilen beim Holzsammeln davon und beide malten sich schöne Traumbilder aus von den Herrlichkeiten des wunderbaren Weihnachtslandes.

An einem Morgen kurz vor Weihnachten nahm Werner das Küchenbeil über die Schulter und ging allein in den Wald, denn der Förster, der den Knaben gern sah, hatte ihm auch in diesem Jahre wieder erlaubt, sich selbst ein Tannenbäumchen für den Weihnachtsabend abzuhauen. Ausgesucht hatten die Kinder sich dieses schon lange und waren nach vielem Beraten und Erwägen einig geworden, dass im ganzen Walde kein schöneres zu finden sei. Es stand ziemlich weit draußen ganz allein unter dem Schutz einer einzelnen alten Buche und war so nett und zierlich gewachsen, dass es eine wahre Freude war.

Es war ein schöner milder Wintertag, die Sonne schien vom unbewölkten Himmel, und der Waldboden war mit ein wenig Schnee wie mit Streuzucker gepudert, so recht ein Tag für die kleinen Waldvögel, die im Winter bei uns bleiben. Man hörte in der stillen Luft überall das muntere Zwitschern und Locken der Meisen und Goldhähnchen, die sich in kleinen Scharen in den Wipfeln umhertrieben und die feinen Zweiglein und Äste der Bäume gar emsig absuchten. Als Werner bei der alten Buche und dem Tannenbäumchen angelangt war, setzte er sich eine Weile auf einen Baumstumpf, um sich auszuruhen. Rings war es so still wie in einer einsamen Kirche, nur ein Bächlein ging mit leisem Plätschern und dunklem Gewässer durch seine beschneiten Ufer hin und aus der Ferne kam zuweilen der scharfe Schrei eines Hähers. Er verfiel wieder in seine alten Träumereien über das wunderbare Weihnachtsland und die Sehnsucht nach diesen Herrlichkeiten bemächtigte sich seiner so, dass er vor sich hinrief: „Ach, wer mir doch den Weg sagen könnte ins Weihnachtsland!"

Da ging ein lauteres Getön durch die Wellen des Baches, wie ein rieselndes Gelächter, eine Waldmaus guckte aus ihrer Höhle am Stamm und kicherte mit feiner Stimme und im Wipfel der alten Buche wiegte und wogte es, als schüttle sie den Kopf über solcherlei Torheit. In dem kleinen Tannenbaum, der vor ihm stand, zwitscherte es aber plötzlich fein und vernehmlich; es war eine Blaumeise, die von Zweig zu Zweig hüpfte, bald oben saß, bald unten hing und dazu fortwährend ihren Ruf erklingen ließ: „Ich weiß! Ich weiß!" „Was weißt du?", fragte Werner. Der kleine Vogel warf sich rücklings von einem Zweig, schoss auf possierliche Art in der Luft Kobolz und saß

dann wieder und rief: „Ich weiß den Weg! Ich weiß den Weg!" „So zeig ihn mir!",
sagte Werner rasch.

Nun fing der kleine Vogel wieder ein feines Gezwitscher an, aber der Knabe verstand alles: „Bist gut gewesen!", sagte er. „Hast mir die Kinderchen beschützt, meine
zehn kleinen Kinderchen! Ich weiß den Weg, ich zeig ihn dir! Fix! Fix!" Damit flog
das Tierchen auf den nächsten Strauch und weiter und Werner folgte ihm. Er hatte
die Rede des Vogels anfangs nur halb begriffen, doch zuletzt fiel es ihm ein, dass es
eine Blaumeise gewesen war, durch deren ängstliches Geschrei er in dem vergangenen Frühjahr zu der alten Buche gelockt wurde. Dort sah er, wie ein Häher vor dem
Baumloche saß, in dem ihr Nest war, im Begriff, die kleinen, nackten Meisenjungen
herauszuholen, um sie zu verzehren, indes die Mutter mit ihren schwachen Kräften unter jämmerlichem Schreien ihre Brut zu verteidigen suchte. Schnell hob er einen Stein
auf und warf so glücklich, dass der Häher zu Tode getroffen zu Boden fiel.
Nun wollte sich die kleine Blaumeise in ihrer Art dankbar beweisen. Sie flog immer
von Busch zu Busch vor ihm her, dem Laufe des Baches entgegen, der aus den Bergen
kam. Bald hob sich der Boden und der Bach plätscherte lauter zu Werners Füßen
dahin, dann gelangte er in ein ansteigendes Tal, das sich immer mehr verengte, indes
die Seitenwände steiler wurden, und zuletzt, als der Bach plötzlich um einen Felsvor-
sprung bog, sah Werner vor sich eine glatte Steinwand, die hoch aufragte und oben mit
mächtigen Tannen gekrönt war. Der kleine Vogel war plötzlich verschwunden, doch
tönte seine Stimme von oben, in der Ferne verhallend: „Gleich! Gleich!" Werner setzte
sich auf einen Felsblock und betrachtete die Steinwand. Sie war glatt und ohne Fugen
und mit Moos und bunten Flechten bewachsen; sonst war nichts an ihr zu sehen. So
saß er und wartete. Der Bach schoss unablässig plätschernd zur Seite, aus einem Fel-
senspalt und aus den Tannenwipfeln kam das eintönige Singen der Zweige, sonst war
kein Laut ringsum vernehmbar. Endlich hörte er ein leises Flattern über sich und eine
Haselnuss fiel vor seine Füße. „Nimm! Nimm!", rief der kleine Vogel. „Beiß auf! Beiß
auf!"

Werner nahm die Nuss und betrachtete sie. Es war nichts Besonderes an ihr zu sehen,
aber wenn man sie schüttelte, so klapperte es, als sei etwas Hartes eingeschlossen. Er
knackte sie auf und fand einen zierlichen goldenen Schlüssel darin. Unterdes war der
kleine Vogel an die Steinwand geflogen, hatte sich dort mit seinen feinen Füßchen
angehäkelt und pickte so emsig zwischen den Flechten herum, dass die Stückchen da-
vonflogen. Endlich rief er: „Hier! Hier!" Werner trat hinzu und bemerkte nun ein kleines, mit Silber eingefasstes Schlüsselloch. Der goldene Schlüssel passte ganz genau
hinein und als Werner ihn umdrehte, da ging ein merkwürdig feines Klingen durch die
Steinwand und es tat sich ganz von selbst eine schwere Tür auf, die so genau in ihren
Rahmen passte, als sei sie eingeschliffen. Zugleich strömte eine warme, bläuliche Luft
aus der Öffnung hervor und es verbreitete sich ein Duft nach ausgeblasenen Wachskerzen und angesengten Tannennadeln.
„O, wie riecht das nach Weihnachten!", sagte der kleine Werner. Der Vogel aber rief:
„Hinein! Hinein! Fix! Fix!" Kaum hatte Werner, dem doch etwas ängstlich zumute

war, ein paar Schritte in den dunklen Gang hinein gemacht, so fühlte er hinter sich einen Luftzug und plötzlich war es ganz finster, denn die Tür hatte sich lautlos wieder geschlossen. Nun sank ihm doch ein wenig der Mut, da jede Rückkehr abgeschlossen war, aber da er zugleich einsah, dass Zittern und Zagen hier nichts helfe, so tappte er entschlossen in dem finsteren Gange weiter.

Bald wurde es heller vor ihm und dann trat er hinaus in eine wunderliche Gegend, wie er solche noch niemals gesehen hatte. Es war dort warm, doch war es nicht Sommer-wärme, die ihm entgegenschlug, sondern eine Luft, wie sie in geheizten Stuben zu sein pflegt, angefüllt mit allerlei süßen Düften. Auch schien keine Sonne an dem Himmel und doch war überall eine gleichmäßige Helle verbreitet. Von der Gegend selbst sah er nicht viel, denn hinter ihm stand die hohe Felsenwand, durch die er hereingekommen war, und ringsum verdeckten die Aussicht viele hoch gewachsene Sträucher, an denen die seltsamsten Früchte wuchsen. Als er verwundert und staunend zwischen diesen Gewächsen einherschritt, fand er bald eine breite Allee, die auf ein fernes Gebäude zuführte. Zu beiden Seiten war sie mit großen Apfelbäumen eingefasst, auf denen goldene und silberne Äpfel wuchsen. Alte, gnomenartige Männer mit eisgrauen Bärten und schöne junge Kinder waren eifrig beschäftigt, sie zu pflücken und in große Körbe zu sammeln, deren viele schon mit ihrer schimmernden Last ganz gefüllt dastanden. Keiner von diesen Leuten achtete aber auf den kleinen Werner, der unter steter Ver-wunderung auf das Gebäude im Hintergrunde, das sich jetzt als ein großes Schloss mit ragenden Türmen und vergoldeten Kuppeln und Dächern darstellte, zuschritt. An den Seiten des Weges lagen viele Felder, die in Beete geteilt und mit niedrigen Gewächsen bestanden waren. Auch hier herrschte überall eine emsige Tätigkeit, einzusammeln und zu ernten, und auf den einzelnen Feldern, die sich je nach der Art ihrer Gewächse in verschiedenen Farben hervorhoben, waren überall zierliche, bunte Gestalten zu sehen, die kleine, zweiräderige Karren, mit goldfarbigen, zottigen Pferdchen bespannt, fleißig beluden.

Als sich Werner dem Schlosse näherte, fiel es ihm auf, dass sich ein Duft nach Honig-kuchen immer stärker verbreitete und als er näher zusah, bemerkte er, dass das ganze Schloss aus diesem süßen Stoff erbaut war. Der Unterbau bestand aus groben Blöcken und die Wandflächen aus glatten Tafeln, die durch eingedrückte Mandeln und Zitro-nat mit den herrlichsten Ornamenten verziert waren. Und die köstlichsten Reliefs aus Marzipan, die überall eingelassen waren, die Ballustraden und Galerien und Balkone aus Zuckerguss, die prächtigen Statuen aus Schokolade, die in vergoldeten Nischen standen, und die schimmernden bunten Fenster, zusammengesetzt aus durchsichti-gen Bonbontafeln, fürwahr, das war ein Schloss, so recht zum Anbeißen schön. An der kunstreichen Eingangstür war der Knopf eines Klingelzuges von durchsichtigem Zucker angebracht; der kleine Werner fasste Mut und zog kräftig daran.

Aber kein Glockenton erschallte, sondern es schrie inwendig so laut: „Kikeriki!", dass der Knabe erschrocken zurücktrat. Dann wiederholte sich der Ruf wie ein Echo mehr-mals immer ferner und leiser im Inneren des Gebäudes und dann war es still. Jetzt taten sich leise die Türflügel auseinander und in der Öffnung erschien eine sonderbare Persönlichkeit, die Werner, wenn sie nicht gelebt und sich bewegt hätte, unbedingt für einen großen Hampelmann angesehen haben würde. „Potz Knittergold!", sagte diese lustige Person, „Besuch? Das ist ja ein merkwürdiger Vorfall!" Und damit schlug er aus Verwunderung oder Vergnügen ein paar Mal sämtliche Gliedmaßen über dem Kopf zusammen, sodass es beinahe schauderhaft anzusehen war. Sodann fragte er, indem Arme und Beine fortwährend hin und her schlenkerten: „Was willst du denn, mein Junge?"

„Wohnt hier der Weihnachtsmann?", fragte der kleine Werner. „Gewiss", sagte der Hampelmann, „und Ihro Gnaden sind zu Hause, aber sehr beschäftigt, sehr beschäftigt!" Damit forderte er den Kleinen auf, ihm zu folgen, indem er sich in seltsamer Weise unter unablässigem Schlenkern seitwärts fortbewegte, denn anders ließ es die eigentümliche Beschaffenheit seiner Gliedmaßen nicht zu. Er führte den Knaben durch einen Vorsaal, dessen Wände aus Marzipan bestanden und dessen Decke von Säulen aus polierter Schokolade getragen wurde, an eine Tür, vor der zwei riesige Nussknacker in großer Uniform und mit ungeheuren Bärenmützen Wache standen, ließ ihn hier warten und ging hinein.

Die Nussknacker betrachteten unterdes den kleinen Werner mit großen, lackierten Augen, schielten sich dann unter einem unbeschreiblich hölzernen Grinsen gegenseitig an und dabei gnuckerte es in ihnen, als ob sie mit dem Magen lachten. Nun kam der Hampelmann wieder heraus, machte von seitwärts eine sehr schöne Verbeugung und sagte: „Der gnädige Herr lässt bitten!" Da ruckten sich die Nussknacker zusammen und schlugen mit den Zähnen einen Wirbel, der ganz außerordentlich war.

Als der kleine Werner in das Zimmer des Weihnachtsmannes eintrat, erstaunte er sehr, denn dieser sah nicht im Mindesten so aus, wie er sich ihn vorgestellt und wie er ihn auf Bildern abgemalt gesehen hatte. Zwar besaß er einen schönen langen, weißen Bart, wie es sich gehört, allein auf dem Kopfe trug er ein blaues, mit Gold gesticktes Hauskäppchen und sonst war er gekleidet in einen langen Schlafrock von gelber Seide und saß vor einem großen Buch und schrieb. Aber dieser Schlafrock war mit so wunderbarer Stickerei bedeckt, dass man ihn wie ein Bilderbuch betrachten konnte. Darauf waren zu sehen: Puppen und Hanswürste und sämtliche Tiere aus der Arche Noahs, Trommeln, Pfeifen, Violinen, Trompeten, Kränze und Kringel und Sonne, Mond und Sterne. Der Weihnachtsmann legte seine Feder weg und sagte: „Wie kommst du hierher, Junge?" Werner antwortete: „Der kleine Vogel hat mir den Weg gezeigt." „Seit hundert Jahren ist kein Besuch hier gewesen", sagte der Weihnachtsmann sodann, „und dieser kleine Bengel bringt es fertig? Na, dafür sollst du auch alles sehen. Ich habe zwar keine Zeit, aber meine Tochter soll dir alles zeigen. Goldflämmchen, komm mal her", rief er dann, „wir haben Besuch!" Da raschelte und flitterte es im Nebenzimmer und ein schönes kleines Mädchen sprang in die Stube, das hatte ein Kleidchen von Rauschgold an und flimmerte und blinkte am ganzen Leibe. Es trug ein goldenes Flitterkrönchen auf dem Kopfe, und auf dessen oberster Spitze saß ein leuchtendes Flämmchen. „Ei, das ist hübsch!", sagte das Mädchen, nahm den kleinen Werner bei der Hand, rief: „Komm mit, fremder Junge!" und lief mit ihm zur Tür hinaus.

Sie gelangten in einen großen Gang und dort war eine lange Reihe von hölzernen Rollpferden angebunden, Schimmel, Braune, Füchse und Rappen. „Nun suche dir eins aus!", sagte Goldflämmchen. Werner wählte einen schönen lackierten Grauschimmel, der auf dem Hinterteil gar herrlich mit apfelähnlichen Flecken geziert war, und Goldflämmchen bestieg einen spiegelblanken Rappen. „Hüh!", rief sie dann und – schnurr – rollten die Pferdchen mit ihnen davon, den Gang entlang, dass dem kleinen Werner die Haare flogen und das Flämmchen auf der Flitterkrone des Mädchens lang zurückwehte. Als sie an die Tür am Ende kamen, rief sie: „Holla!" Da tat sich diese von selbst auf und sie sausten hindurch in einen großen Saal hinein, in dessen Mitte sie anhielten. Sie stiegen von ihren Rösslein und Goldflämmchen sagte: „Dieser Saal ist der Bleisaal." An den Wänden zogen sich bis an die Decke hinauf offene Wandschränke mit Borden über Borden hin und darauf standen, in Schachteln verpackt, unzählige Heere von Jagden, Schäfereien, Schlittenpartien, Menagerien und was es aus Blei nur alles gibt. Kleine schwarzbärtige Zwerge stiegen eilfertig auf den Leitern auf und ab und luden die Schachteln auf Karren, die sie hinausrollten, um draußen größere Wagen damit zu befrachten. Als sie Werner und Goldflämmchen erblickten, rollten sie schnell ein paar Lehnstühle von Goldbrokat herbei und Goldflämmchen rief: „Es soll gleich eine große Parade sein!"

Sie setzten sich und hatten kaum eine halbe Minute gewartet, da ging's: „Trari, Trara!" unter dem einen Wandschrank, und Hirsche, Hasen und Füchse brachen hervor, hinterher die kläffende Hundemeute und die Jäger zu Pferde mit Hussa, Hörnerklang und Peitschenknall. Dann flimmerte es auf einmal in der Luft und feiner Schnee fiel hernieder. Als der Boden weiß bedeckt war, kam mit lustigem Schellengeklingel eine Schlittenpartie zum Vorschein und sauste vorüber. Die Vorderteile der Schlitten waren gebildet wie Schwäne, Löwen, Tiger und Drachen und darin saßen Herren und Damen in schönen Pelzen und wenn sie vorüberkamen, warfen sie mit kleinen Schneebällen, die Damen nach Werner und die Herren nach Goldflämmchen. Wenn man einen solchen Schneeball aber näher besah, da war es eine Zuckererbse, in Seidenpapier gewickelt. Der Schnee verlor sich wieder und mit lieblichem Glockengeläut zogen nun Hirten und Hirtinnen mit ihren Herden vorüber, dann niedliche Gärtnerinnen mit Früchten und Blumenkränzen, dann Zigeuner, Musikanten, Drahtbinder, Seiltänzer, Kunstreiter und solcherlei fahrendes Volk und zuletzt Herr Hagenbeck aus Hamburg mit einer afrikanischen Tierkarawane, mit Giraffen, Elefanten, Nilpferden, Nashörnern, Zebras und Antilopen. Die Löwen und Panter fuhren in Käfigen auf kleinen Wagen hinterher und brüllten ungemein, da sie wahrscheinlich der Ansicht waren, sie brauchten sich dergleichen nicht gefallen zu lassen.

Nach Beendigung dieser lustigen Parade bestiegen die beiden Kinder wieder ihre Rösslein und fuhren weiter. Es war ungeheuer, was der kleine Werner alles zu sehen bekam. Den großen Puppensaal, aus dem er sich nicht viel machte und von dem er nur wünschte, dass Anna ihn sehen möchte, das Theatermagazin, in dem auf Goldflämmchens Geheiß gleichzeitig in tausend Theatern tausend verschiedene Stücke gespielt wurden, was einen erbärmlichen Spektakel abgab, den Baukastenspeicher, das Lager musikalischer Instrumente, das Magazin hölzerner Tiere, die Bilderbücherei, den Malkastenboden, den Wachslichtersaal und dergleichen mehr, sodass er ganz ermüdet war, als sie endlich in der großen Marzipanniederlage anlangten.

„Nun wollen wir essen", sagte Goldflämmchen. Sofort schleppten sechs kleine Konditorburschen in weißen Jacken und Schürzen und breiten, weißen Mützen einen Tisch herbei, deckten ihn und besetzten ihn in großer Geschwindigkeit mit den herrlichsten Gerichten. So etwas hatte der kleine Werner noch niemals vor seinen Schnabel bekommen. Da waren Leipziger Lerchen von Marzipan, inwendig mit Nusscreme gefüllt, Quittenwürste, Schinken von rosigem Schmelzzucker, Pastetchen mit Erdbeermus und unzählige Sorten eingezuckerter Früchte. Dazu tranken sie Ananaslimonade, die mit feiner Vanillecreme bedeckt war, und hinter ihnen standen immer die sechs kleinen Konditorburschen, bereit, auf jeden Wunsch zu springen und das Verlangte zu holen. Zum Nachtisch gab es, wie Goldflämmchen besonders bemerkte, etwas ganz Extrafeines, nämlich trockenes Schwarzbrot und Berliner Kuhkäse. Solche gewöhnlichen Gerichte waren nämlich in diesem Lande so selten und so schwer zu haben, dass sie für die allerschönsten Delikatessen galten. Nach dem Essen wurden die Holzpferde wieder vorgeführt und Goldflämmchen sagte: „So, nun geht's in die Bergwerke!" Sie stiegen auf und sausten auf den vortrefflichen Tieren zum nächsten Tore hinaus.

Sie ritten durch Felder dahin, auf denen die herrlichsten Früchte und Gemüse wuchsen, die alle aus Marzipan, Schmelzzucker oder Schokolade mit Creme gefüllt bestanden, sie ritten mit sausender Eile durch herrliche Alleen von Obstbäumen auf das Gebirge zu, das teils mit weißen, glänzenden Abhängen, wie Kreidefelsen, teils finster und dunkel, als wenn es aus Basalt bestände, vor ihnen lag. Aber die Kuppen der fast schwarzen Berge waren ebenfalls glänzend weiß, als seien sie beschneit. „Du denkst wohl, dort liegt Schnee?", sagte Goldflämmchen. „Wenn es hier schneit, da schneit es nur Streuzucker." Endlich sah Werner eine hohe, abgestufte, weiß glänzende Felsenwand vor sich liegen, an der hunderte von Arbeitern in allen Stockwerken mit Pochen und Hämmern fleißig beschäftigt waren. Sie ritten dicht heran und stiegen dann ab. „Dies ist der große Zuckerbruch", sagte Goldflämmchen. „Diese ganzen Felsen bestehen aus dem schönsten weißen Kolonialzucker."

Ganz in der Nähe war der Eingang einer Höhle sichtbar und als sich ihr Werner und Goldflämmchen näherten, liefen eilfertig einige von den Bergleuten herbei, zündeten Fackeln an und leuchteten ihnen. Sie schritten tief in den Berg hinein, die Wände schimmerten und blitzten im Widerschein des Fackellichtes und plötzlich traten sie hinaus in einen mächtigen Hohlraum, dessen Wände dicht mit riesenhaften Kristallen von durchsichtigem Kandiszucker bedeckt waren und im Lichte der Fackeln prächtig flammten und blitzten. „Die große Kandishöhle!", sagte Goldflämmchen. Sie schritten hindurch und kamen an einen Ort, wo die Bergleute fleißig hämmerten und pochten und neue Gänge in das Gebirge trieben. „Diese suchen nach Schmelzzucker!", sagte Goldflämmchen. „Der kommt in dieser Gegend in großen Nestern eingesprengt vor. Wenn sie ein solches finden, so holen sie ihn mit großen Löffeln heraus."

Plötzlich, als sie noch weiter vordrangen, veränderte sich auf einen Schlag das Gebirge, statt weiß und glänzend, sah es matt und dunkelbraun aus und roch nach Vanille.

„Wir kommen in die Schokolade!", erklärte Goldflämmchen. Hier waren viele Leute geschäftig und hatten wie in einem Salzbergwerk große Hallen herausgebrochen, in denen nur einzelne Pfeiler stehen geblieben waren. Die feinste Vanilleschokolade gab es nämlich nur im Innern des Berges, während der Tagebau draußen bloß Gewürz-schokolade lieferte. Als sie dort endlich wieder ins Freie traten, bemerkte Werner einen rauschenden Bach, der aus einer Schlucht des Gebirges hervorkam und dem Tale zuströmte, wo er Mühlen trieb, die die Schokoladenblöcke in Tafeln zersägten. „Willst du mal trinken?", fragte Goldflämmchen, „es schmeckt gut, es ist eitel Likör." Der kleine Werner hatte einen mächtigen Durst bekommen von den vielen Süßigkeiten, die er genossen und gesehen hatte, und aus dem Bache stieg ein so frischer, verlockender Duft auf, dass er den Becher eilig ergriff, den ihm ein gefälliger Bergmann reichte, und ihn auf einen Zug austrank. Aber kaum hatte er ihn geleert, da fing die Welt an, in höchst sonderbarer Weise um ihn herumzugehen, er sah zwei Goldflämmchen, vier Goldflämmchen, hundert Goldflämmchen, die vor seinen Augen flimmerten und blitzten und schließlich zu einem leuchtenden Schein zusammenflossen, und in diese goldene Flut hinein schwamm seine Besinnung und war weg.

Der erste Ton, den der kleine Werner wieder vernahm, war das Zirpen einer Blau-meise. Er bemerkte mit Verwunderung, dass er auf dem Baumstumpf unter der alten Buche saß, vor sich den kleinen Tannenbaum. Die Blaumeise zirpte und hüpfte wie vorhin in den Tannenzweigen, allein Werner verstand nicht mehr, was sie sagte. Dann flog sie empor und verlor sich in dem Gezweige der Buche. Mit Schrecken fiel ihm jetzt ein, dass es bald Abend sein müsse und seine Mutter gewiss schon voller Angst auf ihn gewartet habe. Allein als er nach dem Stande der Sonne blickte, ward er mit Erstaunen gewahr, dass kaum eine Viertelstunde vergangen sein konnte, seit er diesen Ort verlassen hatte. Er konnte sich dies verwunderliche Ding nicht erklären, da er jedoch zu begierig war, seiner Mutter und der kleinen Anna seine sonderbaren Erleb-nisse mitzuteilen, so hieb er schnell den Tannenbaum ab und begab sich, so schnell er es mit seiner Last vermochte, nach Hause. Als er hier mit glänzenden Augen und fliegender Hast alles erzählt hatte, ward seine Mutter ganz böse und sagte, er solle sich nicht unterstehen und noch einmal bei solchem Wetter im Walde einschlafen; wenn es nur etwas kälter gewesen wäre, hätte er den Tod davon haben können. Hinterher aber schüttelte sie den Kopf und meinte im Stillen: „Wo der Junge nur all das wunderliche Zeug herträumt." Anna aber lief dem kleinen Werner, der weinend, dass ihm die Mut-ter keinen Glauben schenkte, hinausgegangen war, eilends nach und ward nicht müde, ihn auszufragen. Besonders Goldflämmchen und den Puppensaal musste er immer wieder beschreiben, sodass er ganz getröstet wurde und die Geschichte noch einmal von vorn erzählte. Er musste sie ihr all die folgenden Tage wer weiß wie oft wieder-holen und einmal gingen beide in den Wald, um den Ort zu suchen, wo der Eingang in das wunderbare Land gewesen war. Allein, ob sie gleich bis an die Stelle vordrangen, wo der kleine Bach aus einer sumpfigen Waldwiese entsprang, nirgends fanden sie einen Ort, der auch nur im Mindesten auf die Beschreibung Werners gepasst hätte, sodass dieser ganz verwirrt und beschämt vor Anna dastand und nicht wusste, wie ihm geschah.

So kam der Weihnachtstag heran. Vorher hatte es zwei Tage mächtig geschneit, sodass die Welt recht weihnachtsmäßig und wie es sein muss aussah. Es war schon finster geworden und die Kinder saßen erwartungsvoll in der dunklen Kammer und flüsterten miteinander und horchten auf die Mutter, die in der hellen Weihnachtsstube herumkramte und die kleine dürftige Bescherung aufbaute, da kam es von Ferne auf einmal wie Schlittengeklingel näher und näher heran und dazwischen knallte lustig eine Peitsche. Nun war es ganz nahe und plötzlich hielt es an, man hörte die Pferde vor dem Hause stampfen und nur leise noch die Schellen klingen, wenn die Tiere den Kopf bewegten.

„Der Weihnachtsmann! Das ist der Weihnachtsmann!", rief Werner. Nun hörten sie Türen gehen und eine Männerstimme sprechen und plötzlich rief die Mutter: „Kinder, kommt herein, der Onkel ist da!" Werner und Anna liefen in die Stube und sahen dort einen Mann in großem Reisepelz, der ihnen beide Hände entgegenstreckte und rief: „Kommt her, liebe Kinder!" Dann hob er sie einzeln auf und küsste sie und sagte: „Ihr sollt mit mir kommen in die Stadt und bei mir in meinem großen Hause wohnen. Ich will euer Vater sein und euch zu tüchtigen Menschen erziehen." Unterdes ging ein riesiger Kutscher mit einer Pelzmütze, einem langen, weißen Bart und einem Mantel mit sieben Kragen immer ab und zu und trug viele große Pakete in die Stube. Als diese später geöffnet wurden, gingen eine Menge der schönsten Dinge daraus hervor, sodass es eine Weihnachtsbescherung gab, wie sie in diesem Hause noch nicht erlebt worden war. Als später Werner und Anna zu Bette gingen, flüsterte er ihr geheimnisvoll zu: „Weißt du, wer der Kutscher war mit der Pelzmütze, dem langen, weißen Bart und dem großen Mantel? Es war der Weihnachtsmann. Ich habe ihn wohl wiedererkannt und er hat mir mit den Augen zugezwinkert."

Wie aber war der alte reiche Onkel, der als ein menschenscheuer Geizhals allein lebte und sich niemals um seine arme Schwester und ihre Kinder gekümmert hatte, zu solcher guten Tat gekommen? Er hat es nachher selbst erzählt. In der Nacht nach dem Tage, an dem Werner den Weihnachtsmann besuchte, hatte der Onkel einen seltsamen Traum gehabt. Ein Mann mit einer blauen Sammetkappe und einem langen, weißen Bart stand, in einen goldenen Talar gehüllt, plötzlich vor ihm, schaute ihn mit mächtigen blauen Augen eine Zeit lang durchdringend an und sprach langsam und nachdrücklich: „Konrad Borodin, hast du eine Schwester?!" Da überkam ihn ein solches Gefühl der Angst, dass er nicht zu antworten vermochte. Dann schwand die Erscheinung allmählich hinweg und nur die Augen waren immer noch drohend auf ihn gerichtet. Diesen Traum hatte er drei Nächte hintereinander gehabt. In der Zwischenzeit wurde er von einer unbeschreiblichen Unruhe in seinem öden und toten Hause umhergetrieben und immer dröhnte der tiefe, vorwurfsvolle Klang dieser Traumesworte in sein Ohr. Endlich am Morgen nach der dritten Nacht lief er in die Stadt und kaufte zur großen Verwunderung aller Leute, die seinen früheren Geiz kannten, die herrlichsten Dinge zusammen, bestellte einen Schlitten, packte alles hinein und fuhr ohne Weiteres zu seiner armen Schwester.

Der kleine Werner hat nachher etwas Tüchtiges gelernt und ist ein berühmter und angesehener Mann geworden. Er hat mir diese Geschichte selbst erzählt.

DAS WEIHNACHTSBÄUMLEIN

Es war einmal ein Tännelein
mit braunen Kuchenherzlein
und Glitzergold und Äpflein fein
und vielen bunten Kerzlein:
Das war am Weihnachtsfest so grün,
als fing es eben an zu blühn.

Doch nach nicht gar zu langer Zeit,
da stand's im Garten unten
und seine ganze Herrlichkeit
war, ach, dahingeschwunden.
Die grünen Nadeln war'n verdorrt,
die Herzlein und die Kerzlein fort.

Bis eines Tags der Gärtner kam,
den fror zu Haus im Dunkeln,
und es in seinen Ofen nahm –
hei! tat's da sprühn und funkeln!
Und flammte jubelnd himmelwärts
in hundert Flämmlein an Gottes Herz.
Christian Morgenstern

CHRISTBÄUME IN DER STADT

Nun kommen die vielen Weihnachtsbäume
aus dem Wald in die Stadt hinein.
Träumen sie ihre Waldesträume
weiter beim Laternenschein?

Könnten sie sprechen!
Die holden Geschichten
von der Waldfrau, die Märchen webt,
was wir uns erst erdichten,
sie haben das alles wirklich erlebt.

Da stehen sie nun an den Straßen und schauen
wunderlich und fremd darein,
als ob sie der Zukunft nicht recht trauen,
es muss doch was am Werke sein!

Freilich, wenn sie dann in den Stuben
im Schmuck der hellen Kerzen stehen
und den kleinen Mädchen und Buben
in die glänzenden Augen sehen.

Dann ist ihnen auf einmal, als hätte
ihnen das alles schon mal geträumt,
als sie noch im Wurzelbette
den stillen Waldweg eingesäumt.

Dann stehen sie da, so still und selig,
als wäre ihr heimlichstes Wünschen erfüllt,
als hätte sich ihnen doch allmählich
ihres Lebens Sinn erfüllt.

Als wären sie für Konfekt und Lichter
vorherbestimmt und es müsste so sein
und ihre spitzen Nadelgesichter
sehen ganz verklärt darein.
Gustav Falke

Stille Nacht, heilige Nacht

Stil - le Nacht, hei - li - ge Nacht! Al - les schläft, ein - sam wacht

nur das trau - te, hoch - hei - li - ge Paar. Hol - der Kna - be im

lo - cki - gen Haar, schlaf in himm - li - scher Ruh'!

Schlaf in himm - li - scher Ruh'!

2. Stille Nacht, heilige Nacht,
Hirten erst kundgemacht!
Durch der Engel Halleluja
tönt es laut von fern und nah:
Christ, der Retter, ist da!

3. Stille Nacht, heilige Nacht!
Gottes Sohn, o wie lacht
Lieb' aus deinem göttlichen Mund,
da uns schlägt die rettende Stund',
Christ, in deiner Geburt!

Melodie: Franz Gruber; Text: Joseph Mohr

SCHOKOTALER
150 g Blockschokolade, 150 g Butter, 150 g Zucker, 1 Ei,
150 g gemahlene Haselnüsse, 200 g Mehl, 175 g Puderzucker, 2 Eigelb,
einige Tropfen Zitronensaft, 100 g Schokoraspel

Die Blockschokolade im Blitzhacker zerkleinern. Die Butter mit dem Zucker und dem Ei schaumig schlagen. Die zerkleinerte Schokolade, die Haselnüsse und das gesiebte Mehl unterkneten. Den Teig zu drei ca. 20 cm langen Rollen formen, diese in Frischhaltefolie wickeln und eine Stunde im Kühlschrank ruhen lassen. Die Teigrollen in 3 mm dicke Scheiben schneiden. Die Taler auf mit Backpapier ausgelegte Bleche legen und bei 200 °C ca. 12 Minuten backen. Den gesiebten Puderzucker mit den Eigelben und dem Zitronensaft zu einer Glasur verrühren, die Plätzchen damit überziehen und mit Schokoraspeln bestreuen.

DAS GEHEIMNIS DER MISCHUNG

Von Ludwig Ganghofer

Während draußen vor den Fenstern die Menschen in schwarzem Gedränge sich vorüberschoben, als wäre die ganze Stadt in Bewegung und Aufruhr, lagerte die Stimmung schläfriger Langweile innerhalb der grell erleuchteten Mauern eines geräumigen Kaffeehauses. Nur zwei von den wenigen Gästen schienen diese Stimmung nicht zu teilen. Sie saßen in einer Ecke des weiten Saales an einem kleinen Tisch. Der eine von ihnen, der in seinem Äußern den vermögenden Mann verriet, trug schon das Grau des Alters über der hohen Stirne. Ruhiger Ernst war der Ausdruck seines glatt rasierten Gesichtes und seine stahlblauen Augen hafteten mit gespannt forschenden Blicken auf den heftig erregten, wie in Fieberröte brennenden Zügen seines Gegenübers. Das war ein Mann von etwa fünfunddreißig Jahren, eine stramme, kräftig entwickelte Gestalt. Ein weiches Gemüt und die feste Entschlossenheit des erprobten Arbeiters sprachen in seltsamer Mischung aus seinem Gesichte, das von braunen, struppigen Haaren umrahmt war. So saßen sich die beiden wortlos gegenüber.

Endlich brach der Ältere das Schweigen: „Nun, Herr Schaller? Wissen Sie denn gar keine Antwort zu finden?" Wie erschrocken fuhr der Angeredete mit dem Kopf in die Höhe. „Nein, nein und nein! Ich tu's nicht – und wenn Sie mir eine Million anbieten – ich tu's nicht! Das war mein erstes Wort und das ist auch mein letztes!" „So seien Sie doch vernünftig, Schaller, und – sprechen Sie ein wenig leiser. Ich streite ja nicht gegen Ihre Gewissenhaftigkeit – im Gegenteil, sie gefällt mir –, aber praktisch sein ist auch eine schöne Sache. Und übrigens, ich will ja nicht verlangen, dass Sie mir das Geheimnis geradewegs verkaufen sollen. Gott bewahre! Mir ist es nicht um das zu tun, was Sie seit acht Tagen wissen, sondern um Sie selbst, lieber Schaller. Sie sind ein kluger Kopf und ein besonders tüchtiger Arbeiter. Solche Leute kann ich brauchen in meiner Fabrik; Sie sind mir Gold wert. Seien Sie vernünftig, kommen Sie zu mir, ich biete Ihnen die Inspektorstelle in meiner Fabrik an. Ich gebe Ihnen das Doppelte von dem, was Sie bei Seydelmann & Komp. beziehen, und mache mit Ihnen einen zehnjährigen Vertrag, mit jährlich steigendem Gehalt."

Auf dem Gesichte des jungen Mannes wechselten Röte und Blässe. Er musste jedes dieser langsam und eindringlich gesprochenen Worte vernommen haben und dennoch hingen seine Blicke wie geistesverloren an den drei elfenbeinernen Kugeln, die auf dem nächsten Billardtisch inmitten des grünen Tuches lagen. Und da kam es ihm vor, als wären die beiden weißen Kugeln die zarten, lieben Gesichter seiner zwei kleinen Mädchen und die rote Kugel erschien ihm wie das gesunde, pausbäckige Gesicht seines herzliebsten Buben. Und diese drei Gesichter schauten ihn an mit großen, ängstlichen Augen und diese Augen schienen zu sprechen: „Vater, um Gottes willen, Vater, lass dir nur ja nichts einreden von dem schlechten Kerl! Schau, was hättest denn davon, wenn du einen Haufen Geld im Kasten liegen hättest und könntest deinen Kindern und der Mutter nimmer grad in die Augen schauen! Lass dir nichts einreden, Vater!" Mit einem jähen Ruck sprang der junge Mann von seinem Stuhl empor, streckte das zorngerötete Gesicht mit den blinzelnden Augen weit über den Tisch und stammelte mit heiserer Stimme: „Und das Weitere, meinen Sie, das wird sich dann schon finden? Wenn Sie mich erst mal auf zehn Jahre in Ihren Händen hätten, dann könnten Sie mich schon so lange kneten und bearbeiten, dass mir schließlich nichts andres übrig bliebe, als ein Schuft zu werden und Ihnen das Fabrikationsgeheimnis meines jetzigen Herrn zu verraten."

Zornig packte er seinen Hut, stülpte ihn über die gesträubten Haare, stapfte mit langen Schritten davon und schoss zur Türe hinaus. Die Augen auf das beschneite Pflaster gesenkt, so stürmte er heimwärts. Bilder der Erinnerung huschten an seiner Seele vorüber. Er dachte an die Lehrlingszeit zurück, die er in einem chemischen Laboratorium durchgemacht hatte, und an die ersten Gesellenjahre, die er weit von der Heimat in einem großen Glaswerk verbrachte. Dann war er heimgekommen und hatte in der Seydelmannschen Majolikafabrik eine sichere Stelle gefunden. Der gute Herrgott hatte ihm ein gutes Weib und gesunde lustige Kinder beschert – ja, was wollte er denn noch mehr? Ein wenig knapp ging es freilich her zu Hause, aber wenn da nun auch ein paar kleine Rückstände bei den unentbehrlichen Handwerksleuten nicht zu vermeiden waren – er hatte ja nur eine kurze Woche noch auf den Neujahrstag zu warten, an welchem Herr Seydelmann für den Glückwunsch jedes Beamten und Arbeiters mit einem ganzen Monatsgehalte zu danken pflegte. Und diesen Herrn, der ihm erst vor acht Tagen den größten Beweis seines Vertrauens gegeben hatte, den hätte er verraten und verkaufen sollen? Bei diesem Gedanken warf Schaller die geballten Fäuste so zornig in die Höhe, dass ein altes Mütterlein, welches ihm gerade entgegenkam, sich erschrocken vom Fußsteig auf die offene Straße flüchtete.

Bald erreichte er sein Heim, weit draußen in einer stillen Vorstadtgasse. Mit hurtigen Sprüngen eilte er die vier engen, steilen Treppen hinauf. Seine schmucke, blonde Frau empfing ihn. „Grüß dich Gott, Robert!", sagte sie und schaute ihn von der Seite an, denn sie las es ihm gleich vom Gesicht, dass irgendetwas nicht in Ordnung war. Diese Wahrnehmung aber verschwieg sie ihm. Sie fasste seinen Arm und zog ihn gegen die Stube. „Komm nur, kannst mir gleich die Kerzen aufstecken helfen. Die Kinder wollen schier nimmer warten. Sie schreien wie die Wilden und der armen Großmutter haben sie schon alle Falten vom Rock heruntergerissen." Sie traten in das Zimmer, welches, von einer Hängelampe erhellt, trotz seiner dürftigen Ausstattung einen behaglichen, freundlichen Eindruck machte. Der Tisch war schon zum Abendessen gedeckt und seitwärts, auf einem niederen Kasten, stand der kleine, nicht allzu schwer behängte Christbaum, unter welchem die kärglichen Weihnachtsgaben für die Großmutter und die Kinder ausgebreitet waren. Sie redeten eine Weile über diese Sachen und Sächelchen hin und her, dann begannen sie, die Kerzen aufzustecken, während aus dem anstoßenden Zimmer der übermütige Jubel der drei „Wilden" sich hören ließ. „Robert, mir kommt's vor, als hättest heut einen Verdruss gehabt?", fragte nach einer Weile die junge Frau. „Gott bewahr!", brummte er und schüttelte den Kopf. Sie fragte nicht weiter, denn sie kannte ihn – und da kam's denn nach kurzen Minuten von selbst aus ihm heraus, diese Kaffeehausgeschichte. „Heute Nachmittag, gerad wie ich aus der Fabrik hab fort wollen, hat mir einer einen Brief geschickt, ich soll zu ihm ins Kaffeehaus kommen, weil er mir eine wichtige Mitteilung zu machen hätt'." „Und bist hingegangen?" Natürlich war er hingegangen und hatte dort jenen vornehmen Herrn gefunden, der sich ihm als Besitzer einer großen Porzellanfabrik genannt hatte. Da war es nun bald aufgekommen, dass Schaller eine wichtige Mitteilung nicht empfangen, sondern geben, verkaufen sollte. Die Fabrik, in der er arbeitete, lieferte neben anderen einschlägigen Waren eine gewisse Majolikasorte, welche den reißenden Absatz, den sie gefunden, der tadellosen Schönheit und dem unvergleichlichen Schmelz ihrer Farben verdankte. Viele Fabriken hatten es versucht, den gangbaren Artikel nachzumachen; aber wenn auch die zur Erzeugung dieser Schmelzfarben nötigen Stoffe bekannt waren, so vermochte doch keiner der Nachahmer die richtige Mischung zu treffen. Diese war das wohl bewahrte Geheimnis der Seydelmannschen Fabrik geblieben, denn außer dem Besitzer der Fabrik kannte dieses Geheimnis nur noch ein einziger alter Arbeiter, der in einem verschlossenen Raume die Mischung vornahm. Dieser Arbeiter war nun vor acht Tagen einer jähen Krankheit erlegen und Robert Schaller war an seine Stelle getreten. „Und wie mir damals am vorigen Samstag der Herr alles gesagt hat, was ich zu meiner neuen Arbeit hab wissen müssen, hat er kein Versprechen, kein Wort und keinen Schwur von mir verlangt. ‚Sie sind ein braver, tüchtiger Mensch, ich habe Vertrauen zu Ihnen und ich weiß, dass Sie meine gute Meinung nicht täuschen werden.' Das war alles, was er gesagt hat. Kaum acht Tage sind's her, seit ich von der Schmelzerei ins Laboratorium gekommen bin, und jetzt hat sich heut schon der Kerl da an mich angeheftet und hat gemeint, er braucht' nur seine Brieftasch' aufzumachen, dass ich meine Ehr' hineinfallen lass' zwischen seine Hundertguldenzettel."

Aufatmend schwieg er. Seine junge Frau erwiderte kein Wort. Sie stand auf einem Stuhl und klebte die bunten Kerzlein auf die obersten Zweige des Baumes. Dabei zitterten ihre Hände und nach einer stummen Weile fuhr es ihr plötzlich heraus: „Robert! Wenn du zu einer solchen Schlechtigkeit hätt'st ja sagen können, ich glaub, da wär's aus gewesen mit meiner Lieb." Er nickte nur, als hätte sie etwas Selbstverständliches gesagt. Nun sprang sie vom Stuhl und die Kerzen wurden angezündet. Robert öffnete die verschlossene Türe, der Großmutter voran stürmten die drei „Wilden" herein und lachende, jauchzende Freude füllte die Stube, die vor wenigen Minuten noch so ernste Worte gehört. Als sich aber der erste Jubel der Kinder ein wenig gelegt hatte, kam mit der Bescherung die Reihe an den Vater. Mit lächelnder Zufriedenheit betrachtete er eine nach der andern von den zwölf brettdicken Socken, welche die Großmutter ihm gestrickt hatte, eines nach dem andern von den sechs rot eingestickten, sorgfältig gesäumten Taschentüchern, die ihm seine Frau beschert hatte. Dann kam aber erst die Hauptsache – die Vorführung der „in Freiheit dressierten Wilden". Die siebenjährige Elise brachte ein Paar gestickte Schuhe und deklamierte dazu eine Pantoffelhymne, als deren Dichterin sich mit verlegenem Erröten die Großmutter bekannte: „Lieber Vater, diese Schuh trag in Gesundheit und Ruh; die Kindeslieb, wo mein Herz beglückt, hab ich drinnen hineingestickt. Drum, wenn sie dir warm halten die Füß, denk an deine Tochter Elis'!" Diese Verse haperten zwar, aber sie kamen von Herzen. Dann rückte die dreijährige Marie an. Sie konnte nur mit einem Vaterunser aufwarten. Der fünfjährige Fritz hinwieder hatte sich statt auf die Religion auf die Kunst verlegt. Mit seinem piepsenden Stimmlein sang der kleine Käsehoch ein Lied herunter. „Kinder! Kinder! Her zu mir!", schrie der junge Vater. Mit beiden Armen fasste er die drei Knirpse zusammen und während er sie so eng an seine Brust drückte, dass sie lange Gesichter schnitten, schaute er, über ihre Blondköpfe hinweg, ins Leere und stammelte: „Der – der soll mir kommen – und soll mir so eine Freud verderben wollen – so eine Freud!" Da klang von draußen ein schrillender Glockenton in die Stube. Frau Schaller schaute ihren Mann erschrocken an – weshalb sie erschrak, das wusste sie selbst nicht –, dann ging sie, um die Tür zu öffnen.

Zwei Dienstmänner brachten einen großen Korb und schleppten ihn in die Stube. Von wem er wäre, wussten sie nicht; ein vornehmer Herr hätte sie geschickt und ließe ausrichten, dass er selbst nachkäme. Mit zitternden Händen schlug Frau Schaller den Deckel des Korbes in die Höhe und was da zum Vorschein kam, entlockte den drei Kindermäulchen ein staunendes, jubelndes Ah! Spielsachen, Backwerk, Kleiderstoffe, das wollte fast kein Ende nehmen, und ganz zuunterst wurde ein kleines, zierlich beschlagenes Kästchen ausgegraben, das sich bis zum Rand angefüllt zeigte mit blitzblanken Silbergulden. Erblasst bis in die Lippen, schaute Frau Schaller zu ihrem Mann auf, der aber streckte schon, das Gesicht von dunkler Zornröte übergossen, die beiden Hände, packte das Kästchen und warf es in den Korb zurück, dass die Münzen klirrend in die Höhe sprangen. „Fort – fort mit dem Geld, sag ich – und die Hände von dem Zeug, Kinder, die Händ' weg!", schrie er mit bebender Stimme. „Der Lump – weil er's auf geradem Weg nicht fertig gebracht hat – jetzt meint er, er kann mich von hinten packen! Mitnehmen sollen sie's wieder – auf der Stell!"

Er eilte in den Flur hinaus, um die beiden Dienstmänner zurückzurufen. Draußen aber stand er wie versteinert und brachte kein Wort über die Lippen. Unter der offenen Wohnungstüre stand sein Chef, Herr Seydelmann, eine stattliche Erscheinung von bürgerlich-behäbigem Aussehen. „Guten Abend, lieber Schaller!" „Sie – Herr Seydelmann – Sie kommen – zu mir?" „Wie Sie sehen. Und – wissen Sie auch, was ich möchte?", lächelte der alte Herr. „Ich möchte Sie fragen, wie Ihnen heute Nachmittag der Kaffee geschmeckt hat." Dem jungen Mann fielen die Lippen auseinander und mit zitterndem Arme tastete er nach der nahen Mauer. Wie ein grauer Schleier kam's ihm vor die Augen, er sah nichts mehr, er fühlte nur, wie ihm sein Chef die Hand auf die Schulter legte, und hörte ihn mit leiser, ernster Stimme sagen: „Sie haben ein Recht, lieber Schaller, diese Geschichte von heute Nachmittag eine Beleidigung zu nennen, und ich komme auch, um Ihnen Abbitte zu leisten. Ich hatte Vertrauen zu Ihnen – als Mensch. Aber ich bin auch Geschäftsmann und als solcher muss ich mich von der Richtigkeit meiner Meinung überzeugen. Der Herr, welcher Sie heute in das Kaffeehaus gerufen hat, ist mein Schwager gewesen. Und weil er in meinem Auftrag handelte, müssen Sie auch das Anerbieten, das er Ihnen machte, als von mir gemacht betrachten. Von Neujahr an verdopple ich Ihre Bezüge und biete Ihnen einen zehnjährigen Vertrag mit steigendem Gehalte. Wenn Sie dann übermorgen wieder die

Fabrik besuchen, darf und will ich Ihnen auch das Geheimnis der richtigen Mischung anvertrauen. Und jetzt kommen Sie – jetzt will ich Ihre Frau und Ihre Kinder kennen lernen!" Da löste sich der Bann, der über dem jungen Mann lag, und mit einem von Tränen erstickten Aufschrei stürzte er seinem Chef voran in die Stube. Ein süßer, harziger Duft quoll ihm entgegen. Ein Zweig des Christbaums, auf welchem noch immer die Kerzen brannten, hatte Feuer gefangen.

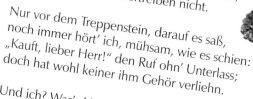

WEIHNACHTSABEND

Die fremde Stadt durchschritt ich sorgenvoll,
der Kinder denkend, die ich ließ zu Haus.
Weihnachten war's, durch alle Gassen scholl
der Kinderjubel und des Markts Gebraus.

Und wie der Menschenstrom mich fortgespült,
drang mir ein heiser Stimmlein in das Ohr:
„Kauft, lieber Herr!" Ein magres Händchen hielt
feilbietend mir ein ärmlich Spielzeug vor.

Ich schrak empor und beim Laternenschein
sah ich ein bleiches Kinderangesicht;
wes Alters und Geschlecht es mochte sein,
erkannt' ich im Vorübertreiben nicht.

Nur vor dem Treppenstein, darauf es saß,
noch immer hört' ich, mühsam, wie es schien:
„Kauft, lieber Herr!" den Ruf ohn' Unterlass;
doch hat wohl keiner ihm Gehör verliehn.

Und ich? War's Ungeschick, war es die Scham,
am Weg zu handeln mit dem Bettelkind?
Eh meine Hand zu meiner Börse kam,
verscholl das Stimmlein hinter mir im Wind.

Doch als ich endlich war mit mir allein,
erfasste mich die Angst im Herzen so,
als säß' mein eigen Kind auf jenem Stein
und schrie nach Brot, indessen ich entfloh.
Theodor Storm

HEFESTERNE

*500 g Mehl, 30 g Hefe, ¼ Liter lauwarme Milch, 100 g Butter, 80 g Zucker, 3 Eigelb,
½ Teelöffel Salz, abgeriebene Schale von ½ unbehandelten Zitrone,
80 g geschälte, gehackte Mandeln, 80 g geschälte Mandeln,
50 g gewürfeltes Zitronat, 50 g Rosinen, rote Belegkirschen*

*Das Mehl in eine Schüssel sieben, in der Mitte die zerbröselte Hefe mit der Milch und
wenig Mehl verrühren. Diesen Hefevorteig zugedeckt an einem warmen Ort 15 Minuten gehen lassen. Zerlassene Butter, Zucker, 2 Eigelb, Salz und Zitronenschale zu dem
Hefevorteig geben, mit dem gesamten Mehl gründlich verrühren und dann zu einem
glatten, trockenen Hefeteig schlagen. Die gehackten Mandeln unter den Teig mischen,
den Teig wieder 15 Minuten gehen lassen. Den Teig 1 cm dick ausrollen und Sterne
ausstechen. Die Sterne auf ein Backblech legen und mit dem restlichen verquirlten Eigelb bestreichen, mit geschälten Mandeln, Zitronatwürfeln, Rosinen und halben Belegkirschen belegen. Die Sterne im auf 210 °C vorgeheizten Backofen auf der mittleren
Schiene 10–15 Minuten backen.*

DER WEIHNACHTSBAUM

Schön ist im Frühling die blühende Linde,
bienendurchsummt und rauschend im Winde,
hold von lieblichen Düften umweht;
schön ist im Sommer die ragende Eiche,
die riesenhafte, titanengleiche,
die da in Wetter und Stürmen besteht;
schön ist im Herbst des Apfelbaums Krone,
die sich dem fleißigen Pfleger zum Lohne
beugt von goldener Früchte Pracht;
aber noch schöner weiß ich ein Bäumchen,
strahlt in der eisigen Winternacht.
Keiner kann mir ein schöneres zeigen:
Lichter blinken in seinen Zweigen,
goldene Äpfel in seinem Geäst,
und mit schimmernden Sternen und Kränzen
sieht man ihn leuchten, sieht man ihn glänzen
anmutsvoll zum lieblichen Fest.
Von seinen Zweigen ein träumerisch Düften
weihrauchwolkig weht in den Lüften,
füllet mit süßer Ahnung den Raum!
Dieser will uns am besten gefallen,
ihn verehren wir jauchzend von allen,
ihn, den herrlichen Weihnachtsbaum.
Heinrich Seidel

DAS WUNDER DER HEILIGEN NACHT

Weihnachten ist das große Wunder
der vergebenden Gnade Gottes;
den verlorenen Leuten bietet ER ewiges Leben.
Das ist das Wunder der Heiligen Weihnacht,
dass ein hilfloses Kind unser aller Helfer wird.
Das ist das Wunder der Heiligen Nacht,
dass in die Dunkelheit der Erde die helle Sonne scheint,
das ist das Wunder der Heiligen Nacht,
dass traurige Leute ganz fröhlich werden können.
Das ist das Wunder der Heiligen Nacht:
Das Kind nimmt unser Leben in seine Hände,
um es niemals wieder loszulassen.
Friedrich von Bodelschwingh

Güte in den Worten erzeugt Vertrauen.
Güte beim Denken erzeugt Tiefe.
Güte beim Verschenken erzeugt Liebe.
Laotse

VOR DEM CHRISTBAUM

Da guckt einmal, was gestern Nacht
Christkindlein alles mir gebracht:
Ein Räppchen,
ein Wägelein,
ein Käppchen,
ein Krägelein,
ein Tütchen
und ein Rütchen,
ein Büchelein
voller Sprüchelein,
ein Tütchen, wenn ich fleißig lern',
ein Rütchen, tät' ich es nicht gern,
und nun erst gar der Weihnachtsbaum,
ein schön'rer steht im Walde kaum.
Ja, schau nur her und schau nur hin
und schau, wie ich so glücklich bin.
Friedrich Güll

BUTTERRÖLLCHEN

*70 g Butter, 70 g Zucker,
140 g Mehl, 4 Eigelb, Kuvertüre*

*Die Butter in einem Topf vorsichtig
zergehen lassen. Den Zucker und die
Hälfte des Mehls einrühren. Das Gemisch vom Herd nehmen, die Eigelbe
einrühren und das restliche Mehl
unterrühren. Den Teig mindestens
eine Stunde in den Kühlschrank
stellen. Herausnehmen, zu einer Rolle
formen, diese in Scheiben schneiden
und diese wiederum zu kleinfinger-
dicken Röllchen formen. Auf ein mit
Backpapier ausgelegtes Blech legen
und im auf 180 °C vorgeheizten
Backofen ca. 10 Minuten backen.
Nach dem Abkühlen zur Hälfte in
geschmolzene Kuvertüre eintauchen.*

157

Süßer die Glocken nie klingen

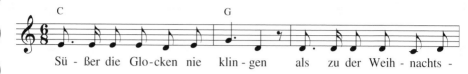

Sü - ßer die Glo - cken nie klin - gen als zu der Weih - nachts -

zeit.___ 's ist, als ob En - ge - lein sin - gen wie - der von Frie - den und

Freud',___ wie sie ge - sun - gen in se - li - ger Nacht,

wie sie ge - sun - gen in se - li - ger Nacht. Glo - cken mit hei - li - gem

Klang,___ klin - get die Er - de ent - lang.___

2. Und wenn die Glocken dann klingen,
gleich sie das Christkindlein hört,
tut sich vom Himmel dann schwingen,
eilet hernieder zur Erd',
segnet den Vater, die Mutter, das Kind!
Glocken mit heiligem Klang,
klinget die Erde entlang!

3. Klinget mit lieblichem Schalle
über die Meere noch weit,
dass sich erfreuen doch alle
seliger Weihnachtszeit!
Alle dann jauchzen mit frohem Gesang:
Glocken mit heiligem Klang,
klinget die Erde entlang!
Melodie: Volksgut aus Thüringen;
Text: Friedrich Wilhelm Kritzinger

WEIHNACHTSWUNDER

Durch den Flockenfall
klingt süßer Glockenschall,
ist in der Winternacht
ein süßer Mund erwacht.

Herz, was zitterst du
den süßen Glocken zu?
Was rührt den tiefen Grund
dir auf der süße Mund?

Was verloren war,
du meintest, immerdar,
das kehrt nun all zurück,
ein selig Kinderglück.

O du Nacht des Herrn
mit deinem Liebesstern,
aus deinem reinen Schoß
ringt sich ein Wunder los.
Gustav Falke

DIE HEIL'GEN DREI KÖN'GE

Die Heil'gen Drei Kön'ge aus Morgenland,
sie frugen in jedem Städtchen:
„Wo geht der Weg nach Bethlehem,
ihr lieben Buben und Mädchen?"

Die Jungen und Alten,
sie wussten es nicht,
die Könige zogen weiter;
sie folgten einem goldenen Stern,
der leuchtete lieblich und heiter.

Der Stern blieb stehn über Josephs Haus,
da sind sie hineingegangen;
das Öchslein brüllte, das Kindlein schrie,
die Heil'gen Drei Kön'ge sangen.
Heinrich Heine

VANILLERINGE

3 Eier, 2 Eigelb, 160 g Puderzucker, 250 g weiche Butter,
Mark von ½ Vanilleschote, 350 g Mehl,
1 Tasse Hagelzucker

Die Eier 10–12 Minuten kochen, abschrecken, schälen, die Eigelbe auslösen, durch
ein Haarsieb streichen, mit einem Eigelb und dem gesiebten Puderzucker verrühren.
Nach und nach die Butter und die Vanille unterarbeiten. Das gesiebte Mehl hinzufügen und das Ganze zu einem glatten Teig verkneten. In Alufolie wickeln, drei Stunden
im Kühlschrank ruhen lassen. Den Teig in walnussgroße Stücke teilen, jedes Stück zu
einer etwa 10 cm langen Rolle formen. Das zweite Eigelb verquirlen. Die Stücke an
beiden Enden mit Eigelb bestreichen und zu Ringen formen. Die Ringe völlig mit dem
restlichen Eigelb bestreichen und mit Hagelzucker bestreuen. Die Ringe auf ein mit
Backpapier belegtes Blech legen und im auf 190 °C vorgeheizten Backofen auf der
mittleren Schiene 10–12 Minuten backen. Vorsichtig mit einem breiten Messer vom
Blech heben und auf einem Kuchengitter abkühlen lassen.

WEIHNACHTEN IN DER SPEISEKAMMER
Von Paula Dehmel

Unter der Türschwelle war ein kleines Loch. Dahinter saß die Maus Kiek und wartete. Sie wartete, bis der Hausherr die Stiefel aus- und die Uhr aufgezogen hatte, sie wartete, bis die Mutter ihr Schlüsselkörbchen auf den Nachttisch gestellt und die schlafenden Kinder noch einmal zugedeckt hatte, sie wartete auch noch, als alles dunkel war und tiefe Stille im Hause herrschte. Dann ging sie. Bald wurde es in der Speisekammer lebendig. Kiek hatte die ganze Mäusefamilie benachrichtigt. Da kam Miek, die Mäusemutter, mit den fünf Kleinen und Onkel Grisegrau und Tante Fellchen stellten sich auch ein. „Frauchen, hier ist etwas Weiches, Süßes", sagte Kiek leise vom obersten Brett herunter zu Miek, „das ist etwas für die Kinder", und er teilte von den Mohnpielen aus. „Komm hierher, Grisegrau", piepste Fellchen und guckte hinter der Mehltonne vor, „hier gibt's Gänsebraten, vorzüglich, sag ich dir, die reine Hafermast; wie Nuss knuspert sich's." Grisegrau aber saß in der neuen Kiste in der Ecke, knabberte am Pfefferkuchen und ließ sich nicht stören. Die Mäusekinder balgten sich im Sandkasten und kriegten Mohnpielen. „Papa", sagte das größte, „meine Zähne sind schon scharf genug, ich möchte lieber knabbern, knabbern hört sich so hübsch an." „Ja, ja, wir wollen auch lieber knabbern", sagten alle Mäusekinder, „Mohnpielen sind uns zu matschig" und bald hörte man sie am Gänsebraten und am Pfefferkuchen. „Verderbt euch nicht den Magen", rief Fellchen, die Angst hatte, selber nicht genug zu kriegen, „an einem verdorbenen Magen kann man sterben." Die kleinen Mäuse sahen ihre Tante erschrocken an, sterben wollten sie ganz und gar nicht, das musste schrecklich sein.

Vater Kiek beruhigte sie und erzählte ihnen von Gottlieb und Lenchen, die drinnen in ihren Betten lägen und ein hölzernes Pferdchen und eine Puppe im Arm hätten, und dass in der großen Stube ein mächtiger Baum stände mit Lichtern und buntem Flimmerstaat und dass es in der ganzen Wohnung herrlich nach frischem Kuchen röche, der aber im Glasschrank stände, und an den man nicht herankönnte. „Ach", sagte Fellchen, „erzähle nicht so viel, lass die Kinder lieber essen." Die aber lachten die Tante mit dem dicken Bauch aus und wollten noch viel mehr wissen, mehr als der gute Kiek selbst wusste. Zuletzt bestanden sie darauf, auch einen Weihnachtsbaum zu haben, und die zärtlichen Mäuseeltern liefen wirklich in die Küche und zerrten einen Ast herbei, der von dem großen Tannenbaum abgeschnitten war. Das gab einen Hauptspaß, die Mäusekinder quiekten vor Entzücken und fingen an, an dem grünen Tannenholz zu knabbern, das schmeckte aber abscheulich nach Terpentin und sie ließen es sein und kletterten lieber in dem Ast umher. Schließlich machten sie die ganze Speisekammer zu ihrem Spielplatz. Sie huschten hierhin und dorthin, machten Männchen, lugten neugierig über die Bretter in alle Winkel hinein und spielten Versteck hinter den Gemüsebüchsen und Einmachtöpfen; was sollten sie auch mit dem dummen Weihnachtsbaum, an dem es nichts zu essen gab! Als aber das Kleinste ins Pflaumenmus gefallen war und von Mama Miek und Onkel Grisegrau abgeleckt werden musste, wurde ihnen das Umhertollen untersagt, und sie mussten wieder artig am Pfefferkuchen knabbern.

Am andern Morgen fand die alte Köchin kopfschüttelnd den Tannenast in der Speisekammer und viele Krümel und noch etwas, was nicht gerade in die Speisekammer gehört, ihr werdet euch schon denken können, was! Als Gottlieb und Lenchen in die Küche kamen, um der alten Marie guten Morgen zu wünschen, zeigte sie ihnen die Bescherung und meinte: „Die haben auch tüchtig Weihnachten gefeiert." Die Kinder aber tuschelten und lachten und holten einen Blumentopf. Sie pflanzten den Ast hinein und bekränzten ihn mit Zuckerwerk, aufgeknackten Nüssen, Honigkuchen und Speckstückchen. Die alte Marie brummte; da aber die Mutter lachend zuguckte, musste sie schon klein beigeben. Sie stellte alles andere sicher und ließ den kleinen Naschtieren nur ihren Weihnachtsbaum.

Die Kinder aber jubelten, als sie am zweiten Feiertage den Mäusebaum geplündert vorfanden, und hätten gar zu gern auch ein Dankeschön von dem kleinen Volke gehört. „Den guten Speck vergesse ich mein Lebtag nicht", sagte Fellchen und Grisegrau biss eine mitgebrachte Haselnuss entzwei, Kiek und Miek aber waren besorgt um ihre Kleinen, die hatten zu viel Pfefferkuchen gegessen, und ihr wisst, liebe Kinder, das tut nicht gut!

ANBETUNG DER HIRTEN
Um Bethlehem ging ein kalter Wind,
im Stall war das arme Christuskind.
Es lag auf zwei Büschel Grummetheu,
ein Ochs und ein Esel standen dabei.

Die Hirten haben es schon gewisst,
dass selbiges Kindlein der Heiland ist.
Denn auf dem Felde und bei der Nacht
hat's ihnen ein Engel zugebracht.

Sie haben gebetet und sich gefreut
und einer sagte: Ihr lieben Leut',
ich glaub's wohl, dass er bei Armen steht,
schon weil's ihm selber so schlecht ergeht.
Ludwig Thoma

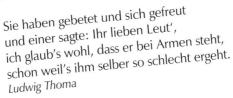

KOKOSMAKRONEN

*170 g Kokosraspel, 5 Eiweiß, 250 g Puderzucker, 400 g Marzipan-Rohmasse,
abgeriebene Schale von ½ unbehandelten Zitrone,
2 Esslöffel Rum, ½ Tasse Zucker, 100 g Schokoladen-Fettglasur*

*Die Kokosraspel zwischen den Handflächen zerreiben, auf ein Backblech streuen
und bei 100 °C im geöffneten Backofen 20 Minuten trocknen lassen. Die Eiweiße
zu steifem Schnee schlagen, die Hälfte des gesiebten Puderzuckers mit dem ge-
würfelten Marzipan und dem Eischnee verrühren. Die Kokosraspel, den restlichen
Puderzucker, die Zitronenschale und den Rum hinzufügen und das Ganze zu einem
zähflüssigen Teig verarbeiten. Den Teig in einen Spritzbeutel mit Lochtülle füllen
und walnussgroße Makrönchen auf ein mit Backpapier belegtes Blech spritzen. Die
Makronen mit dem Zucker bestreuen und im auf 150 °C vorgeheizten Backofen auf
der mittleren Schiene 20 Minuten backen. Die Makronen sollen außen goldbraun,
innen aber schön weich sein. Die Makronen vom Blech nehmen und abkühlen
lassen. Mit der verflüssigten Schokoladenglasur überziehen.*

DIE WEIHE DER NACHT
Nächtliche Stille!
Heilige Fülle,
wie von göttlichem Segen schwer,
säuselt aus ewiger Ferne daher.

Was da lebte,
was aus engem Kreise
auf ins Weiteste strebte,
sanft und leise
sank es in sich selbst zurück
und quillt auf in unbewusstem Glück.

Und von allen Sternen nieder
strömt ein wunderbarer Segen,
dass die müden Kräfte wieder
sich in neuer Frische regen
und aus seinen Finsternissen
tritt der Herr, so weit er kann,
und die Fäden, die zerrissen,
knüpft er alle wieder an.
Friedrich Hebbel

162

Vom Himmel hoch, da komm ich her

Vom Him-mel hoch, da komm ich her, ich bring euch
gu-te neu-e Mär; der gu-ten Mär bring ich so
viel, da-von ich sing'n und sa-gen will.

2. Euch ist ein Kindlein heut geborn
von einer Jungfrau auserkorn,
ein Kindelein so zart und fein,
das soll euer Freud' und Wonne sein.

3. Es ist der Herr Christ, unser Gott,
der will euch führn aus aller Not,
er will euer Heiland selber sein,
von allen Sünden machen rein.

4. Er bringt euch alle Seligkeit,
die Gott, der Vater, hat bereit',
dass ihr mit uns im Himmelreich
sollt leben nun und ewiglich.

5. So merket nun das Zeichen recht:
Die Krippe, Windelein so schlecht,
da findet ihr das Kind gelegt,
das alle Welt erhält und trägt.

6. Des lasst uns alle fröhlich sein
und mit den Hirten gehn hinein,
zu sehn, was Gott uns hat beschert,
mit seinem lieben Sohn verehrt.

7. Lob, Ehr' sei Gott im höchsten Thron,
der uns schenkt seinen einz'gen Sohn.
Des freuen sich der Engel Schar
und singen uns solch neues Jahr.

Melodie: Volksgut; Text: Martin Luther

Es ist Gott wertvoller, dass er geistig
geboren werde von einer jeglichen
Jungfrau oder von einer jeglichen
guten Seele, als dass er leiblich von
Maria geboren werde.
Meister Eckart

DIE CHRISTBLUME

Von Paula Dehmel

Einsam ist die Blume, von der ich euch heute erzählen will. Sie kennt nicht die frohen Tage des Frühlings noch die duftreichen Nächte des Sommers. Keine flüsternden Gefährtinnen wachsen neben ihr auf, kein Vogel singt sie in Träume. In Schnee und Eis muss sie schauen, der Nordwind streicht über sie hin und das eintönige Krächzen der Rabenvögel ist ihre Musik. Und doch ist sie weiß und zart wie nur eine ihrer Schwestern, anmutig wächst sie aus dem Kranze grüner Blätter empor und ihr tiefer Kelch hütet die Geheimnisse der Blumen. Und sie fühlt keinen Winterschmerz! Still und stolz steht sie in ihrer Kraft. Sie weiß, dass sie begnadet ist: Die einzige Blume, die im Winter blühen darf, die einzige Blume, die das heilige Christfest feiern darf mit den Bewohnern der Erde. Sage mir, Schwester der Lilie, was rief dich ins winterliche Leben? Was gab dir die Macht, der Kälte und dem Sturm zu trotzen? Warum schläfst du nicht im Frieden der Erde? Die Blätter rauschen mir Töne und Akkorde zu, sie raunen und rauschen – Silben höre ich, Worte – und nun will ich ihre Geschichte erzählen.

Es ist Totensonntag. Auf dem Wege zum Kirchhof geht eine stille, dunkle Schar Menschen. Sie tragen Totenkränze, Tannenreiser und Immortellen, immergrüne Eichen und rote Vogelbeeren. Sie gehen schweigend, als dächten sie vergangener Tage oder träumten in banger Hoffnung von künftiger Helle. Der Letzte im Zug ist ein kleiner Knabe, der auf der Schulter ein grünes Holzkreuz trägt, eine schwere Last für einen jungen Körper! Es ist ein armseliges Kreuz, roh gefügt, mit abgeschrägten Ecken. Des Knaben Blicke aber ruhen liebevoll darauf; seine jungen, ungeübten Hände haben wohl selbst das Holz geschnitzt. Aus der Kapelle des Totenhauses läutet die kleine Glocke und andächtig zieht die Schar der Trauernden durch das Portal. Ein leiser Wind geht mit ihnen; es sind die Todesengel, die dem Zuge unsichtbar folgen. Vom breiten Mittelwege aus verteilen sich lautlos die Gäste der Toten. Bald hat auch der blasse Knabe das Grab seiner Mutter gefunden. Es ist ein frischer Hügel; ohne Schmuck und ohne Pflege liegt er im kühlen Frühnebel. Der Kleine kniet nieder, pflanzt sein Kreuzlein zu Häupten der Toten und betet leise. Der Engel, der ihm folgte, beugt sich nieder, um die Inschrift zu lesen. „Liebe Mutter", steht in großen, kindlichen Buchstaben auf dem Querholz, sonst nichts. Da küsst der Engel das Kind aufs Haupt.

Die andern Gräber schmückten sich nach und nach mit den Blumen und Kränzen der Leidtragenden, des Knaben Augen aber sahen angstvoll über das leere Grab und ein Zucken des Schmerzes ging über das kleine Gesicht. „Lieber Gott", betete er leise, „lass meiner Mutter auch eine schöne Blume wachsen, ich muss fort ins Waisenhaus und kann ihr keine mehr bringen. Du aber kannst es, lieber Gott, du bist gut und allmächtig, und ich bitte dich so sehr." Da küsste der Engel das Kind zum zweiten Male und ein stiller Schein der Gewissheit kam in die braunen Augen des Knaben. Er rückte das Kreuzlein noch einmal zurecht, küsste das Grab seiner Mutter und folgte den andern Leuten, die den Heimweg antraten.

Der Engel aber flog heim zu Gott und brachte ihm den Wunsch des Knaben. „Es ist Winter", sprach der Herr, „alle Pflanzen schlafen; soll ich dieses Kindes wegen meine ewigen Gesetze ändern?" „Deine Allmacht, o Herr, ist größer als dein Gesetz, deine Güte reicher als dein Wille!" Da lächelte der Herr, dass die Wolken erstrahlten und ein Klingen durch die Sterne ging. „Komm", sagte er zum Engel und sie traten schweigend in den Garten des Paradieses. Dort blühen die Blumen, die achtlose Hände auf Erden fortgeworfen und achtlose Füße zertreten haben. Schöner blühen sie hier im himmlischen Licht als in der irdischen Sonne und als der Schöpfer zu ihnen trat, reckten sich Ranken und Gräser ihm entgegen, und die Kelche strömten über von Duft und Glanz. Gott aber trat zu einer weißen Lilie, nahm die Zitternde aus dem Schoße des Himmels, küsste sie und gab sie dem Engel. „Dem Erdenkinde zur Freude und meinem Sohne zum Angedenken blühe diese Botin des Himmels künftig auf Erden in Eis und Schnee. Die Winde sollen ihren Samen durch die Länder des Nordens tragen, die Wärme meines Willens ströme durch ihre Wurzeln und bleibe ihr für die Dauer der irdischen Zeit! Du aber lege das Zeichen des Todes ab und schütze den Knaben mit dem warmen Herzen. Breite deine Flügel um ihn aus, dass der Same, der in seiner Seele keimt, auch in Frost und Dürre nicht ersterbe, und die Blume der Menschenliebe daraus erblühe; sie ist holder als alle Blumen des Paradieses." Dankbar neigte sich der Engel, küsste des Herrn Gewand und ging, seinen Befehlen zu folgen. So ist die Christblume auf die Erde gekommen, und fromme Menschen fühlen ihren heiligen Ursprung.

CHRISTBAUM

Wie schön geschmückt der festliche Raum!
Die Lichter funkeln am Weihnachtsbaum!
O fröhliche Zeit! O seliger Traum!

Die Mutter sitzt in der Kinder Kreis;
nun schweiget alles auf ihr Geheiß:
Sie singet des Christkinds Lob und Preis.
Und rings, vom Weihnachtsbaum erhellt,
ist schön in Bildern aufgestellt
des heiligen Buches Palmenwelt.
Die Kinder schauen der Bilder Pracht
und haben wohl des Singens Acht,
das tönt so süß in der Weihenacht!

O glücklicher Kreis im festlichen Raum!
O gold'ne Lichter am Weihnachtsbaum!
O fröhliche Zeit! O seliger Traum!
Peter Cornelius

WIE JEDES JAHR

Das einst ein Kind auf Erden war,
Christkindlein kommt noch jedes Jahr.
Kommet vom hohen Sternenzelt,
freut und beglücket alle Welt!

Mit Kindern feiert's froh den Tag,
wo Christkind in der Krippe lag;
den Christbaum zündet's überall,
weckt Orgelklang und Glockenschall.

Christkindlein kommt zu Arm und Reich,
die Guten sind ihm alle gleich.
Danket ihm denn und grüßt es fein,
auch euch beglückte Christkindlein!
Peter Cornelius

WEIHNACHTSGLOCKEN

Weihnachtsglocken, wieder, wieder
sänftigt und bestürmt ihr mich.
Kommt, o kommt, ihr hohen Lieder,
nehmt mich, überwältigt mich!

Dass ich in die Knie fallen,
dass ich wieder Kind sein kann,
wie als Kind Herr Jesus lallen
und die Hände falten kann.

Denn ich fühl's, die Liebe lebt, lebt,
die mit ihm geboren wurde,
ob sie gleich von Tod zu Tod schwebt,
obgleich er gekreuzigt wurde.

Fühl's, wie alle Brüder werden,
wenn wir hilflos, Mensch zu Menschen,
stammeln: „Friede sei auf Erden
und ein Wohlgefall'n am Menschen!'
Richard Dehmel

Das ist der Tag, an dem uns Gottes
Liebe erscheint in einem kleinen Kind.
Das ist der Tag, an dem für unsre Erde
die neue Zeit beginnt.
Johannes Jourdan

VANILLEKIPFERL

300 g Mehl, 50 g gemahlene Mandeln, 50 g gemahlene Haselnüsse,
70 g Zucker, 1 Prise Salz, 200 g kalte Butter, 2 Eigelb,
5 Päckchen Vanillezucker, ½ Tasse Puderzucker

Das Mehl auf eine Arbeitsfläche sieben, Mandeln, Haselnüsse, Zucker, Salz und die
Butter in Flöckchen darübergeben. Mit den Eigelben zu einem glatten Teig verkneten.
Den Teig in Alufolie wickeln und zwei Stunden im Kühlschrank ruhen lassen. Den Teig
aufteilen und in bleistiftdicke Röllchen formen. Die Röllchen in 4-5 cm lange Stücke
schneiden und zu Hörnchen legen. Die Kipferl auf ein mit Backpapier ausgelegtes
Blech geben und im auf 180 °C vorgeheizten Backofen auf der mittleren Schiene
10 Minuten goldgelb backen. Den Vanillezucker mit dem Puderzucker vermischen und
die noch warmen Kipferl vorsichtig darin wenden.

HEREIN

Das Glöcklein erklingt: Ihr Kinder, herein!
Kommt alle, die Türe ist offen!
Da stehn sie, geblendet vom goldigen Schein,
von Staunen und Freude betroffen.
Wie schimmert und flimmert von Lichtern der Baum!
Die Gaben zu greifen, sie wagen's noch kaum,
sie stehn wie verzaubert in seligem Traum.
So nehmt nur mit fröhlichen Händen,
ihr Kleinen, die köstlichen Spenden!

Und mächtig ertönen die Glocken im Chor,
zum Haufe des Herrn uns zu rufen:
Das Fest ist bereitet und offen das Tor,
heran zu den heiligen Stufen!
Und steht ihr geblendet vom himmlischen Licht,
und fasst ihr das Wunder, das göttliche, nicht:
Ergreift, was die ewige Liebe verspricht,
und lasst euch den seligen Glauben,
ihr Kinder des Höchsten, nicht rauben!

Und hat er die Kinder nun glücklich gemacht,
die großen so gut wie die kleinen,
dann wandert der Engel hinaus in die Nacht,
um anderen zum Gruß zu erscheinen.
Am Himmel, da funkeln die Sterne so klar,
auf Erden, da jubelt die fröhliche Schar.
So tönen die Glocken von Jahr zu Jahr,
so klingt es und hallt es auch heute,
o seliges Weihnachtsgeläute!
Karl von Gerok

ZARTBITTERKUGELN

125 g Zartbitter-Schokolade, 50 g weiche Butter, 80 g Rohrzucker, 1 Ei,
1 Päckchen Vanillezucker, 150 g Mehl, 25 g Kakaopulver,
1 Teelöffel Backpulver, 1 Prise Salz, 4 Esslöffel Milch,
1 Eiweiß, 50 g Puderzucker

Die Schokolade im Wasserbad schmelzen. Die Butter mit dem Zucker schaumig rühren. Das Ei, den Vanillezucker und die Schokolade hinzufügen. Mehl, Kakaopulver, Backpulver und Salz darübersieben, die Milch zugeben, alles zu einem glatten Teig verrühren. Zugedeckt eine Stunde im Kühlschrank ruhen lassen. Aus dem Teig Kugeln von 2 cm Ø formen. Das Eiweiß steif schlagen und mit dem gesiebten Puderzucker zu einem Guss verrühren. Die Kugeln damit bepinseln und im auf 180 °C vorgeheizten Backofen 10 Minuten backen.

167

EIN WEIHNACHTSMÄRCHEN

Von Heinrich Seidel. Aus: „Am Ostseestrand".

Es war einmal ein armer Student, der war recht einsam und allein und hatte keinen Menschen auf der weiten Welt, der sich um ihn gekümmert hätte. Und er hätte doch so gerne jemanden gehabt, den er so recht innig hätte lieben können. Manchmal saß er wohl in den schönen Sommernächten, wenn der Mond schien, am offenen Fenster seiner kleinen Dachstube und schaute hinaus über die Dächer der großen Stadt, wie sie im Mondenlichte dalagen, und dann dachte er: Ob wohl unter diesen Dächern ein Herz noch einmal für ihn schlagen möge, ob er in dieser großen weiten Stadt noch einmal jemand finden werde, der ihn so recht lieb habe, und den er so recht lieb haben könne vom Grunde seines Herzens. Und der Mond schien ihm voll ins Antlitz und die Sterne blitzten hell hernieder. Ferne standen dunkel und schweigsam die hohen Kirchentürme und das Rollen und Brausen der großen Stadt drang zu ihm herauf, der großen Stadt, darin er so ganz allein war. Er war sehr fleißig und arbeitete wohl den ganzen Tag. Wenn dann der Abend kam, eilte er durch das Drängen und Treiben der Stadt ins Freie und freute sich an den lustigen Spielen der Kinder und über die fröhlichen Spaziergänger oder suchte sich eine einsame Stelle, um ungestört seinen Gedanken nachzuhängen.

Eines Tages im Sommer, als er so in der Dämmerung durch die Straßen ging, begegnete ihm ein Mann mit einem Hundekarren. Das war ein recht sonderbarer Mann. Er war nicht groß und etwas buckelig und trug einen langen, grauen Rock mit großen Taschen darin. Ein großer, schwarzer Hut mit breiter Krempe verdeckte sein kleines graubärtiges Gesicht, sodass, wenn er mit seinen tief liegenden, dunklen Augen jemanden ansehen wollte, er den Kopf ganz in den Nacken legen musste. Er sah mit dem zugeknöpften langen Rocke und dem breitkrempigen Hute beinahe wie ein riesiger Pilz aus. Sein Hund war grau und langhaarig, hatte krumme Beine und einen zottigen Kopf mit klugen Augen. Der Mann ließ seinen Wagen auf der Straße stehen und ging in die Häuser, denn er kaufte Lumpen, Knochen und alle solche Dinge, welche kein Mensch mehr gebrauchen konnte. Hermann sah dem grauen Mann eben nach, wie er in ein Haus ging, als ein Straßenjunge ankam und den armen grauen Hund, der sich nicht wehren konnte, mit einem Stocke neckte. Als der Hund knurrte und bellte und nach dem Stocke schnappte, fing er sogar an, ihn zu prügeln, indem er sich an dem Gewinsel des armen Tieres ergötzte. Hermann geriet in gewaltigen Zorn darüber, riss dem Jungen den Stock aus der Hand und, indem er ihn herzhaft damit prügelte, sagte er: „Warte nur, du sollst auch einmal fühlen, wie das tut." Der graue Mann war eben wieder aus der Tür getreten und bat Hermann, einzuhalten. „Lassen Sie den Jungen nur laufen, er wird es gewiss nicht wieder tun", meinte er. Hermann ließ den brüllenden und ganz verdutzten Jungen los und streichelte den Hund, der ihm dankbar die Hand leckte. Der alte Mann sah aber den armen Studenten recht freundlich an, drückte ihm die Hand und sagte: „Das will ich Ihnen gedenken, komm, Bello." Hermann hörte noch, wie der alte Mann und sein Bello weiterfuhren, dass er vor sich hinmurmelte: „Das will ich ihm gedenken." Und Bello wedelte dazu mit dem Schwanze, als wolle er dasselbe sagen.

Oft noch begegnete Hermann dem Lumpensammler auf der Straße, dann nickten sie sich einander freundlich zu und Bello sprang und bellte vor Freude. Der Sommer verging, es ward Herbst, bald fielen die ersten Schneeflocken, und dann kam die schöne Weihnachtszeit. Der arme Student hatte aber keinen Menschen, der ihm etwas geschenkt hätte, keinen Menschen, der an diesem Abend seiner gedachte. Am Heiligen Abend, als es dunkel wurde, wanderte er durch die Straßen der Stadt, durch das Treiben und Drängen des Weihnachtsmarktes und war recht traurig und allein. Er bog in eine dunkle Gasse, es wurde ihm so weh in dem bunten Treiben, da hörte er sich plötzlich angerufen und sah den alten grauen Mann in der Tür eines verfallenen Hauses stehen. Bello sprang ihm fröhlich entgegen. „Kommen Sie herein", sagte der Mann. „Heute will ich Ihr Weihnachtsmann sein." Er führte ihn in ein kleines, warmes Stübchen. Eine Lampe stand auf dem Tische, davor lag eine aufgeschlagene Bibel. An den Wänden waren auf Borden allerlei Gegenstände aufgestellt, brauchbare und nicht brauchbare Dinge: Bücher und Gläser, Kochgeräte und alte Bilder, zerbrochene Töpfe und tausend andere Gegenstände, wie sie im Laden eines Trödlers sich finden. Hermann und der alte Mann setzten sich an den Tisch. Dieser setzte eine große Hornbrille auf und las mit zitternder Stimme das Weihnachtsevangelium. Andächtig saß Hermann und hörte zu und Bello spitzte seine Ohren und sah seinen Herrn so klug an, als ob er alles verstände. Die zitternde Stimme des Alten aber hob sich mehr und mehr und klar und deutlich schloss er mit dem Spruche der Engel: „Ehre sei Gott in der Höh' und Friede auf Erden und den Menschen ein Wohlgefallen." Dann kramte er in einem Auszuge herum und brachte eine Flasche Wein und einen großen Kuchen herbei. „Jetzt wollen wir Weihnacht feiern", sagte er, „und Kuchen essen und Wein trinken. Heut isst alle Welt Kuchen und Bello bekommt auch welchen, das soll uns schmecken, nicht, Bello?" Er schenkte den Wein in zwei funkelnde geschliffene Kristallgläser und forderte Hermann auf, zu trinken. Wie duftete das. Wie feurig rollte ihm das Blut durch die Adern, es war ihm, als verdufte der Wein ihm auf der Zunge, er glaubte, lauter Geist zu trinken. Wie anders erschien ihm jetzt das ärmliche Gemach des Trödlers. Kostbare Vasen und herrliche Glasgefäße, die er zuvor für zerbrochene Töpfe gehalten, schimmerten an den Wänden. In den Ecken und Winkeln raschelte und huschte es geheimnisvoll, zuweilen schien es ihm, als sähen bärtige Zwergenköpfe hinter den mächtigen, goldverzierten Büchern hervor oder guckten aus den bunten Vasen heraus. Aber, wenn er schärfer hinsah, war nichts Ungewöhnliches zu sehen. Der Alte hatte sich einen bunten Schlafrock angezogen und eine hohe, spitze Mütze aufgesetzt, sodass er aussah wie ein Zauberer.

„Jetzt besehen wir Bilder", sagte er und legte einen großen Folianten auf den Tisch. Dann schlug er das Buch auf und berührte die Bilder mit einem bunten Stäbchen. Da war es, als würde alles lebendig. Wie das lebte und wimmelte; das war ein Weihnachtsmarkt! Da waren Läden mit Spielsachen und bunten Pyramiden. Wie die Lichter schimmerten! Die Menschen gingen und kauften. Dort standen auch Tannenbäume. Eine arme Frau hatte sich einen ganz kleinen Tannenbaum gekauft. Ihre beiden kleinen Kinder hatten sie ans Kleid gefasst und waren sehr glücklich, nun bekamen auch sie einen Tannenbaum. Hermann glaubte, das Rufen der Verkäufer und die klagenden

Töne der Drehorgel zu hören. Gingen nicht die Leute durcheinander? Das war ja kein Bild, das lebte alles und war wirklich.

„Umschlagen!", befahl der alte Mann und Hermann glaubte, einen Zwerg unter dem Blatte zu bemerken, welcher rasch umschlug und dann verschwand, als wäre er in das Bild hineingekrochen. Das war ein Seesturm. Wie die Wellen wogten und schäumten! Ein Schiff tanzte auf den Wellen, das Wasser spritzte über das Deck hin. Das war ein Weihnachtsabend auf dem Meere. An der Leeseite, geschützt vor Wellen und Wind, saßen Matrosen und rauchten und schwatzten miteinander. Den Arm um den Mast geschlungen, stand aber unbekümmert um Wind und Wetter der braune Schiffsjunge. War es Salzwasser oder waren es Tränen, die sein Gesicht benetzten? Jetzt sprangen seine Geschwister um den grünen, strahlenden Tannenbaum, jetzt dachte seine Mutter an ihn und weinte wohl und betete für den Sohn auf dem weiten, wilden Meer. Es war Weihnachtsabend und er noch so jung.

Ein anderes Blatt ward aufgeschlagen. Das war eine lustige Gesellschaft. Auf dem Tische stand ein Tannenbaum mit vielen Lichtern. Studenten saßen um den Tisch und tranken Punsch, sie wollten auch Weihnacht feiern auf ihre Weise. An dem Tannenbaum hingen allerlei närrische Sachen: Kinderflöten, Hampelmänner und komische Puppen mit großen Köpfen. Drunter lag Papier und Körbe standen umher. Da hatten sie ausgepackt, was ihnen aus der Heimat geschickt worden war. Briefe und Geschenke waren dabeigewesen von Eltern und lieben Verwandten und wollene Strümpfe und viele Pfeffernüsse. Der eine hatte eine Mettwurst gefasst und sah sie an, als wolle er sagen: „Na, du sollst mir schmecken!" Es saß auch einer etwas an der Seite, der hatte eine bunte gestickte Brieftasche in der Hand und küsste sie heimlich. Und es war Hermann, als höre er Gläserklingen und fröhliches Gelächter.

Nun sah er ein trauriges Bild. Der Vater lag auf dem Sterbebette. Die Mutter hatte die Hände unter seinen Kopf gelegt und hielt ihn, dass er seine Kinder noch einmal sehe. Die standen um das Bette herum und weinten. Es war auch ein kleiner blonder Krauskopf dabei, der weinte recht erbärmlich. Aber er weinte wohl nicht um den Vater, denn sein kleiner Verstand begriff noch nicht, was sterben heißt, er weinte, weil er nicht lachen und springen durfte und weil er keinen Tannenbaum haben sollte, wie die anderen Kinder, und das ist ein großes Herzeleid.

Und die Blätter wurden umgeschlagen und Hermann saß und schaute und vergaß alles um sich her und lachte und weinte vor Freude über alles Herrliche, was sich seinen Blicken zeigte. Immer lebendiger wurden die Bilder, ihm war, als schaue er in einen Rahmen hinein in die wirkliche Welt. Als nun das Buch zu Ende war, rauschten die Blätter und wuchsen und breiteten sich aus. Grüne Tannenzweige schossen zwischen den Blättern auf, höher und höher, und lichte Funken sprühten dazwischen. Aus den Wänden drängte es sich hervor grün und lustig, die Decke wuchs, höher und höher, es war, als drängten die Tannenzweige sie auseinander. Lichter flimmerten auf den Zweigen, und aus dem Fußboden sprossten mächtige Blumen mit geschlossenen Knospen. Sie taten sich auf mit süßem Duft, und lustige Gestalten schwebten hervor mit zarten Flügelchen. Sie flogen anmutig durch die Luft und als Hermann aufsah, war aus den Blättern des Buches ein mächtiger Tannenbaum hervorgewachsen mit tausend strahlenden Lichtern. Die lichten Gestalten umschwebten ihn und flatterten und spielten zwischen den grünen Zweigen.

Hermann bemerkte jetzt, dass er ganz allein sei. Plötzlich aber taten sich die Tannenzweige voneinander und ein schönes Mädchen trat hervor in einem weißen Kleide mit einem Fichtenkranz im Haar. Sie nahm Hermann bei der Hand und sie stiegen wie auf einer Wendeltreppe hinauf in den mächtigen Tannenbaum. Hermann wagte nicht zu sprechen, ihm war so feierlich zu Mute, und das Mädchen war so schön. Es war ihm immer, als höre er in der Ferne die mächtigen Töne einer Orgel und den Gesang andächtiger Menschen. Sie stiegen immer höher, zuweilen sah er durch die Zweige den dunklen Nachthimmel mit seinen blitzenden Sternen. Oben aber sah er plötzlich hinaus über die ganze Stadt. Die Häuser strahlten und leuchteten im Weihnachtsglanze und fröhliche Stimmen drangen zu ihm herauf. „Sieh empor", sagte das Mädchen. Und er sah einen weißen Nebel am Himmel, der zerriss plötzlich, und es war, als sehe er mitten in den Himmel hinein. Da schwebten in strahlenden Wolken Engel in weißen Gewändern auf und nieder und trugen Palmzweige in den Händen und sagten: „Ehre sei Gott in der Höh' und Friede auf Erden und den Menschen ein Wohlgefallen."

„Aber es ist nun hohe Zeit, dass Sie nach Hause gehen", schnarrte ihm plötzlich die Stimme des alten Trödlers ins Ohr, „es ist bald Mitternacht." Und da saß er wieder am Tische und alles sah ganz gewöhnlich aus. Das Buch war fort und der Alte kramte in einer Schublade. „Sie schliefen wohl recht schön?", meinte er jetzt. „Habe ich denn geträumt?", sagte Hermann ganz verwirrt. „Gehen Sie zu Bette, Sie sind müde", sagte der Alte, „und hier will ich Ihnen auch etwas schenken, das kann ein fleißiger Student wohl gebrauchen." Damit drückte er ihm ein altes, wunderlich geformtes Schreibzeug in die Hand und schob ihn zur Tür hinaus. Und als Hermann durch die gasbeleuchteten Straßen nach Hause wankte, da war es ihm wie ein Traum.

Als Hermann am anderen Morgen spät erwachte, glaubte er, er hätte alles geträumt; aber da sah er das Schreibzeug auf dem Tische stehen, welches ihm der alte Mann geschenkt hatte. Alle die bunten Bilder zogen an seinem Geiste vorüber, welche er am vergangenen Abend geschaut hatte. Er stand auf und sah aus dem Fenster. In der Nacht war Schnee gefallen. Da lagen alle die weißen Dächer im Sonnenschein, der Himmel war klar, die Sperlinge zwitscherten, und die Luft war voller Glockenklang. Das war ein schöner Weihnachtstag. Als Hermann zur Kirche ging, sah er an den Fenstern die Kinder mit ihren neuen Spielsachen spielen. Sie hatten alle neue Weihnachtskleider an und glückliche Augen und selige Gesichter. Vor einer Haustür stand ein ganz kleines Mädchen mit ihrer größeren Schwester. In der einen Hand hatte sie eine Puppe, in der anderen eine Pfeffernuss. „Da, Mann", sagte sie und hielt Hermann die Pfeffernuss hin. Wie lachte sie vergnügt, als Hermann sie wirklich nahm und dankend weiterging.

Der erste Weihnachtstag ging zu Ende. Hermann saß einsam in seinem Stübchen am Tische. Traulich leuchtete die Lampe, und lustig brannte das Feuer im eisernen Ofen. Er hatte einen Bogen weißes Papier vor sich und betrachtete nachdenklich das Schreibzeug. Dasselbe war zierlich aus Metall gearbeitet, es befanden sich ein Sandfass, ein Tintenfass und ein Behälter für Stahlfedern darin. Zierliche, von durchbrochenem Blätterwerk gebildete Ranken, anmutig durchflochten, bildeten das Gestell. Zwischen den Blättern saßen niedliche Eidechsen, Käfer und Schmetterlinge. Zwergengestalten mit bärtigen Gesichtern lugten hier aus den Ranken und dort aus den Blumen neigten mit halbem Leibe leichte Elfchen sich vor. Ja, zuweilen war es Hermann, als lebe alles und bewege sich durcheinander, aber dann war alles wieder starr und steif. In der Mitte aber, wie in einer kleinen Grotte, saß unter den Blättern ein feines, zierliches Mädchen mit einem Krönchen auf dem Haupte und einem Stäbchen in der Hand, das war so fein und zart gearbeitet, dass Hermann kein Auge davon verwenden konnte. Ihm war, als müsse er etwas schreiben. Als er die Feder ins Tintenfass tauchte, fühlte er einen leisen Schlag und ein Zucken in den Fingern und jetzt sah er deutlich: Der eine der Zwerge nickte ihm zu und jetzt auch die anderen und dann war alles Leben und Bewegung. Die Ranken dehnten sich aus und wuchsen und breiteten sich über den Tisch. Prächtige Blütenbäume schossen in die Höhe und sandten rankende Zweige und blumige Schlingen nach allen Seiten. Die Zwerge kamen hervor und verschwanden wieder zwischen den Ranken. Köstliche Blumen, rot, weiß und blau, taten sich auf; aus jeder schwebte ein Elfchen hervor und flatterte dann in das Blütengewirr hinein. Bis zur Decke hinauf war nun alles voller Blüten und Blätter und zierlicher Ranken. Schmetterlinge gaukelten dazwischen, große glänzende Käfer krochen an den Stängeln und schillernde Eidechsen schlüpften durch die blumigen Gewinde. Da taten sich die Zweige voneinander, liebliche, lustige Musik erklang, und hervor aus dem Blumengewirr kam ein wunderlicher Zug. Voran bärtige Zwerglein mit blitzenden, goldenen Trompeten, gebogenen Hörnern, kleinen Pauken und lieblichen Flöten. Dann folgten andere Zwerge in goldblitzenden Harnischen, auf gewaltigen Hirschkäfern reitend. Sie trugen kleine Lanzen in den Händen und es war lächerlich anzusehen, wie gravitätisch sie auf ihren braunen Rösslein saßen, und wie die dicken Käfer mit ihren sechs Beinen sich bemühten, nach dem Takte zu marschieren. Hinterher kam eine leichte Elfenschar marschiert mit spitzen Hüten, scharfe Grashalme als Schwerter in den Händen tragend. Aber die liefen ein wenig durcheinander, denn das Elfenvolk ist viel zu windig, um ordentlich zu marschieren.

Jetzt klangen silberne Glöcklein und zierliche, weiße Elfenmädchen tanzten herbei, kleine Glöckchen an schwankenden Stielen in der Hand, und darauf folgte auf einem von Blüten geflochtenen Throne, getragen von zwölf Elfen, ein wunderschönes Mädchen in weißem, duftigem Kleide, ein goldenes Krönchen auf dem Kopfe und ein weißes Stäbchen in der Hand. Zur Seite gingen graubärtige Zwerge in flimmernden Schuppenpanzern mit blanken Hellebarden bewaffnet. Über dem Thron und hinter demselben, ihn von allen Seiten umschwärmend, tummelten sich lustige, flinke Elfen auf prächtigen Schmetterlingen. Sie trugen blitzende Lanzen in der Hand, so fein und glänzend wie ein Sonnenstrahl. Dann folgten wieder Mädchen mit Glöckchen in den Händen, dann eine Schar lustiger Elfen und zum Schluss kamen auf flinken Eidechsen geritten schwarzbärtige Zwerge mit Turbanen und krummen Säbeln. Der Thron wurde in der Mitte hingesetzt und die bunten Scharen stellten sich zu beiden Seiten desselben auf, bis auf die leichten Schmetterlingsreiter, welche lustig in der Luft auf ihren bunten Pferdchen umherschwärmten.

Jetzt bliesen die Musikanten einen dreimaligen Tusch und alle Zwerge und Elfen riefen mit ihren feinen Stimmen dreimal Hurra, so laut sie konnten. Dann erhob sich das Mädchen von seinem Sitze, verneigte sich dreimal vor Hermann und sprach: „Mein Gebieter und Herr, wirst du mir und meinem Volke erlauben, heute Nacht ein Fest hier zu feiern?" „Wer bist du?", fragte Hermann, von all dem Wunderbaren ganz verwirrt. „Ich bin das Märchen", sprach sie, „und deiner Feder untertan, gnädiger Gebieter." Und Hermann nickte mit dem Kopfe, denn er wusste nicht, was er dazu sagen sollte. Da bildete die lustige Schar einen Halbkreis, welcher an der Seite, wo Hermann saß, offen blieb. Die Elfen und Zwerglein saßen auf der Erde, dahinter die Elfenmädchen auf einer Erhöhung, in der Mitte die Königin. Die Hirschkäfer und die Eidechsen wurden in das Moos gelassen und die Schmetterlingsreiter banden ihre lustigen Pferdlein mit Spinnenfäden an die Blumen, damit sie sich am Blumensaft erquicken möchten.

Nun begannen die lustigsten Spiele. Da tanzten Elfen auf ausgespannten Spinnenfäden, kleine Mädchen liefen auf rollenden Tautropfen. Ein dicker Zwerg balancierte eine Königskerze in seinem Gürtel, Elfen kletterten hinauf, und ganz oben stand ein kleiner Knabe auf der Zehenspitze. Das war ein Kraftstück und alle klatschten in die Hände und riefen: „Bravo! Bravo!" Dann wurden Kampfspiele aufgeführt. Zwölf Mann von der Hischkäferreiterei kämpften mit zwölf Mann von den Eidechsenreitern. Wie tapfer hieben sie aufeinander los! Die kleinen Säbel klirrten und hageldicht fielen die Schläge auf die blinkenden Panzer. Die Hirschkäfer fochten eifrig mit und kniffen die armen Eidechsen ganz jämmerlich mit ihren harten Zangen. Der eine hatte eine Eidechse beim Schwanz gepackt. Diese suchte zu entfliehen, trotz allen Spornens; der Reiter aber hatte sich umgedreht und verteidigte sich gegen den Hirschkäferreiter, er bewies, dass er auch im Fliehen zu fechten verstand. Jetzt folgte ein Luftgefecht. Da schwirrten die leichten Reiter auf ihren flinken Schmetterlingen durch die Luft, bald über-, bald untereinander. Das war ein buntes Getümmel. Zuweilen stürzte einer nieder zur Erde, aber wie ein Blitz war er wieder auf den Beinen, bestieg ein anderes Pferdchen und war wieder mitten dazwischen. Nun wurde getanzt. Das war einmal eine komische Musik. Da kamen die Zwerge angewackelt mit Hacken auf den Schultern und kleine, blaue Lichter auf dem Kopfe tragend. Jeder hatte einen blitzenden Edelstein oder ein Stück schimmerndes Erz in der Hand. Sie bildeten einen Kreis, tanzten dann zur Mitte und legten die Steine alle auf einen Haufen. Dann tanzten sie mit wunderlichen Sprüngen umher, während sie mit brummenden Stimmen zu dem Takte der Musik sangen und dabei häufig mit dem Fuße stampften: „Kleine Zwerge, tief im Berge, müssen graben, müssen hacken und sich placken, Tag und Nacht, auf und ab, klipp und klapp, trapp, trapp. Kleine Zwerge, tief im Berge …"

Und während sie so stampften und sprangen, sanken sie allmählich immer tiefer in den Boden. Bald sahen nur noch die bärtigen Gesichter hervor. Dann versanken sie ganz und nur die blauen Flämmchen flackerten noch an den Stellen, wo sie verschwunden waren. Man hörte noch ganz dumpf unter der Erde den wunderlichen Gesang: … Trapp, trapp, auf und ab, graben, hacken … dann war alles still und die Lichtlein verlöschten. Jetzt kam wieder eine leichte, lustige Musik. Da nahmen alle Elfen langstielige Blüten in die Hände und schwebten und tanzten anmutig durcheinander, in der Mitte die holde Königin. Darüber, wie eine bunte Wolke, flatterten die schimmernden Schmetterlinge. Dazu sangen die Elfen leise und anmutig:

> Tanzen, schweben, holdes Leben,
> Elfenreigen in der Nacht.
> Tanzen, schweben, holdes Leben,
> bis der junge Tag erwacht.

Und wie Hermann das bunte Gewimmel anschaute, war es ihm, als würde es immer undeutlicher vor seinen Augen, als wäre ein Schleier davorgezogen. Wie im Nebel sah er die zierlichen Gestalten durcheinanderwogen und wie aus der Ferne hörte er den Gesang:

> Tanzen, schweben, holdes Leben,
> Elfenreigen in der Nacht.
> Tanzen, schweben …

Dann war alles still und wie ein dunkler Schleier senkte es sich vor seine Augen. Als er seine Augen wieder aufschlug, war es Morgen und er lag ganz ordentlich in seinem Bette. Vom nächsten Kirchturm schlug die Uhr acht. Er rieb sich die Stirn, richtete sich im Bette auf und sah nach seinem Tintenfass. Das stand auf dem Tische und sah gar nicht anders aus wie sonst. Als er aufgestanden war und sich seinem Tische näherte, da wunderte er sich, denn das ganze Blatt, welches er am gestrigen Abend vor sich gelegt hatte, war eng beschrieben, und zwar von feiner Hand. Als er anfing, das Geschriebene zu lesen, da fand er, dass es eine ganz genaue Beschreibung des Elfenfestes war. Da erkannte der arme Student, welchen Schatz der alte Mann ihm geschenkt hatte. Er machte sich sogleich auf, ihn zu besuchen und ihm für sein Geschenk zu danken. Als er aber in die Straße kam, wo er ihn damals gefunden hatte, war in der ganzen Straße kein solches Haus zu finden und niemals hat er den alten Trödler wieder gesehen.

Aber noch an manchem Abend stellte er das Tintenfass auf den Tisch, legte ein Blatt Papier vor sich hin, nahm die Feder in die Hand und dann geschahen die wunderlichen Märchen. Die Kinder aber, welche in dem Hause wohnten, hatten es sehr gut, denn des Abends, wenn es dunkel ward, kamen sie zu Hermann und setzten sich um ihn herum und dann erzählte er ihnen alle diese schönen Geschichten. Die möchtet ihr nun auch wohl gerne hören. Ja, wenn ich noch mehr von dem armen Studenten und seinem wunderbaren Tintenfass erfahre, dann erzähle ich es euch wieder, darauf könnt ihr euch verlassen.

WEIHNACHTEN IN ALLER WELT

ÄGYPTEN

Die koptische Gemeinde in Ägypten feiert Weihnachten am 29. Tag des koptischen Monats Khiakh, das entspricht dem 7. Januar gemäß dem Gregorianischen Kalender, der in Ägypten auch ein offizieller Feiertag ist. Koptische Priester zelebrieren eine Mitternachtsmesse, danach wird mit einem großen Bankett gefeiert, bei dem die traditionellen Speisen wie Zalabya, ein Gebäck, Bouri, ein Fischgericht, und Kahk, gezuckerte Kekse mit einem Kreuz darauf, gereicht werden.

ARGENTINIEN

In Argentinien erhalten die Kinder ihre Geschenke am Dreikönigstag. Sie stellen ihre Schuhe unter das Bett und hoffen, dass die drei Weisen sie auf ihrem Weg nach Bethlehem mit Süßigkeiten füllen.

AUSTRALIEN UND NEUSEELAND

In diesen Ländern fällt Weihnachten mitten in den Sommer. Die Bräuche sind denen in Großbritannien und Nordamerika sehr ähnlich. Das führt dazu, dass man bei größter Hitze pelztragende Weihnachtsmänner in einem Schlitten sowie winterliche Weihnachtskarten und Schneedekorationen findet. Obwohl die meisten Häuser keinen Feuerofen haben, glauben die Kinder, dass ihnen der Weihnachtsmann neben den Geschenken unter dem Weihnachtsbaum auch Süßigkeiten am Kaminsims mitbringt. An Heiligabend werden in zahlreichen Städten Weihnachtslieder bei Kerzenschein, Carols by Candlelight, gesungen. Am 25. Dezember wird nach dem üppigen britischen Truthahnessen und Plumpudding eine Grillparty am Strand veranstaltet.

BELGIEN UND NIEDERLANDE

In den Niederlanden ist der Nikolausabend, Sinterklaasavond, von größerer Bedeutung als der Weihnachtsabend mit dem Weihnachtsmann, obwohl man diesen inzwischen auch feiert. Der niederländische sowie der belgische Sinterklaas, Nikolaus, trägt einen Bischofshut und stützt sich auf einen gekrümmten Stab. Er wird von seinem Helfer Zwarte Piet, Schwarzer Peter, begleitet. Die Legende besagt, der Nikolaus lebe das Jahr über in Spanien und treffe Mitte November mit einem Dampfer an der niederländischen Küste ein, was in vielen Küstenorten nachgespielt wird. Die Kinder legen eine Mohrrübe oder Heu für das Pferd des Sinterklaas am Nikolausabend vor die Tür und dazu natürlich ihre geputzten Schuhe, die sie dann am Morgen mit Süßigkeiten, Pfefferkuchen, Spekulatius und Schokoladen-Buchstaben, gefüllt vorfinden. Daher sind der 5. Dezember in den Niederlanden und der 6. Dezember in Belgien die eigentlichen Geschenktage; der 25. Dezember hat mehr religiöse Bedeutung.

BRASILIEN

Der Weihnachtsmann, Papai Noel, kommt von Grönland und lässt sich jedes Jahr von einem Hubschrauber im Maracana-Stadion, dem größten Fußballstadion der Welt, absetzen. Drumherum gibt es ein großes Fest. Da es in Brasilien um Weihnachten sehr

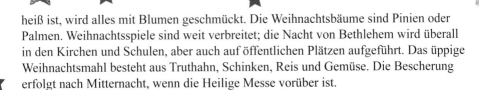

heiß ist, wird alles mit Blumen geschmückt. Die Weihnachtsbäume sind Pinien oder Palmen. Weihnachtsspiele sind weit verbreitet; die Nacht von Bethlehem wird überall in den Kirchen und Schulen, aber auch auf öffentlichen Plätzen aufgeführt. Das üppige Weihnachtsmahl besteht aus Truthahn, Schinken, Reis und Gemüse. Die Bescherung erfolgt nach Mitternacht, wenn die Heilige Messe vorüber ist.

BULGARIEN
Weihnachten, Koleda oder Roschdestwo Christowo, findet am 25. Dezember statt. Es ist das Ende der am 15. November beginnenden Fastenzeit. Daher wird am 24. Dezember, dem Badni wetscher, lediglich ein Linsengericht gereicht, an Weihnachten darf Fleisch gegessen werden. Singende Jungen, koledari, gehen in der Weihnachtsnacht von Haus zu Haus, wünschen Glück, Gesundheit, Wohlstand und berühren dabei den Rücken der Leute mit dekorierten Kornelkirschstöcken.

CHINA
In der Volksrepublik China ist im Gegensatz zu Hongkong und Macao der 25. Dezember kein Feiertag. Auch wenn Weihnachten in China keinerlei Tradition hat, erfreut sich dieses Fest bei den Chinesen immer größerer Beliebtheit. In den großen Städten Chinas finden sich vermehrt Weihnachtsdekorationen, öffentliche Plätze, große Straßen, Hotels und Geschäfte sind mit Lichterketten und Tannenbäumen dekoriert, in den Geschäften sind die Verkäufer als Weihnachtsmänner verkleidet und in den Restaurants tragen Bedienungen Weihnachtsmannmützen. Der Weihnachtsmann heißt Dun Che Lao Ren, er steckt Geschenke in die Socken, die die Kinder aufgehängt haben. Viele Chinesen dekorieren auch ihr Wohnzimmer mit einem kleinen künstlichen Weihnachtsbaum. Die wenigen Christen, die in China leben, besuchen die Weihnachtsmesse, die auch von Nichtchristen besucht wird, hier aber mehr aus Neugierde, zu erfahren, was da so geschieht.

DÄNEMARK
Am 23. Dezember wird Lillejulaften, der „kleine Weihnachtsabend", mit Tee und Apfelküchlein begangen. Am 24. Dezember gibt es ein großes Festmahl. Zum Nachtisch reicht man traditionell einen Reisbrei, in dem eine ganze Mandel versteckt ist. Wer die Mandel findet, soll im nächsten Jahr Glück haben. Am 25. und 26. Dezember trifft sich die große Familie. Der Weihnachtsmann, Julemand, bringt die Geschenke, wobei ihm die Julnisser, kleine Zwerge in roten Röcken, helfen.

DEUTSCHLAND
Die Festlegung auf die beiden Weihnachtsfeiertage am 25. und 26. Dezember geht historisch auf Martin Luther zurück. Als dritter Weihnachtsfeiertag gilt Epiphanias, das Fest der Heiligen Drei Könige am 6. Januar, das in einigen Bundesländern gesetzlicher Feiertag ist. Zu den Bräuchen gehören der Adventskranz, Barbarazweige, die Krippe, der Weihnachtsbaum mit Äpfeln behangen, die eine rote und eine bleiche Seite haben müssen, Nüsse, Mandeln und die Adventsbäckerei mit Pfefferkuchen, Spekulatius und dem Christstollen. An Heiligabend gibt es in den meisten Familien ein einfaches

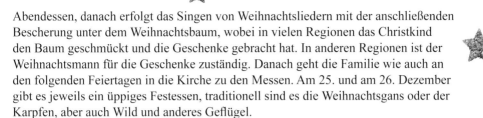

Abendessen, danach erfolgt das Singen von Weihnachtsliedern mit der anschließenden Bescherung unter dem Weihnachtsbaum, wobei in vielen Regionen das Christkind den Baum geschmückt und die Geschenke gebracht hat. In anderen Regionen ist der Weihnachtsmann für die Geschenke zuständig. Danach geht die Familie wie auch an den folgenden Feiertagen in die Kirche zu den Messen. Am 25. und am 26. Dezember gibt es jeweils ein üppiges Festessen, traditionell sind es die Weihnachtsgans oder der Karpfen, aber auch Wild und anderes Geflügel.

FINNLAND

Der Weihnachtsmann heißt Joulupukki, was „Weihnachtsbock" bedeutet; der Begriff stammt aus der Zeit, als es üblich war, sich nach dem Weihnachtsessen mit Ziegenhäuten zu verkleiden. Der Weihnachtsmann kommt aus Finnisch-Lappland, wo er eine Frau namens Joulumouri hat, und reist auf einem Rentierschlitten an. Er trägt rote, warme Kleidung, hat einen Gehstock und kommt nicht durch den Kamin, sondern klopft an Heiligabend an die Haustür. Bei Eintritt sagt er stets: „Onkos täällä kilttejä lapsia?", was bedeutet: „Gibt es hier artige Kinder?" Seine Helfershelfer beim Verteilen der vielen Geschenke sind die Julnissen, kleine Weihnachtskobolde, die sich das Jahr über in den Scheunen verstecken und Haus und Hof bewachen. Zum Dank dafür stellt man den Kobolden am Morgen des Weihnachtsfeiertages ein Schüsselchen Reisbrei mit Zimt, Puuro, auf die Fensterbank. Zum traditionellen Weihnachtsmahl gibt es Weihnachtsschinken, Kartoffel- und Steckrübenauflauf sowie Rote-Bete-Salat. Piparkakut, Pfefferkuchen, und Joulutortut, sternförmige, mit Pflaumenmus gefüllte Blätterteigtaschen, sind ebenso üblich wie der Glögi, ein Weihnachtspunsch mit oder ohne Alkohol, der mit Rosinen und Mandeln serviert wird. Typisch finnisch sind das gemeinsame Saunabad an Heiligabend sowie der Besuch der Gräber verstorbener Verwandter und das Anzünden von Kerzen. Die finnischen Friedhöfe verwandeln sich am Heiligen Abend in ein Lichtermeer.

FRANKREICH

An Heiligabend findet der große Festschmaus, le réveillon, statt; vor allem werden Austern, Schnecken, Pastete, Gänsebraten, Truthahn mit Kastanienfüllung, eine Käseplatte und verschiedene Desserts serviert. Dazu trinkt man zur Feier des Tages edlen Champagner. An der Mitternachtsmesse nimmt die ganze Familie teil. Am 25. Dezember bringt der Weihnachtsmann, Père Noël, die Geschenke, die er in die vor der Tür bereitgestellten Schuhe legt. Er trägt ein rotes Gewand mit einer Zipfelmütze. Die Geschenke hat er nicht im Sack, sondern in einem Korb, Hotte, auf dem Rücken. In Ostfrankreich, besonders im Elsass und in Lothringen, kommt der Nikolaus in Begleitung seines schwarz gekleideten Helfers Père Fouettard.

GRIECHENLAND

Am 24. Dezember ziehen die Kinder mit Trommeln und Glocken durch die Straßen und singen Lobgesänge, Kalanda, die Glück bringen sollen, dafür werden sie mit Süßigkeiten und kleinen Geschenken belohnt. Der 24. Dezember ist ein Fastentag, daher gibt es nur Nüsse, Mandeln, Rosinen und getrocknete Feigen zum Abendmahl. Zwölf

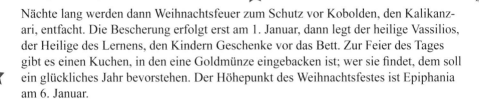

Nächte lang werden dann Weihnachtsfeuer zum Schutz vor Kobolden, den Kalikanzari, entfacht. Die Bescherung erfolgt erst am 1. Januar, dann legt der heilige Vassilios, der Heilige des Lernens, den Kindern Geschenke vor das Bett. Zur Feier des Tages gibt es einen Kuchen, in den eine Goldmünze eingebacken ist; wer sie findet, dem soll ein glückliches Jahr bevorstehen. Der Höhepunkt des Weihnachtsfestes ist Epiphania am 6. Januar.

GROSSBRITANNIEN UND IRLAND

Die Türrahmen sind mit Mistelzweigen geschmückt; wer daruntersteht, darf geküsst werden. Zudem sind die Räume mit Stechpalmen, Lorbeer und bunten Girlanden dekoriert. Durch das Zimmer werden Leinen gespannt, an denen die empfangenen Weihnachtskarten aufgehängt werden, der Tannenbaum ist überreich geschmückt. Die Bescherung erfolgt in der Nacht von Heiligabend, Christmas Eve, zum 25. Dezember. Father Christmas verteilt die Geschenke in die aufgehängten Weihnachtsstrümpfe. Am Weihnachtstag, Christmas Day, kommen die Familie und auch Freunde zum traditionellen, stundenlangen Weihnachtsmahl zusammen. Es besteht aus gefülltem Truthahn und Plumpudding. Am 26. Dezember wird weitergefeiert. Der Boxing Day, bzw. St. Stephen's Day in Irland, haben aber ihre historischen und religiösen Wurzeln im Fest des heiligen Stephanus. Am 6. Januar klingelt die weiß vermummte Mari Lwyd an den Haustüren und stellt Rätselfragen. Wer die Antwort nicht weiß, wird von ihr gebissen und muss sie bewirten.

INDIEN

Weihnachten ist ein offizieller Feiertag, der auf Hindi bada din heißt. Die Feiern orientieren sich stark an den amerikanischen Bräuchen, so bringt z. B. Santa Claus die Geschenke. Christliche Gläubige besuchen den Gottesdienst, in den Missionarsschulen nehmen auch hinduistische Kinder an den Krippenspielen und Gesängen teil. Im Rashravan Bhavan begeht der indische Staatspräsident die Weihnachtsfeiern; in den meisten Schulen gibt es Weihnachtsferien. Anstelle von Tannen oder Fichten schmücken die indischen Christen Palmen, Bananenstauden oder Mangobäume mit bunten Lichterketten. Überall werden Öllämpchen aufgestellt. Für die Mitternachtsmesse werden die Kirchen mit roten Weihnachtssternen und Kerzen dekoriert. Das Fest wird mit Musik und Tanz gefeiert; Kinder und Angestellte werden beschenkt; dem Familienoberhaupt überreicht man eine Zitrone, die für Glück und Erfolg steht.

ITALIEN

Die Weihnachtszeit beginnt am 6. Dezember und endet am 6. Januar. Die Krippe, Presepio, spielt eine weit größere Rolle als der Weihnachtsbaum. Sie findet sich in jedem Haus sowie in Kirchen und auf öffentlichen Plätzen. Alle Nachbarn wetteifern um die schönste Krippe. An Heiligabend wird gefastet, erst nach der Mitternachtsmesse gibt es ein Festessen, das von einem Dessertkuchen, Pannetone, ein Hefekuchen mit Rosinen, abgeschlossen wird. Danach findet häufig eine Art Familien-Lotterie statt: Jeder zieht aus einem Säckchen die Nummer seines Geschenks. Am 25. Dezember wird die Ankunft des Christkindes, Gesù bambino, gefeiert, das in einigen Landesteilen auch

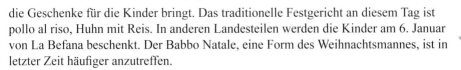

die Geschenke für die Kinder bringt. Das traditionelle Festgericht an diesem Tag ist pollo al riso, Huhn mit Reis. In anderen Landesteilen werden die Kinder am 6. Januar von La Befana beschenkt. Der Babbo Natale, eine Form des Weihnachtsmannes, ist in letzter Zeit häufiger anzutreffen.

JAPAN

In Japan gibt es wenige Christen, die Weihnachten, kurisamasu, feiern, daher ist dies kein offizieller Feiertag, jedoch haben die Japaner viele Weihnachtsbräuche aus den USA übernommen. Wochen vor den Festtagen sind die Geschäfte und Straßen weihnachtlich und bunt geschmückt. Auch der Truthahnbraten, mit Mistelzweigen dekorierte Türen, der Weihnachtsbaum, Weihnachtslieder und Geschenke sind in japanischen Familien nicht selten. Man isst einen Weihnachtskuchen, der aus Biskuit gemacht mit einer dicken weißen Glasur bedeckt und mit einem Zuckerguss-Weihnachtsbaum, Zuckerblumen oder Erdbeeren verziert ist. Der Kuchen soll die Geburtstagstorte für das Christkind darstellen. Die Geschenke bringt den braven Kindern der Weihnachtsmann, Hoteiosho, der als alter Mann mit einem großen Sack auf dem Rücken dargestellt wird. Aber auch Familien und Freunde tauschen kleine Geschenke aus.

KENIA

An Heiligabend schmücken die Kinder das Haus für Weihnachten und bereiten auch das Essen für den 25. Dezember vor; an diesem Tag wird eine Ziege geschlachtet und verteilt. Nach dem Festmahl im Familienkreis geht man von Haus zu Haus, wünscht sich ein frohes Fest und verteilt Geschenke. Das Fest ist sehr fröhlich und geht bis in die Morgenstunden.

KOLUMBIEN

Wie in Brasilien sind rund 90 Prozent der Bevölkerung katholisch und sehr gläubig. Am 7. Dezember werden zu Ehren der Jungfrau Maria in allen Familien Kerzen entzündet. Am 8. Dezember ist in Kolumbien ein nationaler Feiertag. Am 14. Dezember ist es Brauch, im Wald Moos für die Krippe zu sammeln. Die Krippe wird noch am selben Tag, nicht nur im Haus, sondern auch auf öffentlichen Plätzen, aufgestellt. Bei Anbruch der Dunkelheit entzündet man Kerzen, musiziert, singt Weihnachtslieder und betet. Diese Prozedur geht bis Mitternacht und findet allabendlich bis zum Heiligen Abend statt. Der Weihnachtsbaum wird bereits am 16. Dezember aufgestellt und mit Kerzen, Kugeln und Figuren reichlich geschmückt. An Heiligabend geht man zur Mitternachtsmesse, danach gibt es ein großes Feuerwerk, die Menschen singen und feiern auf den Straßen. Beschenkt werden lediglich die Kinder. Das Christkind, El Niño Jesus, versteckt Kleinigkeiten und Süßes unter den Betten, die die Kinder am nächsten Morgen dann suchen.

KOREA

Südkorea ist das einzige ostasiatische Land, das Weihnachten als Feiertag anerkennt. Christen besuchen spezielle Feiergottesdiente, danach besuchen sie singend ältere Gemeindemitglieder, wo ihnen warme Getränke und Snacks serviert werden. Aber auch die nichtchristlichen Koreaner feiern Weihnachten. Die Läden sind geschmückt, es werden Karten versendet, Weihnachtsbäume geschmückt und Geschenke gekauft. Die Kinder lieben den Weihnachtsmann, Santa Haraboji.

LIBANON

Wie fast überall im Nahen Osten beginnen die Weihnachtsvorbereitungen bereits zwei Wochen vor Weihnachten. Die Libanesen pflanzen Erbsen-, Weizen-, Bohnen- oder Linsensamen in feuchte Wattebäuschchen, die bis zum Fest keimen und ca. 15 cm groß werden. Mit den zarten Pflänzchen werden die Krippen geschmückt; die Krippenfiguren werden aus braunen Papier gebastelt; über der Krippe hängt ein großer Stern. An den letzten neun Abenden vor Heiligabend werden in den Kirchen spezielle Predigten gehalten; das Fest ist mehr ein Fest der Gemeinde als das der Familie. Am 25. Dezember besuchen die Menschen morgens ihre Freunde, dort werden Kaffee, Gebäck, Likör und süße Mandeln gereicht. Am Mittag kommt die ganze Familie im Haus des ältesten Familienmitglieds zum Festmahl zusammen. Es gibt Hühnchen mit Reis, Kubbeh, einen speziellen Brei, und Gebäck, das in der Vorweihnachtszeit überall gebacken wird.

MEXIKO

Die Weihnachtsfeiern beginnen am 15. Dezember während der neuntägigen Posadas. In dieser Zeit spielen die Menschen die Suche Maria und Josephs nach einer Herberge nach, was mit bunten Umzügen mit viel Trubel und Feuerwerk geschieht. An Heiligabend besteht das Festmahl aus Truthahn oder Kabeljau, Romeritos und anderen Spezialitäten. Um Mitternacht versammeln sich alle Familien vor der Kirche, wo Freudenfeuer und Feuerwerkskörper brennen und die Messe mit einem Blumentanz beginnt. Die Kinder freuen sich besonders auf die Pinatas, neun geschmückte Tongefäße, die nach der Messe an Schnüren von der Kirchendecke heruntergelassen werden. Die Gefäße sind mit Früchten und Süßigkeiten gefüllt. Die Kinder haben nun drei Versuche, die Pinatas mit verbundenen Augen mit Stöcken entzweizuschlagen, und dürfen den Inhalt aufessen. In jedem Haus steht eine Krippe. Nach der Messe wird das Jesuskind in die Krippe gelegt, um zu symbolisieren, dass es geboren wurde. Erst danach dürfen die Geschenke geöffnet werden.

NORWEGEN

Alle Arbeitgeber veranstalten in der Vorweihnachtszeit ein Weihnachtsessen, Julebord, zu dem alle Mitarbeiter eingeladen sind und das sehr festlich ist; der Alkohol fließt allerdings reichlich. Der 24. Dezember ist ein gesetzlicher Arbeitstag, die Läden schließen jedoch meist frühzeitig. In den frühen Stunden des Heiligen Abends versammelt man sich vor dem Fernseher und schaut das Weihnachtsprogramm. Am Abend wird das traditionelle Weihnachtsmahl eingenommen, das aus Schweine- oder

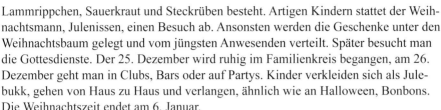

Lammrippchen, Sauerkraut und Steckrüben besteht. Artigen Kindern stattet der Weihnachtsmann, Julenissen, einen Besuch ab. Ansonsten werden die Geschenke unter den Weihnachtsbaum gelegt und vom jüngsten Anwesenden verteilt. Später besucht man die Gottesdienste. Der 25. Dezember wird ruhig im Familienkreis begangen, am 26. Dezember geht man in Clubs, Bars oder auf Partys. Kinder verkleiden sich als Julebukk, gehen von Haus zu Haus und verlangen, ähnlich wie an Halloween, Bonbons. Die Weihnachtszeit endet am 6. Januar.

ÖSTERREICH

Jeden Adventssonntag wird am Adventskranz eine Kerze angezündet. Am 6. Dezember bringt der Nikolaus, begleitet von Krampus, einem gutmütigen Teufel, kleine Geschenke für die Kinder. An Heiligabend läutet das österreichische Weihnachtslied Stille Nacht, heilige Nacht die Bescherung ein. Die Geschenke werden vom Christkind gebracht. Am 6. Januar endet die Weihnachtszeit mit den Sternsingern, die von Haus zu Haus ziehen, um Segen für das neue Jahr zu bringen. Die besuchten Häuser kennzeichnen sie mit Kreide mit C+M+B, das sind die Anfangsbuchstaben von: „Christus mansionem benedicat", das bedeutet: Christus segne diese Wohnung.

PERU

Wie in allen südamerikanischen Ländern ist die Weihnachtskrippe von großer Wichtigkeit. Die Krippenfiguren werden nach jahrhundertealten Mustern in Handarbeit geschnitzt. Wie in Mexiko sind auch hier Straßenprozessionen, die die Geschehnisse rund um Christi Geburt darstellen, üblich. Das familiäre Festessen ist sehr wichtig; die Zutaten variieren je nach Region. Die Feiern und Messen sind sehr spirituell, Weihnachtslichter sowie Feuerwerke sind unerlässlich.

PHILIPPINEN

Hier herrscht die weltweit längste Weihnachtszeit. Das Weihnachtsfest wird traditionell bereits am 16. Dezember durch tägliche Abendmessen eingeläutet. An Heiligabend, noche buena, wird nach dem Besuch der Mitternachtsmesse im Familienkreis das Weihnachtsmahl aufgetischt, bei dem Käseballen, Schinken, gefüllter Fisch, Hühner-Reis-Suppe, Frühlingsrollen und Früchte gereicht werden. Die Großeltern beschenken die Kinder. Am nächsten Tag besuchen sich die Familien.

POLEN

Die Adventszeit ist eine Zeit der Besinnung und des Verzichts. Kinder verzichten auf Süßigkeiten, die Erwachsenen schränken ihren Tabak- und Alkoholkonsum merklich ein. Am 24. Dezember wird tagsüber gefastet. Sobald sich der erste Stern, Gwiazdka, am Abendhimmel zeigt, beginnt das Festmahl, Wigilia. Traditionell wird stets ein Gedeck mehr aufgelegt, um einen „unerwarteten" Gast bewirten zu können; ein Zeichen der Gastfreundschaft. Vor dem Essen werden die mit Heiligenbildern bedruckten Weihnachtsoblaten, Oplatek, miteinander geteilt, ein Zeichen, dass man auch in Zukunft füreinander da ist. Das Weihnachtsessen besteht traditionell wegen der zwölf Apostel aus zwölf Gerichten und ist vegetarisch, abgesehen vom Fisch, meist Karpfen.

Das Christkind kommt auf einem Esel aus dem Himmel geritten, daher liegt unter dem Weihnachtsbaum immer etwas Heu. Die Geschenke werden nach dem Essen ausgepackt, danach geht die Familie zur Mitternachtsmesse, Pasterka.

RUMÄNIEN

Das Singen von Weihnachtsliedern ist einer der wichtigsten Bestandteile der Weihnachtsfeiern. Die Kinder ziehen in der Weihnachtszeit von Haus zu Haus, tragen Gedichte und Weihnachtslieder vor. Der Gruppenerste trägt am Stab einen Metallstern, der mit Glocken und einem Bild der Geburt Christi verziert ist. Erwachsene Sänger ziehen am ersten Weihnachtstag durch die Straßen. Sie tragen jeweils einen Stern aus Karton, auf dem biblische Szenen abgebildet sind.

RUSSLAND

Weihnachten wird am 7. Januar (entspricht im Julianischen Kalender dem 25. Dezember) gefeiert. Das Heilige Mahl, Weihnachtssessen, wird sehr festlich begangen; es besteht aus zwölf Gerichten, für jeden Apostel eines, und ist rein vegetarisch. Der traditionelle Mittelpunkt ist Kutya, ein Brei aus Getreide und Honig. Das Getreide symbolisiert Hoffnung und Unsterblichkeit, der Honig steht für Glück, Erfolg und Zufriedenheit. Als Zeichen der Einheit wird der Brei gemeinsam von einer Platte oder aus einer Schüssel gegessen. Viele russische Weihnachtsbräuche, wie z. B. der Weihnachtsbaum, gehen auf die Reisen des Zaren Peter des Großen im späten 17. Jahrhundert zurück. Am 11. Januar, in Russland Neujahr, endet die Weihnachtszeit.

SCHWEDEN

Weihnachten ist das längste und größte Fest des Jahres. Es beginnt am ersten Advent und endet erst am 13. Januar mit einem zünftigen Gelage. Ein besonderer Tag ist der 13. Dezember, man feiert das Fest der heiligen Lucia, sie bringt das Licht in das Dunkel. Der Heilige Abend ist der Höhepunkt der Festlichkeiten mit dem traditionellen Festschmaus, dem Julbord, bei dem der Weihnachtschinken, Julskinka, Schweinefußsülze, Reisbrei und Fisch serviert werden; dazu trinkt man Bier und Schnaps. Als Süßigkeiten nascht man Toffee oder Schokolade. Orangen, Nüsse, Feigen und Datteln gehören ebenfalls dazu. Eine Spezialität ist der Glögg, eine Art Glühwein mit Mandeln und Beeren. Nach dem Essen versammelt man sich um den Weihnachtsbaum und öffnet die Geschenke, die der Weihnachtsmann, Jultomen, gebracht hat. Um Mitternacht oder Frühmorgens um 6 oder 7 Uhr am 25. Dezember geht man in die Kirche. Der 25. Dezember wird ruhig im Kreis der Familie begangen. Am 26. Dezember werden Freunde besucht und Weihnachtspartys gefeiert.

SCHWEIZ

Wie in Deutschland und Österreich kennt man in der Adventszeit den Adventskalender, den vierflammigen Adventskranz, an dem an jedem der Adventssonntage eine weitere Kerze angezündet wird, sowie Weihnachtsmärkte, die Dekorationen und Geschenke verkaufen. Besonders schön ist der Brauch in manchen Städten, z. B. in Luzern, ganze Häuser als Adventskalender zu dekorieren. Die Klausbräuche der

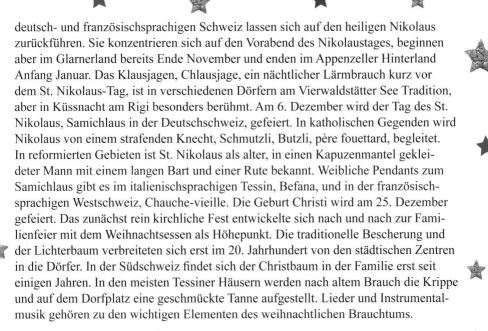

deutsch- und französischsprachigen Schweiz lassen sich auf den heiligen Nikolaus zurückführen. Sie konzentrieren sich auf den Vorabend des Nikolaustages, beginnen aber im Glarnerland bereits Ende November und enden im Appenzeller Hinterland Anfang Januar. Das Klausjagen, Chlausjage, ein nächtlicher Lärmbrauch kurz vor dem St. Nikolaus-Tag, ist in verschiedenen Dörfern am Vierwaldstätter See Tradition, aber in Küssnacht am Rigi besonders berühmt. Am 6. Dezember wird der Tag des St. Nikolaus, Samichlaus in der Deutschschweiz, gefeiert. In katholischen Gegenden wird Nikolaus von einem strafenden Knecht, Schmutzli, Butzli, père fouettard, begleitet. In reformierten Gebieten ist St. Nikolaus als alter, in einen Kapuzenmantel gekleideter Mann mit einem langen Bart und einer Rute bekannt. Weibliche Pendants zum Samichlaus gibt es im italienischsprachigen Tessin, Befana, und in der französischsprachigen Westschweiz, Chauche-vieille. Die Geburt Christi wird am 25. Dezember gefeiert. Das zunächst rein kirchliche Fest entwickelte sich nach und nach zur Familienfeier mit dem Weihnachtsessen als Höhepunkt. Die traditionelle Bescherung und der Lichterbaum verbreiteten sich erst im 20. Jahrhundert von den städtischen Zentren in die Dörfer. In der Südschweiz findet sich der Christbaum in der Familie erst seit einigen Jahren. In den meisten Tessiner Häusern werden nach altem Brauch die Krippe und auf dem Dorfplatz eine geschmückte Tanne aufgestellt. Lieder und Instrumentalmusik gehören zu den wichtigen Elementen des weihnachtlichen Brauchtums.

SPANIEN

Traditionell bringen die Heiligen Drei Könige den Kindern am 6. Januar die Geschenke; unartige Kinder erhalten jedoch nur ein Stück Kohle. Die Ankunft der Heiligen wird in vielen Städten am 5. Januar in Form eines Umzuges gefeiert. Da die Könige auf Kamelen angeritten kommen, stellen die Kinder Wasser und Brot vor die Tür. Ebenfalls Tradition ist es, keine Weihnachtsbäume, sondern Krippen in den Wohnungen aufzustellen. In den Straßen hängen Lichterketten mit Glückwünschen und Sterndekorationen. Seit den 1980er-Jahren kommt der Weihnachtsbaum verstärkt auf, auch das Auftreten des Weihnachtsmannes und das Beschenken durch ihn am 24. Dezember werden immer üblicher.

SÜDAFRIKA

Obwohl es Sommerzeit ist und die Sonne heiß scheint, werden die Häuser weihnachtlich geschmückt; z. B. sind die Fenster mit Glitzerstoffen und Goldfolie dekoriert. Sängergruppen gehen von Haus zu Haus und singen bei Kerzenlicht Weihnachtslieder. Andere wiederum tragen Gedichte vor oder stellen die Weihnachtsgeschichte pantomimisch dar. Die Kinder hängen Strümpfe auf, die der Weihnachtsmann füllt. Das Festessen ist ausgedehnt und scharf mit Chili gewürzt. Am 26. Dezember werden Lebensmittel und Geschenke an die Armen verteilt. Viele feiern Weihnachten so fröhlich wie Karneval, andere verbringen die Feiertage am Strand, wieder andere begehen das Fest sehr besinnlich.

TSCHECHIEN

Am 24. Dezember wird vor dem abendlichen Weihnachtsmahl und dem anschließenden Geschenkeauspacken gefastet. Das Christkind, Ježíšek, bringt die Geschenke. Andere tschechische Weihnachtstraditionen beinhalten Zukunftsdeutungen; hierzu gehört auch das Zinngießen.

UNGARN

Wie in Schweden hat der 13. Dezember eine besondere Bedeutung. Man feiert den Luca-Tag, Luca napja. Dieses Fest basiert auf dem früheren Brauch, an diesem Tag mit dem Bau eines Stuhles, Luca széke, zu beginnen, der genau an Heiligabend fertig sein musste. Mit dem Stuhl ging man in die Christmette, stellte sich darauf, hielt nach bösen Geistern Ausschau und vertrieb sie. In Ungarn stellt man einen Weihnachtsbaum auf, der mit szaloncukor, „Salonzuckerl", geschmückt wird. Das waren ursprünglich in Seidenpapier gewickelte Zuckerstücke, heute sind es industriell hergestellte, mit Schokolade überzogene Weihnachtsbonbons der verschiedensten Geschmacksrichtungen. Salonzuckerl bekommen auch die Kinder nach dem Krippenspiel in der Kirche am Nachmittag des 24. Dezember. In der Weihnachtszeit gehen die Kinder zu den benachbarten Familien und führen ein Krippenspiel, betlehemezés, gegen eine Spende für die Armen auf.

USA

Weihnachten, Christmas, Xmas oder Yule, ist in den USA ein riesiges Geschäft. Es ist das Familienfest für die Amerikaner schlechthin. Sehenswert sind die gigantischen Xmas-Paraden, die fast überall stattfinden. Straßenzüge, Fenster und Häuser sind in den Abendstunden des Dezembers üppig mit Lichterketten beleuchtet, Eigenheimbesitzer übertrumpfen sich mit den Außenbeleuchtungen, wobei auch die Gärten miteinbezogen werden. In den Einkaufszentren und Warenhäusern gibt es überall Weihnachtsmänner, mit denen sich die Kinder gern fotografieren lassen. Überall hört man Weihnachtshits, Verkäufer und Bedienungen tragen Weihnachtsmannmützen. Der Weihnachtsbaum wird in vielen Familien ebenfalls schon Anfang Dezember in den Wohnzimmern aufgestellt, er ist üppig geschmückt; auch die Accessoires in den Wohnungen sind weihnachtlich. Der Weihnachtsmann, Santa Claus, kommt am 25. Dezember in den frühen Morgenstunden vom Nordpol durch den Kamin und bringt die Geschenke. Weihnachtskarten, Weihnachtslieder, Weihnachtskrippen und Küsse unter dem Mistelzweig gehören ebenfalls zu den amerikanischen Traditionen. Der 26. Dezember ist ein normaler Arbeitstag.

WEIHNACHTSBRÄUCHE

ADVENT

Advent, lateinisch „Ankunft", ist die Zeitspanne zwischen dem ersten Sonntag nach dem 26. November bis einschließlich zum 25. Dezember und enthält somit immer vier Sonntage. Seit Gregor dem Großen ist die Adventszeit die Vorbereitungszeit auf das Weihnachtsfest und die Zeit der Vorfreude, insbesondere für die Kinder. Jetzt werden Strohsterne und andere Dekorationen gebastelt, Wunschzettel und Weihnachtskarten geschrieben, Plätzchen und Stollen gebacken.

ADVENTSKALENDER

Der erste Adventskalender wurde 1904 bei der Münchner Lithografischen Kunstanstalt verlegt. Die Idee ist der Mutter von Gerhard Land, einem der Firmenbegründer, zu verdanken. Aufgrund der ständigen Quengelei ihres kleinen Sohnes, wann denn nun endlich Weihnachten sei, nahm sie kleine Schachteln, nummerierte diese, legte jeweils Plätzchen hinein und klebte sie auf einen Karton. Jeden Tag durfte nun der Kleine ein Schächtelchen öffnen und die Leckerei darin aufessen.

ADVENTSKRANZ

Der erste Adventskranz war ursprünglich ein großer Holzleuchter, der eine Art Advents-kalender darstellte. Vor über hundert Jahren wollte der deutsche Pfarrer Johann Hinrich Wichern (1808–1881) den Kindern des Waisenhauses „Rauhes Haus" in Hamburg die Wartezeit bis Weihnachten verkürzen. Er ließ an dem großen runden Holzleuchter des Betsaals 24 Kerzen anbringen, jeden Tag wurde während der Adventsandacht eine wei-tere Kerze entzündet und so das Herannahen des Weihnachtsfestes gefeiert.
Mit der Zeit verbreitete sich dieser schöne Brauch weltweit sowohl bei Anhängern der protestantischen als auch der katholischen Kirche. Dabei wurde aus dem großen Leuchter ein grüner Tannenkranz mit vier Kerzen, die jeweils einen Adventssonntag symbolisierten. Heute wird jeden Sonntag eine weitere Kerze angezündet, bis am vier-ten Advent alle vier Kerzen brennen. Die Kerzen waren traditionell rot und brannten als Zeichen der Hoffnung und des Wartens auf die Geburt Jesu Christi. Heute sieht man den Adventskranz in verschiedenen Ausführungen und Formen, aus Tannen- oder Wei-denzweigen gebunden, mit Moos belegt oder aus Kunststoff, Glas oder Metall. Häufig werden auch große, schön geformte Wurzeln geschmückt und mit Kerzen bestückt.

BARBARAZWEIGE

Der 4. Dezember ist der heiligen Barbara gewidmet. Sie war die Tochter eines reichen, mächtigen Mannes, der sie aus Zorn darüber, dass sie sich gegen seinen Willen hatte taufen lassen, ins Gefängnis werfen ließ. Auf dem Weg dorthin verfing sich ihr Rock in einem Kirschzweig, den sie abbrach und in einen kleinen Krug mit Wasser stellte. Der Zweig blühte auf, als Barbara hingerichtet werden sollte. Noch heute schneidet man am 4. Dezember Kirsch-, Birnen- oder Apfelzweige und stellt sie als Barbara-zweige ins Wasser, damit sie an Weihnachten ihre schönen Blüten zeigen.

BEFANA, DIE WEIHNACHTSHEXE

Der Legende nach kamen die Heiligen Drei Könige auf ihrer Suche nach dem Jesuskind am Hexenhäuschen der Befana vorbei, fragten sie nach dem Weg und luden sie ein, sie zu begleiten. Befana lehnte jedoch ab. Später bereute sie es und wollte den Königen folgen. Es war jedoch zu spät und sie verpasste den Stern, der den Heiligen den Weg zeigte. Viele Jahre irrte sie durch die Wälder auf der Suche nach dem Christuskind, bis sie völlig entkräftet aufgeben musste. Jedes Jahr fliegt sie nun auf ihrem Besen durch die Städte und Dörfer Italiens, kommt durch den Kamin in die Häuser und bringt Geschenke in der Hoffnung, eines der Kinder sei vielleicht das Jesuskind. Deshalb hängen die italienischen Kinder Strümpfe an den Kamin, damit die gute Hexe sie mit Süßigkeiten füllen kann. Unartige Kinder bekommen allerdings nur ein Stückchen Kohle in die Strümpfe gesteckt. Umgekehrt stellen die Kinder auch etwas zu essen oder Selbstgebasteltes für Befana bereit, um sich für deren gute Taten zu bedanken.

BÛCHE DE NOËL

In Südfrankreich und auf dem Land kennt man noch den alten Brauch, ein großes Holzscheit, den Bûche de Noël, an Weihnachten im Kamin zu verbrennen. Der Feuerschein sollte die bösen Geister vertreiben, die Asche wurde nach den Feiertagen auf das Feld gestreut, was einen reichen Erntesegen bringen sollte. Heute bezeichnet man eine Schoko-Biskuitrolle als Bûche de Noël, der Franzosen liebstes Weihnachtsdessert.

CHRISTBAUMSCHMUCK

Städtische Handwerkerzünfte waren die Ersten, die zu Weihnachten geschmückte Bäume im Haus aufstellten. 1570 wird in einer Bremer Chronik ein „Dattelbäumchen" erwähnt, eine kleine Tanne, die mit Äpfeln, Nüssen, Süßigkeiten und Papierschmuck dekoriert war. Sie wurde im Zunfthaus für die Kinder der Mitglieder aufgestellt, die zu Weihnachten die Naschereien von den Zweigen ernten und aufessen durften. Äpfel gehören zum Weihnachtsbaumschmuck dazu. Nach altem Brauch sollen die Weihnachtsäpfel eine rote und eine bleiche Seite haben. Die bleiche Seite zeigt den Tod und die rote das Leben, das Gott zu Weihnachten schenkt.

CHRISTKIND UND WEIHNACHTSMANN

Das Christkind teilt sich heute die Arbeit mit dem Weihnachtsmann, beide bringen Geschenke, allerdings gibt es da eine Gebietsaufteilung. Das Christkind besucht die Kinder in Österreich, der Schweiz und im Süden Deutschlands, während der Weihnachtsmann den Norden bereist. Dies liegt in der Entstehungsgeschichte des Christkindes begründet. Eine Bescherung am Heiligen Abend gab es im Mittelalter noch nicht, da brachte der Heilige Nikolaus den braven Kindern am Nikolaustag ein paar Kleinigkeiten. Martin Luther wollte die katholische Heiligenverehrung abschaffen. Problematisch war dabei, dass das Volk nicht auf den geliebten Nikolaustag verzichten wollte. Also erfand Martin Luther das Christkind, das als Engelchen den Kindern am Heiligen Abend aus Anlass der Geburt Jesu Geschenke bringt und den Heiligen

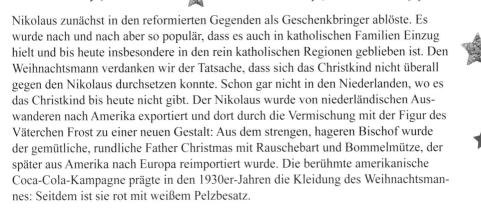

Nikolaus zunächst in den reformierten Gegenden als Geschenkbringer ablöste. Es wurde nach und nach aber so populär, dass es auch in katholischen Familien Einzug hielt und bis heute insbesondere in den rein katholischen Regionen geblieben ist. Den Weihnachtsmann verdanken wir der Tatsache, dass sich das Christkind nicht überall gegen den Nikolaus durchsetzen konnte. Schon gar nicht in den Niederlanden, wo es das Christkind bis heute nicht gibt. Der Nikolaus wurde von niederländischen Auswanderern nach Amerika exportiert und dort durch die Vermischung mit der Figur des Väterchen Frost zu einer neuen Gestalt: Aus dem strengen, hageren Bischof wurde der gemütliche, rundliche Father Christmas mit Rauschebart und Bommelmütze, der später aus Amerika nach Europa reimportiert wurde. Die berühmte amerikanische Coca-Cola-Kampagne prägte in den 1930er-Jahren die Kleidung des Weihnachtsmannes: Seitdem ist sie rot mit weißem Pelzbesatz.

CHRISTSTOLLEN

In Österreich gilt der Christstollen als Inbegriff des Weihnachtsgebäcks. Der längliche Laib soll das Christuskind darstellen, der Puderzuckerüberzug die weiße Windel, in die es gewickelt ist. Es gibt sehr viele Stollenrezepte. Der Zutatenliste kann man entnehmen, zu welchen Zeiten – guten oder schlechten – sie entstanden sind. Findet sich z. B. Schweineschmalz in der Rezeptur, so war das keine geschmackliche Feinheit, sondern pure Notwendigkeit: Schweineschmalz diente früher den Menschen als Butterersatz.

HEILIGE LUCIA

Das schwedische Fest der heiligen Lucia am 13. Dezember resultiert aus der Legende um Lucia von Syrakus, die den Christen, die sich während der Zeit der Christenverfolgung in den Katakomben versteckten, Brot und Wasser brachte. Um den Weg durch die dunklen Katakomben zu finden, trug sie auf dem Kopf eine brennende Kerzenkrone. In Schweden wurde es Brauch, dass die älteste Tochter der Familie am Morgen des Festtages die Rolle der Heiligen übernimmt, als Lucienbraut, Lussibrud, ganz in Weiß gekleidet und mit einem Kranz brennender Kerzen auf dem Kopf die Familie weckt und ihnen Lussekatter, ein Safrangebäck, als Frühstück ans Bett bringt.

KÜSSNACHTER KLAUSJAGEN

Das Küssnachter Klausjagen in der Schweiz ist einer der bemerkenswertesten Nikolausbräuche Europas. Am Abend des 5. Dezember werden im Ort sämtliche Lichter gelöscht und ein Umzug veranstaltet. Als Erstes vernimmt man das Peitschenknallen der vorangehenden Geisselchlepfer. Dann folgen die Iffelenträger, die auf dem Kopf Kunstwerke tragen, die von bunten, brennenden Kerzen beleuchtet werden. Jetzt ertönen die Hornbläser und mit ihnen erscheint der Samichlaus – wie hier der Nikolaus heißt. Er wird von Fackelträgern und Schmutzlis begleitet, die Chräpfi – kleine Lebkuchen – an die Bevölkerung verteilen. Dem Nikolaus folgt die Schar der Klausjäger, eine aus etwa 900 Männern bestehende Gruppe, die im Gleichtakt die Senten und Klopfen – besondere Glocken – schwingen. Den Abschluss bilden die Kuhornbläser. Der Brauch basiert darauf, dass die Menschen früher in den Dezembernächten auszogen, um mit viel Lärm und entsprechenden Instrumenten die bösen Geister aus den Häusern zu vertreiben. In Küssnacht sollte dieser heidnische Brauch mit der Christianisierung abgeschafft werden. Da man aber nicht ganz auf ihn verzichten wollte, verband man ihn mit einer christlichen Tradition und schuf dieses beeindruckende Brauchtum, das im Übrigen nicht nach dem Umzug beendet ist. In Gruppen ziehen die Teilnehmer noch die ganze Nacht durch Küssnachts Straßen.

LEBKUCHEN UND PFEFFERKUCHEN

Lebkuchen gehören zum Weihnachtsfest. Die ersten lebkuchenartigen Gebäcke entstanden im belgischen Dinant, wo sie auch heute noch als Couques de Dinant eine Spezialität sind. Das Rezept soll im 15. Jahrhundert durch belgische Einwanderer nach Aachen gelangt sein, wo sie als Aachener Printen zu Weltruhm gelangten. Über die Herkunft des Wortes „Lebkuchen" gibt es keine eindeutige Klarheit. Es könnte von dem lateinischen „Libum" abstammen, was Fladen bedeutet, oder eine Abwandlung des germanischen Wortes „Laib" sein. Im Mittelalter waren Gewürze sehr teuer, da sie von weit her mit Pferd und Schiff transportiert werden mussten. Man konnte sich Gewürze nur zu Festtagen leisten und in der Weihnachtszeit wurde daran nicht gespart. Die Lebkuchen erhielten die Bezeichnung Pfefferkuchen, weil für ihre Herstellung eine Vielzahl von Gewürzen benötigt wurde und man früher alle Arten fremdländischer Gewürze als „Pfeffer" bezeichnete. Dem „Pfeffer" kam damals eine zusätzliche Aufgabe zu: Da die Möglichkeiten der Bearbeitung und Konservierung sehr eingeschränkt waren, sollten die kräftigen Gewürze den Geschmack ranziger Butter, ungereinigten Zuckers und anderer nicht ganz reiner Zutaten übertönen.

MISTELZWEIG

Die Mistel hatte schon bei den Römern eine besondere Bedeutung. Da die Pflanze auch im Winter ihre grünen Blätter behält und selbst bei eisiger Kälte ihre kleinen weißen Früchte trägt, sprach man ihr Zauberkräfte zu. So sollte sie vor bösen Geistern und Krankheiten schützen. Mit dem Aufkommen des Christentums wurde die Mistel zum Symbol für Gesundheit, Fruchtbarkeit und Glück. Die Legende erzählt, dass das Kreuz Jesu aus dem Holz der Mistel gefertigt wurde. Aus Kummer darüber verwandelte sich der mächtige Baum in einen bescheidenen Busch und schwor sich, fortan nur noch Frieden und Freude unter die Menschen zu bringen. Trafen sich nun Feinde unter einer Mistel, mussten sie sich versöhnen und den Friedenskuss geben. Daraus resultiert der beliebte englische Weihnachtsbrauch des Kusses unter dem Mistelzweig. Wer in England in der Weihnachtszeit unter einem Mistelzweig steht, darf geküsst werden. Da dieser Brauch so charmant ist, wurde er von vielen Ländern übernommen.

NIKOLAUS UND KNECHT RUPRECHT

Der heilige Nikolaus, Bischof von Myra in Kleinasien, lebte im 4. Jahrhundert und ging als Wohltäter, Gabenbringer und Schutzpatron der Kinder in die Geschichte ein. Mit den Jahren entstand der Brauch, an seinem Namenstag, dem 6. Dezember, die artigen Kinder mit Süßigkeiten und anderen Kleinigkeiten zu beschenken. Sein treuer Gehilfe ist Knecht Ruprecht, auch Krampus, Schmutzli oder der Raue Percht genannt.

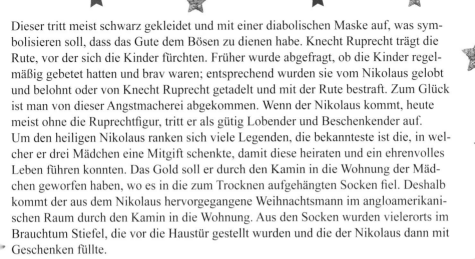

Dieser tritt meist schwarz gekleidet und mit einer diabolischen Maske auf, was symbolisieren soll, dass das Gute dem Bösen zu dienen habe. Knecht Ruprecht trägt die Rute, vor der sich die Kinder fürchten. Früher wurde abgefragt, ob die Kinder regelmäßig gebetet hatten und brav waren; entsprechend wurden sie vom Nikolaus gelobt und belohnt oder von Knecht Ruprecht getadelt und mit der Rute bestraft. Zum Glück ist man von dieser Angstmacherei abgekommen. Wenn der Nikolaus kommt, heute meist ohne die Ruprechtfigur, tritt er als gütig Lobender und Beschenkender auf.

Um den heiligen Nikolaus ranken sich viele Legenden, die bekannteste ist die, in welcher er drei Mädchen eine Mitgift schenkte, damit diese heiraten und ein ehrenvolles Leben führen konnten. Das Gold soll er durch den Kamin in die Wohnung der Mädchen geworfen haben, wo es in die zum Trocknen aufgehängten Socken fiel. Deshalb kommt der aus dem Nikolaus hervorgegangene Weihnachtsmann im angloamerikanischen Raum durch den Kamin in die Wohnung. Aus den Socken wurden vielerorts im Brauchtum Stiefel, die vor die Haustür gestellt wurden und die der Nikolaus dann mit Geschenken füllte.

PLUMPUDDING

Es gibt wohl kaum einen Briten, der an Weihnachten auf den würzig-süßen Plumpudding verzichten würde. Seine Zubereitung ist die Sache der ganzen Familie und findet bereits am letzten Sonntag vor Weihnachten statt. Jedes Familienmitglied muss den Pudding einmal umrühren, dabei darf man sich im Geheimen etwas wünschen. Gerührt wird mit einem Holzlöffel, der die Krippe symbolisieren soll, und stets von Ost nach West zur Ehrung der Heiligen Drei Könige. In den Pudding wird eine Münze gegeben; demjenigen, der sie findet, soll sie Glück und Wohlstand bringen. Als Höhepunkt des Weihnachtsessens wird der Plumpudding sehr feierlich zu Tisch getragen, dort flambiert und mit Vanillesoße und Brandybutter serviert.

RAUNÄCHTE

Die Dezembernächte sind die längsten und dunkelsten des Jahres und beflügelten die Menschen in vergangenen Zeiten zu allerlei Geistergeschichten. Besonders den Raunächten schrieb man eine bestimmte Magie zu. Aus der Schweiz kommt das Brauchtum, an den vier wichtigsten Raunächten – der Thomasnacht (21. Dezember), der Weihnachtsnacht (24. Dezember), der Silvesternacht (31. Dezember) und der Dreikönigsnacht (5. Januar) – Haus und Hof vom Pfarrer oder vom Hausherrn segnen und somit vor bösen Geistern bewahren zu lassen. Dabei wurde mit Weihrauch „geräuchert", Gebete gesprochen und Weihwasser gesprengt. In vielen Orten veranstaltete man auch lärmende Umzüge, um Dämonen zu vertreiben.

RAUSCHGOLDENGEL

Seit ein Engel den Hirten die Geburt Jesu verkündete, begleiten uns die Engel durch die Weihnachtszeit und verleihen ihr einen besonderen Zauber. Als Rauschgoldengel wurden die himmlischen Wesen zur Weihnachtsdekoration, ob auf der Christbaumspitze oder als Standfigur auf Tischen oder Kommoden. Der erste Rauschgoldengel wurde kurz nach dem Dreißigjährigen Krieg von dem Nürnberger Handwerksmeister

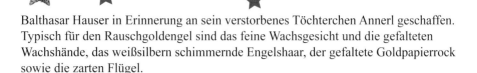

Balthasar Hauser in Erinnerung an sein verstorbenes Töchterchen Annerl geschaffen. Typisch für den Rauschgoldengel sind das feine Wachsgesicht und die gefalteten Wachshände, das weißsilbern schimmernde Engelshaar, der gefaltete Goldpapierrock sowie die zarten Flügel.

SANTA CLAUS UND RUDOLPH

In den USA kommt Santa Claus spät in der Nacht zum 25. Dezember in einem Schlitten angefahren, der von acht Rentieren gezogen wird, und bringt den Kindern mit einem fröhlichen „Ho ho ho" die Geschenke. Rudolph, das wegen seiner roten Nase berühmteste aller Rentiere, ist das Leittier, das den Schlitten anführt und Santa Claus sicher zu den Häusern führt, in denen Kinder leben, wo er dann durch den Kamin in die Wohnzimmer gelangt. Die Figur des Santa Claus, entstanden nach dem Gedicht „The Night before Christmas" von Clement Moore (1779–1863), kreierte der Cartoonist Thomas Nast. Er zeichnete den netten, fülligen alten Mann mit Knubbelnase und weißem Bart.

SPEKULATIUS

Nach dem Tod des heiligen Nikolaus wurde in den Klöstern bald ein besonderes Gebäck hergestellt, als Spekulatien bezeichnet. Der Name stammt von dem lateinischen Bischofstitel der damaligen Zeit: Speculator, Aufseher. Auf dem Gebäck wird die Geschichte des Bischof Nikolaus erzählt. Um dies zu erreichen, wird der Teig durch Holzmodel entsprechend geprägt.

VÄTERCHEN FROST

Erst in den 1920er-Jahren wurden die Figuren von Väterchen Frost, seiner Enkelin Schneeflöckchen, Snegurotschka, und des Jungen Neujahr erfunden, die am 31. Dezember den Kindern die Geschenke bringen. Sie kommen in einem von drei Pferden gezogenen Schlitten, der Troika, vom Nordpol angereist. Der alte Mann trägt einen langen, pelzbesetzten Mantel, hat einen weißen Rauschebart und einen langen Wanderstab mit einem magischen Eiskristall an der Spitze, der alles zu Eis gefrieren lässt, was er berührt. Die Kinder in Russland bereiten sich mit Gedichten und Liedern auf die Ankunft von Väterchen Frost und seiner Begleiter vor.

WEIHNACHTSBAUM

Der Weihnachtsbaum ist das beliebteste Symbol zur Weihnachtszeit. Der Brauch ist etwa 400 Jahre alt und einer der jüngsten Bräuche; er entstand im frühen 17. Jahrhundert im Schwarzwald und im nahe gelegenen Schwarzwald. Bevor der Weihnachtsbaum eingeführt wurde, dekorierte man die Zimmer mit immergrünen Zweigen. Prinzessin Henriette, die Gattin Erzherzog Karls, brachte den ersten Christbaum aus ihrer rheinländischen Heimat nach Österreich. Sie schmückte ihn am Weihnachtsabend des Jahres 1816 für ihr erstes Kind damals mit zwölf Kerzen. Kerzen waren im Übrigen damals sehr teuer und ein wahrer Luxus, der dem Adel und reichen Bürgerfamilien vorbehalten war. Der Siegeszug des Weihnachtsbaumes war nicht mehr aufzuhalten; Prinzessin Henriette wurde im Volksmund alsbald zur „Christkindlbringerin". In

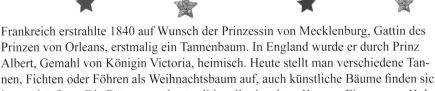

Frankreich erstrahlte 1840 auf Wunsch der Prinzessin von Mecklenburg, Gattin des Prinzen von Orleans, erstmalig ein Tannenbaum. In England wurde er durch Prinz Albert, Gemahl von Königin Victoria, heimisch. Heute stellt man verschiedene Tannen, Fichten oder Föhren als Weihnachtsbaum auf, auch künstliche Bäume finden sich immer häufiger. Die Bäume werden traditionell mit echten Kerzen, Figuren aus Holz, Äpfeln, Nüssen, Lebkuchen, Zuckerzeug und Plätzchen geschmückt. Christbaumkugeln kamen im späten 19. Jahrhundert dazu. Heute ersetzen viele die Kerzen durch die ungefährlichen Lichterketten und hat man noch eine weit größere Auswahl an Baumschmuck aus Glas oder Kunststoff.

WEIHNACHTSKAKTUS

Der Weihnachtskaktus gehört wie der Weihnachtsstern für viele Menschen unabdingbar zur weihnachtlichen Zimmerdekoration. Die rot, rotviolett, rosa, weiß oder neuerdings auch gelb blühende Pflanze stammt aus Brasilien. Die schönen, kleinen Blüten erscheinen allerdings nur, wenn der Wärme liebende Kaktus im Herbst und Winter niedrigeren Temperaturen (10–15 °C) ausgesetzt wird. Sobald die Knospen 2–5 mm lang sind, wird die Pflanze bei 18–22 °C gehalten, damit sich die Blüten entwickeln können. Der Kaktus verträgt keine direkte Sonne, sollte hell oder halbschattig stehen und darf nur mit zimmerwarmem, enthärtetem Wasser im Sommer mäßig, im Herbst und Winter noch sparsamer gegossen werden.

WEIHNACHTSKRIPPE

Der Brauch, Weihnachtskrippen aufzustellen und das weihnachtliche Geschehen durch die Figuren von Maria, Joseph und dem Kind in der Krippe darzustellen, stammt ursprünglich aus Italien. Im Jahre 1234 ließ der heilige Franziskus in einer Höhle im Wald bei Greccio eine Futterkrippe mit lebensgroßen Wachsfiguren errichten, zu der auch ein lebender Esel sowie ein Ochse gehörten. Bei Dunkelheit wurde die Krippe mit Kerzen erleuchtet und die Menschen der Umgebung kamen scharenweise, um sich die Krippe anzusehen und Franz von Assisis Weihnachtspredigt zu lauschen. Die Franziskaner, später auch die Dominikaner und Jesuiten, verbreiteten den schönen Brauch in den katholischen Kirchen, wo kunstvoll geschnitzte Krippen aufgestellt und je nach Region unterschiedlich geschmückt und ausgestaltet wurden. Bis heute ist das Aufstellen einer Weihnachtskrippe eine der beliebtesten Weihnachtstraditionen, die nicht nur von katholischen Gläubigen gepflegt wird.

WEIHNACHTSSTERN

Der Weihnachtsstern stammt ursprünglich aus Mexiko, wo er als meterhoher Strauch gedeiht. Die Wirkung dieser Pflanze kommt nicht von den unauffälligen kleinen Blüten, sondern von den rot, rosa, creme oder weiß gefärbten oder gescheckten Hochblättern, Brakteen genannt, die ab Dezember nach einer zweimonatigen Dunkelperiode zum Vorschein kommen. Der blühende Weihnachtsstern benötigt einen hellen Standort ohne direkte Sonne und sollte regelmäßig gegossen werden. Wer die Pflanze lieber in der Vase als im Topf mag, sollte den beim Abschneiden austretenden weißen Milchsaft durch Eintauchen in heißes Wasser stoppen, der Saft ist giftig.

WEIHNACHTSGRÜSSE

So wünscht sich Europa ein „Frohes Weihnachtsfest"!

ALBANIEN
Gëzuar Krishlindjet!

ANDORRA
Bon nadal!

BELGIEN, flämisch
Zalig Kerstfeest!

BELGIEN, französisch
Joyeux Noël!

BULGARIEN
Vasel Koleda!

DÄNEMARK
Glædelig Jul!

DEUTSCHLAND
Fröhliche Weihnachten!

ESTLAND
Rõõmsaid Jõulupühi!

FINNLAND
Hyvää Joulua!

FRANKREICH
Joyeux Noël!

GRIECHENLAND
Kala Christougenna!

GROSSBRITANNIEN
Merry Christmas!

IRLAND
Nollaig Shona Dhuit!

ISLAND
Jutdlime pivdluarit!

ITALIEN
Buon Natale!

KROATIEN
Sretan Bozic!

LETTLAND
Prieci'gus Ziemsve'tkus!

LIECHTENSTEIN
Fröhliche Weihnachten!

LITAUEN
Linksmu Kaledu!

LUXEMBURG
Schéi Krёschtdeeg!

MAKEDONIEN
Streken Bozhik!

MALTA
Nixtieklek Milied tajjeb!

MOLDAVIEN
Craciun fericit!

MONACO
Festusu Natale!

MONTENEGRO
Sretan Bozic!

NIEDERLANDE
Vrolijk Kerstfeest!

NORWEGEN
God Jul!

ÖSTERREICH
Fröhliche Weihnachten!

POLEN
Wesolych Swiat!

PORTUGAL
Boas Festas!

RUMÄNIEN
Craciun fericit!

RUSSLAND, europäischer Teil
Pozdrevlyayu s prazdnikom
Rozhdestva!

SAN MARINO
Buon Natale!

SCHWEDEN
God Jul!

SCHWEIZ, Schwyzerdütsch
Schöni Wienacht!

SCHWEIZ, rätoromanisch
Bella Festas daz Nadal!

SERBIEN
Sretan Bozic!

SLOWAKEI
Vesele Vianoce!

SLOWENIEN
Vesele bozicne praznike!

SPANIEN
Feliz Navidad!

TSCHECHIEN
Prejeme Vam Vesele Vanoce!

UKRAINE
Veseloho Vam Rizdva!

UNGARN
Kellemes Karacsonyi unne-
peket!

VATIKANSTADT
Buon Natale!

WEISSRUSSLAND
Winshuyu sa Svyatkami!

ZYPERN, griech.-zypr. Teil
Kala Christougenna!